Mes TD de droit

Droit des obligations

Mes TD de droit

À jour
de la réforme
du droit
des contrats
(Loi de ratification
du **20 avril 2018**)

Géraldine Delavaquerie
Docteur en droit privé et sciences criminelles
Chargée d'enseignement à l'université de Caen
Membre de l'Institut Demolombe

Droit des obligations

ellipses

Retrouvez les ouvrages de la collection

Cet ouvrage est à jour de la Loi n° 2018-287 du 20 avril 2018 ratifiant l'ordonnance n° 2016-131 du 10 février 2016 portant réforme du droit des contrats, du régime général et de la preuve des obligations.

Cette loi est entrée en vigueur le 1er octobre 2018.

Une table des articles 1100 à 1386-1 (ancienne/nouvelle référence) est disponible au JORF du 11/02/2016.

ISBN 9782340-028975

32, rue Bargue 75740 Paris cedex 15

www.editions-ellipses.fr

Liste des principales abréviations utilisées

Ar. Article
Ass. Assemblée
Bull. Bulletin des arrêts de la Cour de cassation
c/ Contre
CA cour d'appel
CAA Cour administrative d'appel
CCiv Code civil
CGCT Code générale des collectivités territoriales
Cass. req. Cour de Cassation, chambre des requêtes
Cass., ass. plén. Cour de Cassation, assemblée plénière
Cass., civ. 1 Cour de cassation, première chambre civile
Cass., civ. 2 Cour de cassation, deuxième chambre civile
Cass., civ. 3 Cour de cassation, troisième chambre civile
Cass., com. Cour de cassation, chambre commerciale
Cass., crim. Cour de cassation, chambre criminelle
CC Conseil constitutionnel
CE Conseil d'État
***Cf.* P-T** Voir Sous-partie-Thème
CJCE Cour de Justice des Communautés européennes
CEDH Convention européenne des droits de l'Homme
Cour EDH Cour européenne des droits de l'Homme
CSP Code de la santé publique
D. Recueil Dalloz
D. fam. Revue droit de la famille
D. H. Recueil Dalloz hebdomadaire
D. P. Recueil Dalloz périodique
Gaz. Pal. Revue la Gazette du palais
LPA Revue Les petites affiches
n° numéro
p. Page
s. Suivante(s)
S. Recueil Sirey
TA Tribunal administratif
TConfl. Tribunal des conflits
TI Tribunal d'instance
TGI Tribunal de grande instance
V. Voir

Sommaire

Partie 1

Conseils de méthodologie

Il existe plusieurs sortes d'exercices qu'il faut apprendre à réaliser au cours des études de droit : la dissertation, l'analyse et le commentaire d'arrêt, le cas pratique, le commentaire d'article et le commentaire d'attendu.

Pour les réussir, chacun d'entre eux nécessite le respect d'une méthodologie précise ainsi que de solides connaissances.

En conséquence, avant de traiter un exercice juridique vous devez acquérir les connaissances suffisantes sur le thème à traiter. Ainsi, après quelques conseils sur l'apprentissage de la matière sera proposée une méthodologie propre à chaque exercice.

I. Conseils sur l'apprentissage du droit

1. Le cours

On entend souvent dire que « le droit s'apprend par cœur ». Cette affirmation est fausse et doit être réfutée.

Il est vrai que, comme dans toute matière, l'acquisition de connaissances est indispensable. Néanmoins, apprendre simplement son cours par cœur est totalement inutile.

Apprendre par cœur nécessite un gros effort de mémorisation pour un résultat médiocre puisque des connaissances brutes simplement apprises et récitées ne sont ni acquises, ni comprises et ne peuvent en conséquence être utilisées avec maîtrise.

Avant toute chose, le droit se comprend et c'est par cet effort de compréhension que l'on peut s'en imprégner et ensuite le mémoriser.

▶ Conseils

Une remarque pour s'en convaincre. Lors des examens dans les matières du droit civil (droit des personnes, des biens, des obligations...) le Code civil est très fréquemment autorisé lors de l'épreuve. Les codes édités contiennent non seulement les articles de loi, mais également des textes complémentaires ou la jurisprudence.

Ainsi, les étudiants ont à leur disposition un document rassemblant la majeure partie des éléments à Connaître sur la matière. Il n'est donc pas attendu de leur part qu'ils restituent des connaissances mais qu'ils montrent comment les utiliser, les exploiter, les appliquer.

Comment faire ? La première source de l'apprentissage est bien évidemment le cours magistral dispensé par l'enseignant de la matière.

En conséquence, il est important d'assister à ce cours. Le premier travail de compréhension se fait spontanément pendant que l'étudiant écoute et prend des notes. Le ton de la voix de l'enseignant permet par exemple de hiérarchiser les informations (principe, conséquence, exemple...).

Dans un bref délai suivant le cours, il est nécessaire de le revoir afin de corriger les éventuelles erreurs de la prise de notes (phrases incompréhensibles, trous…).

Ensuite, des séances de travaux dirigés porteront sur les thèmes les plus importants. Leur préparation sera l'occasion de travailler le cours.

Classiquement, le cours dispensé par l'enseignant suit un plan à vocation pédagogique qui permet d'exposer et de faire comprendre une matière et il est important de s'y référer là encore pour comprendre la matière et hiérarchiser les informations.

Néanmoins, ce cours doit être retravaillé par l'étudiant dans le but de le comprendre et de se l'approprier. Il est ainsi souvent utile de faire des tableaux ou des schémas ou d'adopter une présentation différente pur bien comprendre une notion.

C'est ce que l'on peut appeler faire des fiches.

Attention

« Faire des fiches » n'est pas recopier son cours ! Cela est totalement inutile !

Ce travail est indispensable à la préparation des travaux dirigés. Il est néanmoins provisoire car il devra être complété voire modifié après la séance en tenant compte des informations qui ont été transmises par le chargé de travaux dirigés.

La mise en œuvre des connaissances acquises en travaillant son cours par des exercices va permettre une meilleure compréhension des notions et apporter des informations complémentaires que l'étudiant devra exploiter.

En conclusion, l'apprentissage de la matière se fait par étapes successives et il faut sans cesse retravailler les notions dans le but de se les approprier.

2. Les travaux dirigés

Les travaux dirigés ont pour vocation d'expliquer, d'approfondir, de compléter certaines notions abordées en cours au travers d'exercices.

Les travaux dirigés sont très importants car ce sont eux qui permettent de véritablement comprendre une matière.

Pour être bénéfiques, la séance doit avoir été préparée en amont par l'étudiant en réalisant l'intégralité des exercices demandés.

Cela peut prendre beaucoup de temps mais il s'agit de la meilleure préparation pour les examens !

II. Méthodologie des exercices

1. La dissertation

En général, le sujet de dissertation est un sujet transversal qui donne au candidat l'occasion de mobiliser des connaissances relevant de différentes parties du cours et de les mettre en relation.

Pour y parvenir, un certain nombre d'étapes doivent être respectées.

En premier lieu, il faut lire très attentivement le sujet et ne pas hésiter à le relire plusieurs fois.

Ensuite, il est nécessaire de relever les termes les plus importants et de les définir.

Une fois ce premier travail effectué, la problématique de la dissertation peut être posée. La problématique est en réalité la question soulevée par le sujet. Elle est plus ou moins facile à définir. Certains sujets de dissertation sont formulés sous forme de question ; dans ce cas on peut considérer qu'il s'agit de la problématique encore qu'il faille l'affiner et la préciser une fois le travail de définition effectué.

Dans d'autres hypothèses la problématique doit être déduite du sujet qui peut parfois n'être qu'un mot.

Quelle que soit l'hypothèse, la problématique doit être formulée sous forme de question.

Ensuite, il faut rassembler les connaissances qui permettent de répondre à cette question. Elles peuvent dans un premier temps être rassemblées pêle-mêle et au brouillon. Il s'agit de « jeter ses idées » en quelques mots sur une feuille. Il faut éviter ici de réciter ses connaissances sur le sujet mais il est pertinent les exprimer par des mots-clés que l'on pourra ensuite organiser.

Ainsi, une fois que toutes les idées ont été réunies, il faut les ordonner dans un plan composé de deux parties (I et II) et de deux sous-parties (A et B).

Une fois que le plan est élaboré, l'introduction doit être rédigée. C'est la seule partie du devoir qui doit être entièrement élaborée au brouillon.

Elle doit suivre un fil conducteur :

- phrase d'attaque
- contexte (historique, économique, évènement d'actualité…)
- définitions
- délimitation du sujet (ce qui pourrait se rattacher au sujet mais dont vous n'allez pas parler)
- intérêt du sujet
- problématique
- annonce de plan

Enfin, le devoir peut être rédigé de manière définitive sur la copie.

Quelques conseils de présentation

- Écrire uniquement en bleu ou en noir.
- Le plan est apparent et les titres soulignés.
- Chapeaux introductifs sous les I et II pour annoncer les A et B.
- Attention à l'écriture et à l'orthographe.
- Pas d'abréviations sauf si cela s'impose ; dans ce cas écrire la première fois le mot en entier suivi de l'abréviation entre parenthèses.
- Il n'est pas utile de rédiger une conclusion.

2. L'analyse d'arrêt

Analyser un arrêt de la Cour de cassation permet de révéler l'ensemble des informations qui y sont contenues et qui sont nécessaires à la bonne compréhension de la décision dans le but de révéler la solution juridique. On parle de l'apport de l'arrêt. L'analyse d'arrêt nécessite au préalable une bonne connaissance de l'organisation juridictionnelle afin de bien comprendre le « chemin » qu'a suivi le litige.

L'analyse d'un arrêt doit être réalisée en cinq étapes dont l'ordre doit être respecté:

a. Les faits

Il s'agit de la situation concrète qui a donné lieu au litige.

Il faut essayer d'être le plus clair et le plus synthétique possible. Ainsi, on peut bien souvent se passer des dates qui sont données dans l'arrêt en conservant une présentation chronologique des faits. On peut également renoncer à utiliser le nom des parties, qu'il soit réel ou anonymisé (Monsieur X, Madame Y., …) et ne pas hésiter à les qualifier de manière pertinente : le vendeur, l'acheteur, le bailleur, le preneur, le tiers au contrat…

La présentation des faits doit se terminer par l'énonciation de la demande.

Attention

Dans un arrêt les faits sont en général exposés dans un paragraphe spécifique au début de l'arrêt. Néanmoins, certaines précisions peuvent être apportées dans la suite de la décision. Il ne faut alors pas se contenter de rapporter les faits énoncés comme tels mais tous les faits utiles et pertinents dont on a connaissance à la lecture de la décision dans son entier.

b. La procédure

La procédure a pour objet de retracer les étapes suivies par le litige devant les différentes juridictions, ainsi que les voies de recours exercées.

Dans un arrêt de la Cour de cassation, ne sont en général rapportées que de deux « étapes »: la Cour d'appel et la Cour de cassation.

Il est parfois indiqué que l'arrêt de la Cour d'appel est infirmatif ou confirmatif, ce qui permet, par déduction, de déterminer dans quel sens les juges de première instance se sont prononcés (en revanche on ne peut pas connaître avec certitude la nature de la juridiction ni le lieu de son siège).

Retracer la procédure revient à indiquer quelles juridictions ont eu à trancher le litige et dans quel sens.

Ainsi:

- juges de première instance (si on peut déduire leur position) ont débouté le demandeur
- un appel a été interjeté
- la Cour d'appel de Caen le 17 mai 2017 a accueilli la demande
- un pourvoi en cassation a été formé par le demandeur au pourvoi
- la première chambre civile de la Cour de cassation a rejeté le pourvoi dans un arrêt du 19 juin 2018.

c. Les thèses en présence

Il s'agit ici d'expliquer les différents argumentaires développés dans l'arrêt: les motifs de la Cour d'appel, de la Cour de cassation et les moyens du demandeur au pourvoi.

Il faut alors expliquer les arguments utilisés par les juridictions et par le demandeur au pourvoi pour justifier leurs décisions ou ses demandes.

Attention, il ne s'agit ni de recopier l'arrêt ni de reformuler. Il faut véritablement expliquer avec des mots propres quelle a été l'argumentation développée.

Dans un arrêt de la Cour de cassation, deux thèses s'opposent:

- La thèse de la cour d'appel et celle de la Cour de cassation dans les **arrêts de cassation.** Ainsi dans les « thèses en présence » doivent être exposées celles de la Cour d'appel et celle de la Cour de cassation
- La thèse du demandeur au pourvoi et celle de la Cour de cassation dans les **arrêts de rejet**. Cependant, il ne faut jamais oublier que le demandeur au pourvoi critique la décision et donc les motifs de la Cour d'appel, ce qui l'oblige quasi systématiquement à les rappeler dans son pourvoi. Ainsi, dans les arrêts de rejet apparaissent la thèse de la Cour d'appel, celle du demandeur au pourvoi et celle de la Cour de cassation. Il faudra les exposer toutes des trois.

Qu'il s'agisse de la procédure ou des thèses en présence, elles doivent toujours être présentées de manière chronologique dans l'ordre de la procédure.

d. Le problème de droit

Si différentes thèses sont développées dans l'arrêt c'est parce qu'une discussion a lieu sur un point de droit.

Ce sont les différentes thèses en présence permettent de déterminer la question juridique posée.

Ce problème doit toujours être formulé sous forme de question.

e. La réponse de la Cour de cassation

Il s'agit de la réponse que la Cour de cassation, juge du droit, apporte au problème de droit. Bien que la thèse de la Cour de cassation ait déjà été évoquée, il s'agit ici de préciser la solution retenue par la Cour de cassation sur le problème juridique posé.

3. Le commentaire d'arrêt

Le commentaire d'arrêt permet de prolonger l'analyse de l'arrêt en fournissant une critique juridique de la décision. Il doit commencer par une fiche d'arrêt (*Cf. supra.*) dont les éléments constitueront l'introduction du commentaire.

On considère généralement que le commentaire d'arrêt doit contenir trois éléments : le sens, la valeur et la portée de l'arrêt.

Le **sens** de l'arrêt, c'est-à-dire la signification de la décision a pour l'essentiel été exposée dans l'analyse réalisée au début de l'exercice.

L'appréciation de la **valeur** de l'arrêt constitue l'essentiel de l'exercice. Il s'agit en réalité de comparer les différentes thèses présentes dans la décision avec vos connaissances sur la question de droit soulevée dans la décision.

Pour y parvenir, le mieux est encore de réfléchir à la question de droit de manière personnelle au regard de ses propres connaissances pour ensuite comparer et surtout commenter la décision, c'est-à-dire les différents argumentaires qui y sont développés.

La **portée** de l'arrêt consiste à évaluer l'incidence théorique ou pratique de la solution adoptée par la Cour de cassation. C'est une étape difficile particulièrement pour un étudiant qui a peu de recul sur la matière. Cependant, il se peut que des décisions similaires aient été vues en cours ou en travaux dirigés, ce qui permet d'évoquer la portée de la décision : est-ce une solution conforme à une jurisprudence établie ou au contraire un revirement…

L'ensemble de vos réflexions sur la décision doit être organisé sous forme d'un plan divisé en deux parties (I et II) et en deux sous-parties (A et B).

Le plan adopté doit permettre de présenter votre réflexion sur l'arrêt et n'a pas à suivre le plan de la décision elle-même.

Il est parfois recommandé de bâtir un plan selon la nature de l'arrêt.

Ainsi en cas d'arrêt de cassation le plan devrait être :

I. Thèse de la Cour d'appel

II. Thèse de la Cour de cassation

Et en cas d'arrêt de rejet :

I. Thèse du pourvoi en cassation

II. Thèse de la Cour de cassation

S'il ne doit pas être rejeté par principe, ce type de plan ne permet pas de manière générale de réaliser un commentaire d'arrêt satisfaisant permettant de démontrer une bonne compréhension de la décision.

En résumé, il n'existe pas de plan type.

On dit parfois que la portée doit apparaître en II B, c'est-à-dire à la toute fin du commentaire. Cela n'est tout d'abord aucunement une obligation. Ensuite, consacrer une sous-partie entière à la portée suppose d'avoir suffisamment de choses à dire à ce sujet, ce qui n'est pas forcément le cas...

Il ne fait pas oublier que le plan a pour objectif de présenter la manière dont vous avez construit votre réflexion sur le sujet donné. Il doit donc toujours être personnel. Une fois encore, les plans types sont donc à fuir.

Enfin, le devoir peut être rédigé de manière définitive sur la copie.

Quelques conseils de présentation

- Écrire uniquement en bleu ou en noir.
- Le plan est apparent et les titres soulignés.
- Chapeaux introductifs sous les I et II pour annoncer les A et B.
- Attention à l'écriture et à l'orthographe.
- Pas d'abréviations sauf si cela s'impose. Dans ce cas, écrire la première fois le mot en entier suivi de l'abréviation entre parenthèses.
- Il n'est pas utile de rédiger une conclusion.

4. Le commentaire d'attendu

Il s'agit d'un exercice relativement proche du commentaire d'arrêt si ce n'est que le commentaire ne porte pas sur la décision dans son intégralité mais seulement sur un « attendu » c'est-à-dire en général soit sur les motifs de la Cour de cassation, soit sur un attendu de principe.

La décision n'étant pas à commenter dans son intégralité, il n'est pas nécessaire, voire il est impossible, de réaliser une fiche d'arrêt.

L'exercice consiste alors à commenter c'est-à-dire à indiquer le sens, la valeur et la portée de cet attendu. On retrouve alors les mêmes exigences et remarques que pour le commentaire d'arrêt (*Cf. supra*).

Il n'est pas toujours nécessaire d'organiser ce commentaire sous forme de plan et il suffit d'exposer successivement le sens, la valeur et la portée de l'attendu.

Un plan peut parfois être demandé. Dans ce cas, il faut en général traiter du sens en introduction puis organiser ses idées relatives à la valeur et à la portée dans un plan souvent uniquement composé de deux parties (pas de sous-parties).

5. Le cas pratique

Comme son nom l'indique, l'objectif du cas pratique est de placer l'étudiant dans une situation concrète dans le but de tester ses connaissances et son raisonnement.

L'exercice se présente sous forme d'un sujet qui raconte une histoire.

En premier lieu, il faut indiquer que le sujet, c'est-à-dire les faits du cas pratique, n'a pas à être recopié, résumé ou rappelé sur la copie. C'est parfaitement inutile, le correcteur connaît le sujet…

En revanche, les faits doivent être analysés et exploités avant de commencer à résoudre le cas. Il s'agit en réalité de les trier, de distinguer ceux qui sont importants de ceux qui sont inutiles…

Il faut parfois « retravailler » les faits en les classant dans l'ordre chronologique, en catégories ou en les rattachant à tel ou tel personnage du cas.

Ce travail doit toujours être réalisé au brouillon.

L'étude et la bonne compréhension des faits doit permettre de formuler une ou plusieurs **questions de fait**, c'est-à-dire de déterminer un ou plusieurs problèmes concrets, directement issus des faits proposés. Cette question, qui ne comporte aucun élément juridique, pourrait être posée par « n'importe qui », c'est-à-dire par « l'homme de la rue » sans connaissances juridiques particulières.

La question de fait est souvent donnée directement par le sujet. Il n'est alors le plus souvent pas nécessaire de la reformuler.

Par la suite, la question de fait doit être transformée en **question de droit**, c'est-à-dire en problème juridique. C'est une des étapes les plus complexes du cas pratique : trouver le problème juridique posé.

Un même sujet peut engendrer plusieurs questions de fait et/ou plusieurs questions de droit. Il ne faut pas hésiter à distinguer les problèmes posés et à le faire apparaître clairement sur la copie.

Une fois ce problème déterminé, il faut y répondre en expliquant son raisonnement ; c'est la **réponse en droit**.

Vous ne devez jamais aller directement à la solution, même si celle-ci est connue par exemple parce que vous avez étudié un arrêt qui visait le même cas. L'intégralité de la question juridique posée doit être traitée et l'ensemble des conditions et des effets étudiés.

Il faut donc impérativement repartir de ses connaissances sur la question posée avant de les appliquer au cas soumis.

La solution doit toujours être juridiquement fondée, il faut donc en priorité citer les différentes sources du droit applicables en respectant la hiérarchie des normes.

La réponse doit être construite et organisée. Ne pas hésiter à faire des paragraphes et à les numéroter pour plus de clarté.

Une fois la réponse en droit établie, celle-ci doit permettre de répondre à la question de fait précédemment établie et de fournir une **réponse en fait** qui répond à la question de fait.

En général, le devoir peut être rédigé directement sur la copie.

Quelques conseils de présentation

- Écrire uniquement en bleu ou en noir.
- Le plan est apparent et les titres soulignés.
- Chapeaux introductifs sous les I et II pour annoncer les A et B.
- Attention à l'écriture et à l'orthographe.
- Pas d'abréviations sauf si cela s'impose. Dans ce cas, écrire la première fois le mot en entier suivi de l'abréviation entre parenthèses.

6. Le commentaire d'article

Il s'agit de commenter un article tiré d'un texte normatif quel que soit sa nature (constitution, loi, décret...).

En premier lieu, il faut évidemment bien lire le texte et ce à plusieurs reprises afin de déterminer les termes les plus importants et relever la structure du texte qui, bien souvent, permettra d'établir un plan.

Ensuite, les termes de l'article doivent faire l'objet d'une définition.

Il est également utile de replacer l'article au sein du code ou plus largement du texte dont il provient.

Une fois ce travail effectué, la problématique, c'est-à-dire la question juridique évoquée par le texte, peut être établie.

Il faudra alors réunir ses idées et ses connaissances sur le sujet et faire le lien avec les termes du texte.

À partir de ces éléments, un plan pourra être établi. Il suivra assez fréquemment la structure du texte lui-même, mais ce n'est pas une obligation.

L'introduction devra contenir les informations suivantes et sera entièrement rédigée au brouillon :

- phrase d'attaque
- présentation du texte
- contexte
- définitions
- délimitation du sujet
- intérêt du sujet
- problématique
- annonce de plan

Enfin, le devoir peut être rédigé de manière définitive sur la copie.

Quelques conseils de présentation

- Écrire uniquement en bleu ou en noir
- Le plan est apparent et les titres soulignés
- Chapeaux introductifs sous les I et II pour annoncer les A et B
- Attention à l'écriture et à l'orthographe
- Pas d'abréviations sauf si cela s'impose. Dans ce cas, écrire la première fois le mot en entier suivi de l'abréviation entre parenthèses.
- Il n'est pas utile de rédiger une conclusion.

Partie 2

Les thèmes

Sous-partie 1

Les contrats

Thème 1

L'application dans le temps de la réforme du droit des contrats

Exercice

Énoncé du cas

Jeune avocat collaborateur, vous venez d'intégrer un cabinet prestigieux.

Votre associé référent décide de tester vos connaissances et votre raisonnement juridique en vous demandant de rédiger une note à l'attention de l'ensemble du cabinet sur l'entrée en vigueur et l'application dans le temps de la réforme du droit des obligations.

Il souhaite que vous vous interrogiez principalement sur les questions suivantes :

- Quelle est la nature de l'ordonnance du 10 février 2016 ?
- Quand est-elle entrée en vigueur ?
- Qu'en est-il de son application dans le temps ? Quel est le droit applicable aux contrats en cours et quid de la reconduction tacite lorsque celle-ci est prévue ?
- Quid des conséquences de sa ratification ?

Soucieux de faire bonne impression, et prenant votre mission très à cœur, vous décidez de rédiger une note très complète sur l'application dans le temps de la réforme du droit des obligations.

Corrigé

I. La nature de l'ordonnance du 10 février 2016

L'ordonnance n° 2016-131 du 10 février 2016 portant réforme du droit des contrats, du régime général et de la preuve des obligations est une ordonnance dite de l'article 38 de la Constitution du 4 octobre 1958.

En effet, par la loi n° 2015-177 du 16 février 2015 relative à la modernisation et à la simplification du droit et des procédures dans le domaine de la justice et des affaires intérieures (article 8), le Parlement a autorisé le pouvoir exécutif à intervenir dans le domaine de la loi et à réformer le droit des contrats.

L'article 27 de la loi d'habilitation prévoyait un délai de 12 mois à compter de sa publication pour l'adoption de l'ordonnance. La loi ayant été publiée le 17 février 2015, le Gouvernement avait jusqu'au 17 février 2016 pour adopter.

Ce fut chose faite le 10 février 2016.

La loi d'habilitation (article 27) prévoyait également que la publication de l'ordonnance ferait elle-même courir un délai de 6 mois pour le dépôt du projet de loi de ratification sous peine de caducité.

L'ordonnance de l'article 38 a été adoptée le 10 février 2016 et publiée le lendemain.

Le projet de loi de ratification fut déposé le 6 juillet 2016.

Tant que la ratification n'a pas eu lieu, et selon la jurisprudence du Conseil constitutionnel, l'ordonnance conserve sa nature réglementaire (DC n° 72-73 du 29 février 1972, voir Focus Jurisprudence).

Elle n'acquerra valeur législative qu'à compter de sa ratification, mais à sa date, c'est-à-dire de manière rétroactive au 10 février 2016 (CE, 8 décembre 2000, *Hoffer et autres*, n° 199072, 199135, 199761, voir Focus Jurisprudence).

II. L'entrée en vigueur de l'ordonnance

L'entrée en vigueur des ordonnances de l'article 38 de la Constitution est prévue par l'article 38 lui-même : les ordonnances entrent en vigueur dès leur publication.

Ainsi, l'ordonnance du 10 février 2016 publiée au JORF le 11 février est, selon l'article 38 de la Constitution, entrée en vigueur dès ce jour.
Néanmoins, l'article 9 de l'ordonnance prévoit une entrée en vigueur différée au 1er octobre 2016.

La nature réglementaire de l'ordonnance autorise l'existence de dispositions transitoires notamment pour des raisons de sécurité juridique en matière contractuelle comme a pu le décider le Conseil d'État (CE ass., 24 mars 2006, *Société KPMG et autres* – Voir Focus Jurisprudence).

C'est donc à compter de cette date que les dispositions de l'ordonnance deviennent effectivement applicables.

Si l'on connaît désormais la date à laquelle l'ordonnance commence à produire des effets de droit, cela ne fait pas pour autant disparaître les questions relatives à son application dans le temps.

III. L'application dans le temps de l'ordonnance

Connaître la date à laquelle la nouvelle norme est effectivement applicable permet classiquement de distinguer deux périodes.
La période passée pendant laquelle l'ancienne norme était en vigueur et la période à venir durant laquelle la nouvelle norme est en vigueur, le point de référence étant la date d'entrée en vigueur de l'ordonnance.
Si ce changement de droit applicable d'une période à l'autre est simple à appréhender, le raisonnement devient plus complexe lorsqu'on superpose à ces deux temps, les situations juridiques en cours.
En effet, comment vont s'articuler ces deux périodes avec les situations juridiques existantes ? Le « nouveau droit » peut-il remettre en cause des situations juridiques

constituées dans le passé, mais qui continuent à produire effet au moment de son entrée en vigueur ?

Il s'agit là d'une question classiquement posée au sujet de l'application de la loi dans le temps. La matière et les conflits de loi dans le temps sont tranchés grâce aux principes énoncés à l'article 2 du Code civil (non rétroactivité et application immédiate de la loi nouvelle) et par le principe de survie de la loi ancienne retenu par la jurisprudence en matière contractuelle (Cass. civ., 27 mai 1861, *DP* 1861. 244, *S.* 1861. 1. 507 ; voir également Cass. civ. 1, 4 déc. 2001, n° 98-18411).
Cependant, ces principes ne sauraient s'appliquer ici puisque l'ordonnance du 10 février 2016 n'est pas une loi, mais un acte réglementaire…
Elle n'acquerra sa nature législative qu'une fois ratifiée.

Avant la ratification, il faut donc s'interroger sur l'application dans le temps d'une ordonnance de l'article 38 de la Constitution.

En premier lieu, on peut considérer que l'ordonnance entrant en vigueur le 1er octobre 2006, elle va régir à n'en pas douter les contrats conclus à partir de cette date.

Par ailleurs, l'article 9 alinéa 2 de l'ordonnance précise, qu'une fois entrée en vigueur, l'ordonnance ne s'appliquera pas aux contrats en cours à cette date.
S'agissant des actes de nature réglementaire, le Conseil d'État (CE ass., 24 mars 2006, *Société KPMG et autres*, n° 288460) considère que : *« il incombe à l'autorité investie du pouvoir réglementaire d'édicter, pour des motifs de sécurité juridique, les mesures transitoires qu'implique, s'il y a lieu, une réglementation nouvelle ; qu'il en va ainsi en particulier lorsque les règles nouvelles sont susceptibles de porter une atteinte excessive à des situations contractuelles en cours qui ont été légalement nouées »*.
Il était en conséquence tout à fait loisible au Gouvernement d'insérer une disposition transitoire au sein de l'ordonnance faisant échec à son application aux contrats en cours.
En conséquence, les contrats en cours d'exécution au 1er octobre 2016 ne sont pas soumis à la réforme du droit des obligations.

Il doit être précisé que l'article 9 alinéa 3 de l'ordonnance prévoit que certaines dispositions sont néanmoins applicables aux contrats en cours au moment de l'entrée en vigueur de l'ordonnance. Ces dispositions concernent le pacte de préférence (1123 nouveau du Code civil), la représentation (1158 nouveau du Code civil) et la nullité (1183 nouveau du Code civil).
En outre, les litiges sont jugés selon la loi applicable au jour de l'introduction de l'instance (article 9 alinéa 4 de l'ordonnance du 10 février 2016).

Enfin, reste à savoir si l'ordonnance pourrait remettre en cause des situations passées. La réponse est négative au regard de la jurisprudence du Conseil d'État et de la nature réglementaire des ordonnances de l'article 38 de la Constitution.

En effet, dans un arrêt en date du 25 juin 1948, *Société du Journal l'Aurore* (n° 94511 – voir Focus Jurisprudence), le Conseil d'État a refusé la rétroactivité des actes administratifs. En conséquence, l'ordonnance du 10 février 2016 ne peut remettre en cause des situations passées ; elle n'a pas d'effet rétroactif.

IV. La question de la reconduction tacite

Afin d'illustrer cette question, prenons l'exemple d'un contrat à exécution successive conclu le 5 août 2016 pour une durée d'un an et tacitement renouvelable.

Au jour de l'entrée en vigueur de l'ordonnance portant réforme du droit des obligations, celle-ci n'est pas applicable à ce contrat alors en cours d'exécution.

Néanmoins, si cette convention est tacitement reconduite le 5 août 2017, c'est-à-dire après l'entrée en vigueur de l'ordonnance, on peut s'interroger sur le fait de savoir si le contrat renouvelé sera alors soumis à la réforme du droit des obligations ou non.

La réponse à cette question dépend du fait de savoir si un contrat tacitement reconduit doit être analysé comme le contrat initial continué ou comme un nouveau contrat.

La jurisprudence considère que les contrats tacitement reconduits constituent de nouveaux contrats (voir Cass. Com, 14 janvier 2003, n° 00-11781 ; Cass. Com, 11 février 1997, n° 95-15130; Cass. Civ. 1, 15 novembre 2005, n ° 02-21366). Cette solution est d'ailleurs consacrée par la réforme aux articles 1214 et 1215 nouveaux du Code civil.

Ainsi, à compter du 5 août 2017, le contrat s'analyse comme un contrat nouveau et est donc soumis à l'ordonnance du 10 février 2016 entrée en vigueur depuis le 1er octobre de la même année.

Il conviendra donc de s'assurer de la conformité de ces contrats renouvelés au nouveau droit des obligations.

V. Quid de la ratification de l'ordonnance

Le projet de loi de ratification de l'ordonnance du 10 février 2016 a été adopté par le par le législateur (loi n° 2018-287 du 20 avril 2018 ratifiant l'ordonnance n° 2016-131 du 10 février 2016 portant réforme du droit des contrats, du régime général et de la preuve des obligations), l'ordonnance acquiert alors valeur législative à compter de son adoption (CE, 8 décembre 2000, *Hoffer et autres*, voir Focus Jurisprudence).

En conséquence, il ne faudra plus s'interroger sur l'application dans le temps d'une ordonnance de l'article 38 de la Constitution, mais sur l'application dans le temps d'une loi.

L'article 1er du Code civil prévoit que les lois entrent en vigueur à la date qu'elles fixent ou à défaut le lendemain de leur publication.
La date d'entrée en vigueur de l'ordonnance devenue loi ne serait donc pas modifiée.

Exercice

La question de l'application des lois dans le temps est régie par l'article 2 du Code civil qui pose deux principes : le principe de non-rétroactivité et le principe d'application immédiate de la loi nouvelle.
Le principe de non-rétroactivité empêche la loi nouvelle de remettre en cause des situations passées.

Attention

La Cour de cassation (Cass., ch. mixtes, 24 février 2017) a interprété le « droit ancien » au regard de la réforme du droit des obligations s'agissant d'un contrat conclu avant le 1er octobre 2016. Il s'agit d'une illustration de la rétroactivité des revirements de jurisprudence.

Le principe d'application immédiate impose l'application et le respect de la loi nouvelle dès son entrée en vigueur.
Néanmoins, en matière contractuelle, le principe de survie de la loi ancienne fait échec à l'application de la loi nouvelle aux contrats en cours au moment de son entrée en vigueur. Il faut préciser que cette règle de survie, posée par la jurisprudence pour des raisons de sécurité juridique, peut tout à fait être prévue par la loi elle-même au titre des dispositions transitoires.
Étant de nature jurisprudentielle, le législateur peut prévoir des dispositions contraires au regard de la hiérarchie des normes comme cela sera le cas pour l'application immédiate des articles 1123, 1158 et 1183 nouveaux du Code civil.
En conséquence, on ne peut que constater qu'en cas de ratification de l'ordonnance du 10 février 2016 par le législateur, les règles régissant son application dans le temps ne seraient pas remises en cause, seul leur fondement juridique diffère.

Néanmoins, le législateur a apporté quelques modifications à la réforme du droit des contrats à l'occasion de l'adoption de la loi de ratification.
Ainsi, la loi de ratification contient des dispositions transitoires (article 16) énonçant que :

- les articles 1110, 1117, 1137, 1145, 1161, 1171, 1223,1327 et 1343-3 du Code civil (qui sont les textes modifiés par la loi de ratification) sont applicables aux actes juridiques conclus ou établis à compter de son entrée en vigueur. Ainsi, les principes de non rétroactivité et d'application immédiate de la loi nouvelle sont respectés.

Attention

Il faut conclure qu'il faudra distinguer les actes juridique selon la période à laquelle ils ont été passés selon trois catégories : ceux passés avant le premier octobre 2016, ceux passés entre le 1er octobre 2016 et la 1er octobre 2018 et ceux passés après le premier octobre 2018.

– les modifications apportées par la présente loi aux articles 1112, 1143, 1165,1216-3, 1217, 1221,1304-4,1305-5,1327-1,1328-1,1347-6 et 1352-4 du Code civil ont un caractère interprétatif.

En conséquence, ces modifications sont rétroactives à compter du premier octobre 2018.

☛ Pour aller plus loin

- Rapport au Président de la République relatif à l'ordonnance n° 2016-131 du 10 février 2016 portant réforme du droit des contrats, du régime général et de la preuve des obligations, JORF n° 0035 du 11 février 2016, texte n° 25.
- C. FRANCOIS, « Application dans le temps et incidence sur la jurisprudence antérieure de l'ordonnance de réforme du droit des contrats », D., 2016, p. 506.

1. Textes

Article 38 de la Constitution du 4 octobre 1958

« Le Gouvernement peut, pour l'exécution de son programme, demander au Parlement l'autorisation de prendre par ordonnances, pendant un délai limité, des mesures qui sont normalement du domaine de la loi.

Les ordonnances sont prises en Conseil des ministres après avis du Conseil d'État. Elles entrent en vigueur dès leur publication mais deviennent caduques si le projet de loi de ratification n'est pas déposé devant le Parlement avant la date fixée par la loi d'habilitation. Elles ne peuvent être ratifiées que de manière expresse.

À l'expiration du délai mentionné au premier alinéa du présent article, les ordonnances ne peuvent plus être modifiées que par la loi dans les matières qui sont du domaine législatif. »

Article 8 de la loi n° 2015-177 du 16 février 2015 relative à la modernisation et à la simplification du droit et des procédures dans les domaines de la justice et des affaires intérieures publiée au JORF le 17 février 2015

« Dans les conditions prévues à l'article 38 de la Constitution, le Gouvernement est autorisé à prendre par voie d'ordonnance les mesures relevant du domaine de la loi nécessaires pour modifier la structure et le contenu du livre III du Code civil, afin de moderniser, de simplifier, d'améliorer la lisibilité, de renforcer l'accessibilité du droit commun des contrats, du régime des obligations et du droit de la preuve, de garantir la sécurité juridique et l'efficacité de la norme et, à cette fin :

1. Affirmer les principes généraux du droit des contrats tels que la bonne foi et la liberté contractuelle ; énumérer et définir les principales catégories de contrats ; préciser les règles relatives au processus de conclusion du contrat, y compris conclu par voie électronique, afin de clarifier les dispositions applicables en matière de négociation, d'offre et d'acceptation de contrat, notamment s'agissant de sa date et du lieu de sa formation, de promesse de contrat et de pacte de préférence ;

2. Simplifier les règles applicables aux conditions de validité du contrat, qui comprennent celles relatives au consentement, à la capacité, à la représentation et au contenu du contrat, en consacrant en particulier le devoir d'information et la notion de clause abusive et en introduisant des dispositions permettant de sanctionner le comportement d'une partie qui abuse de la situation de faiblesse de l'autre ;

3. Affirmer le principe du consensualisme et présenter ses exceptions, en indiquant les principales règles applicables à la forme du contrat ;

4. Clarifier les règles relatives à la nullité et à la caducité, qui sanctionnent les conditions de validité et de forme du contrat ;

5. Clarifier les dispositions relatives à l'interprétation du contrat et spécifier celles qui sont propres aux contrats d'adhésion ;

6. Préciser les règles relatives aux effets du contrat entre les parties et à l'égard des tiers, en consacrant la possibilité pour celles-ci d'adapter leur contrat en cas de changement imprévisible de circonstances ;

7. Clarifier les règles relatives à la durée du contrat ;

8. Regrouper les règles applicables à l'inexécution du contrat et introduire la possibilité d'une résolution unilatérale par notification ;

9. Moderniser les règles applicables à la gestion d'affaires et au paiement de l'indu et consacrer la notion d'enrichissement sans cause ;

10. Introduire un régime général des obligations et clarifier et moderniser ses règles ; préciser en particulier celles relatives aux différentes modalités de l'obligation, en distinguant les obligations conditionnelles, à terme, cumulatives, alternatives, facultatives, solidaires et à prestation indivisible ; adapter les règles du paiement et expliciter les règles applicables aux autres formes d'extinction de l'obligation résultant de la remise de dette, de la compensation et de la confusion ;

11. Regrouper l'ensemble des opérations destinées à modifier le rapport d'obligation ; consacrer, dans les principales actions ouvertes au créancier, les actions directes en paiement prévues par la loi ; moderniser les règles relatives à la cession de créance, à la novation et à la délégation ; consacrer la cession de dette et la cession de contrat ; préciser les règles applicables aux restitutions, notamment en cas d'anéantissement du contrat ;

12. Clarifier et simplifier l'ensemble des règles applicables à la preuve des obligations ; en conséquence, énoncer d'abord celles relatives à la charge de la preuve, aux présomptions légales, à l'autorité de chose jugée, aux conventions sur la preuve et à l'admission de la preuve ; préciser, ensuite, les conditions d'admissibilité des modes de preuve des faits et des actes juridiques ; détailler, enfin, les régimes applicables aux différents modes de preuve ;

13. Aménager et modifier toutes dispositions de nature législative permettant d'assurer la mise en œuvre et de tirer les conséquences des modifications apportées en application des 1° à 12°. »

Article 27 de la loi n° 2015-177 du 16 février 2015 relative à la modernisation et à la simplification du droit et des procédures dans les domaines de la justice et des affaires intérieures publiée au JORF le 17 février 2015 (extrait)

« I. – (...)

3. Douze mois à compter de la publication de la présente loi en ce qui concerne l'article 8 et le 3° du VI de l'article 15.

II. - Pour chaque ordonnance prévue par la présente loi, un projet de loi de ratification est déposé devant le Parlement dans un délai de :

(...)

2. Six mois à compter de sa publication en ce qui concerne le I des articles 1er et 3 et l'article 8. »

Article unique du projet de loi n° 3928 ratifiant l'ordonnance n° 2016-131 du 10 février 2016 portant réforme du droit des contrats, du régime général et de la preuve des obligations enregistré à la Présidence de l'Assemblée nationale le 6 juillet 2016 :

« L'ordonnance n° 2016-131 du 10 février 2016 portant réforme du droit des contrats, du régime général et de la preuve des obligations est ratifiée. »

Article 1er du Code civil

« Les lois et, lorsqu'ils sont publiés au Journal officiel de la République française, les actes administratifs entrent en vigueur à la date qu'ils fixent ou, à défaut, le lendemain de leur publication. Toutefois, l'entrée en vigueur de celles de leurs dispositions dont l'exécution nécessite des mesures d'application est reportée à la date d'entrée en vigueur de ces mesures.

En cas d'urgence, entrent en vigueur dès leur publication les lois dont le décret de promulgation le prescrit et les actes administratifs pour lesquels le Gouvernement l'ordonne par une disposition spéciale.

Les dispositions du présent article ne sont pas applicables aux actes individuels. »

Article 2 du Code civil

« La loi ne dispose que pour l'avenir ; elle n'a point d'effet rétroactif. »

Article 9 de l'ordonnance n° 2016-131 du 10 février 2016 portant réforme du droit des contrats, du régime général et de la preuve des obligations

« Les dispositions de la présente ordonnance entreront en vigueur le 1er octobre 2016.

Les contrats conclus avant cette date demeurent soumis à la loi ancienne.

Toutefois, les dispositions des troisième et quatrième alinéas de l'article 1123 et celles des articles 1158 et 1183 sont applicables dès l'entrée en vigueur de la présente ordonnance.

Lorsqu'une instance a été introduite avant l'entrée en vigueur de la présente ordonnance, l'action est poursuivie et jugée conformément à la loi ancienne. Cette loi s'applique également en appel et en cassation. »

Article 16 de la Loi n° 2018-287 du 20 avril 2018 ratifiant l'ordonnance n° 2016-131 du 10 février 2016 portant réforme du droit des contrats, du régime général et de la preuve des obligations

« I. La présente loi entre en vigueur le 1er octobre 2018.

Les articles 1110,1117,1137,1145,1161,1171,1223,1327 et 1343-3 du Code civil et les articles L. 112-5-1 et L. 211-40-1 du code monétaire et financier, dans leur rédaction résultant de la présente loi, sont applicables aux actes juridiques conclus ou établis à compter de son entrée en vigueur.

Les modifications apportées par la présente loi aux articles 1112,1143,1165,1216-3,1217,1221,1304-4,1305-5,1327-1,1328-1,1347-6 et 1352-4 du Code civil ont un caractère interprétatif.

II.-A.-La présente loi est applicable dans les îles Wallis et Futuna.

(...) »

2. Jurisprudence

DC n° 72-73 du 29 février 1972 (extrait)

« 2. Considérant que les dispositions soumises à l'examen du Conseil constitutionnel sont contenues dans l'ordonnance du 17 août 1967, relative à la participation des salariés aux fruits de l'expansion des entreprises, laquelle a été prise en application de l'article 38 de la Constitution ;

3. Considérant, d'une part, **que les ordonnances qui ont fait l'objet du dépôt du projet de loi de ratification prévu par l'article 38 de la Constitution, demeurent des actes de forme réglementaire tant que la ratification législative n'est pas intervenue, mais que, d'autre part, ledit article 38, non plus qu'aucune autre disposition de la Constitution ne fait obstacle à ce qu'une ratification intervienne selon d'autres modalités que celle de l'adoption du projet de loi susmentionné ; que, par suite, cette ratification peut résulter d'une manifestation de volonté implicitement mais clairement exprimée par le Parlement** ; »

CE, 8 décembre 2000, HOFFER ET AUTRES (n° 199072, 199135, 199761 - extrait)

Considérant que l'article 38 de la Constitution dispose, dans son premier alinéa, que : "Le gouvernement peut, pour l'exécution de son programme, demander au Parlement l'autorisation de prendre par ordonnances, pendant un délai limité, des mesures qui sont normalement du domaine de la loi" ; que, selon le deuxième alinéa de l'article 38, "les ordonnances sont prises en conseil des ministres après avis du Conseil d'État" ; que le même alinéa précise qu'elles "entrent en vigueur dès leur publication mais deviennent caduques si le projet de loi de ratification n'est pas déposé devant le Parlement avant la date fixée par la loi d'habilitation" ; qu'en vertu du troisième alinéa de l'article 38, à l'expiration du délai consenti au gouvernement par la loi d'habilitation, "les ordonnances ne peuvent plus être modifiées que par la loi dans les matières qui sont du domaine législatif" ;

Considérant qu'il résulte de ces dispositions, ainsi d'ailleurs que des débats tant du comité consultatif constitutionnel que du Conseil d'État lors de l'élaboration de la Constitution, que **les ordonnances prises dans le cadre de l'article 38 ont, alors même qu'elles interviennent dans une matière ressortissant en vertu de l'article 34 ou d'autres dispositions constitutionnelles au domaine de la loi, le caractère d'actes administratifs**; qu'à ce titre, leur légalité peut être contestée aussi bien par la voie d'un recours pour excès de pouvoir formé conformément aux principes généraux du droit que par la voie de l'exception à l'occasion de la contestation de décisions administratives ultérieures ayant pour fondement une ordonnance; que, cependant, dès lors que sa ratification est opérée par le législateur une ordonnance acquiert valeur législative à compter de sa signature;

Considérant qu'il suit de là qu'en cas de ratification la légalité d'une ordonnance ne peut plus en principe être utilement contestée devant la juridiction administrative; qu'il ne pourrait en aller autrement que dans le cas où la loi de ratification, s'avérerait incompatible, dans un domaine entrant dans le champ d'application de l'article 6 de la convention européenne de sauvegarde des droits de l'homme et des libertés fondamentales, avec les stipulations de cet article, au motif qu'en raison des circonstances de son adoption cette loi aurait eu essentiellement pour but de faire obstacle au droit de toute personne à un procès équitable; »

CE ass., 24 mars 2006, SOCIÉTÉ KPMG ET AUTRES (n° 288460 - extrait)

« Considérant que les dispositions de la loi du 1er août 2003 de sécurité financière relatives à la déontologie et à l'indépendance des commissaires aux comptes, dont la mise en œuvre est assurée par le code de déontologie, **ont, en raison des impératifs d'ordre public sur lesquels elles reposent, vocation à s'appliquer aux membres de la profession ainsi réglementée et organisée sans que leur effet se trouve reporté à l'expiration du mandat dont les intéressés ont été contractuellement investis; que toutefois, à défaut de toute disposition transitoire dans le décret attaqué, les exigences et interdictions qui résultent du code apporteraient, dans les relations contractuelles légalement instituées avant son intervention, des perturbations qui, du fait de leur caractère excessif au regard de l'objectif poursuivi, sont contraires au principe de sécurité juridique**; qu'il y a lieu, par suite, d'annuler le décret attaqué en tant qu'il ne comporte pas de mesures transitoires relatives aux mandats de commissaires aux comptes en cours à la date de son entrée en vigueur intervenue, conformément aux règles de droit commun, le lendemain de sa publication au Journal officiel de la République française du 17 novembre 2005; »

CE ass., 25 juin 1948, SOCIÉTÉ DU JOURNAL L'AURORE (n° 94511)

Vu la requête et le mémoire présentés pour la société à responsabilité limitée du journal "L'Aurore" agissant poursuites et diligences de son directeur gérant en exercice, ladite requête et ledit mémoire enregistrés le 4 février 1948 au secrétariat du contentieux du Conseil d'État et tendant à ce qu'il plaise au Conseil annuler l'article 4 d'un arrêté du ministre des Affaires économiques et des Finances et du ministre de l'Industrie et du Commerce en date du 30 décembre 1947 fixant le prix de vente de l'énergie électrique; Vu l'ordonnance du 30 juin 1945; Vu la loi du 8 avril 1946; Vu l'ordonnance du 31 juillet 1945;

Sur la fin de non-recevoir opposée par le ministre de l'Industrie et du Commerce: Considérant que le ministre de l'Industrie et du Commerce, se fondant sur les stipulations de l'avenant n° 5, en date du 7 juin 1939, à la convention conclue le 5 septembre 1907 entre la ville de Paris et la compagnie parisienne de distribution d'électricité à laquelle est substituée, par l'effet de la loi du 8 avril 1946, l'Électricité de France, soutient que ledit avenant entraîne pour la société requérante les mêmes obligations que l'arrêté attaqué et qu'ainsi ladite société est sans intérêt à se pourvoir contre cet arrêté;

Considérant que, comme il sera indiqué ci-après, la disposition critiquée par la requête fait par elle-même grief à la société "l'Aurore", qui est, par suite, recevable à en demander l'annulation;

Sur la légalité de l'article 4 de l'arrêté du 30 décembre 1947: Considérant qu'aux termes de cet article les majorations du prix de vente de l'énergie électrique "sont applicables pour l'ensemble des départements métropolitains à toutes les consommations qui doivent normalement figurer dans le premier relevé postérieur à la date de publication du présent arrêté c'est-à-dire au 1er janvier 1948" ;

Considérant qu'il est constant qu'en raison de l'intervalle de temps qui sépare deux relevés successifs de compteur le premier relevé postérieur au 1er janvier 1948 comprend, pour une part plus ou moins importante selon la date à laquelle il intervient, des consommations antérieures au 1er janvier; qu'en décidant que ces consommations seront facturées au tarif majoré, l'arrêté attaqué viole tant le principe en vertu duquel les règlements ne disposent que pour l'avenir que la règle posée dans les articles 29 et suivants de l'ordonnance du 30 juin 1945 d'après laquelle le public doit être avisé, avant même qu'ils soient applicables, des prix de tous produits et services arrêtés par l'autorité publique; qu'en outre la disposition contestée a pour conséquence de faire payer à des tarifs différents le courant consommé dans les dernières semaines de l'année 1947 par les usagers, selon que leurs compteurs sont relevés avant ou après le 1er janvier 1948. Qu'il méconnaît ainsi le principe de l'égalité entre les usagers du service public; qu'il était loisible aux auteurs de l'arrêté attaqué de soustraire celui-ci à toute critique d'illégalité en prenant toutes mesures appropriées en vue de distinguer, fût-ce même forfaitairement, les consommations respectivement afférentes à la période antérieure au 1er janvier 1948 et à la période postérieure à cette date, et en ne faisant application qu'à ces dernières du tarif majoré ;

Considérant, il est vrai, que, pour affirmer la légalité de l'arrêté attaqué, le ministre de l'Industrie et du Commerce tire d'une part argument de la date à laquelle la vente du courant à l'abonné serait réalisée et oppose d'autre part à la société requérante les stipulations de l'avenant n° 5 à la convention susmentionnée du 5 septembre 1907 ;

Considérant, sur le premier point, que le ministre allègue en vain que la vente du courant ne serait parfaite qu'à la date du relevé du compteur et qu'ainsi le nouveau tarif ne s'appliquerait, aux termes mêmes de la disposition critiquée, qu'à des ventes postérieures au 1er janvier 1948 ; qu'en effet il résulte clairement des stipulations des contrats d'abonnement que la vente de l'électricité résulte de la fourniture même du courant à l'usager, qu'elle est parfaite à la date où cette fourniture est faite et que le relevé du compteur qui intervient ultérieurement constitue une simple opération matérielle destinée à constater la quantité de courant consommée ;

Considérant, sur le second point, qu'aux termes de l'avenant n° 5 "pour la basse tension il sera fait application de l'index économique pour les consommations relevées à partir du premier jour du mois suivant la date d'homologation dudit index" ; que le ministre soutient que la société requérante, usagère à Paris de l'énergie électrique à basse tension, se trouvait ainsi obligée, par le contrat d'abonnement même qu'elle a souscrit et qui se réfère au contrat de concession, de supporter l'application du nouveau tarif aux consommations relevées après le 1er janvier 1948, c'est-à-dire dans des conditions semblables à celles qu'elle critique ;

Considérant qu'il résulte des dispositions de l'article 1er de l'ordonnance du 30 juin 1945 que les prix de tous produits et services sont fixés par voie d'autorité, notamment par des arrêtés ministériels, et qu'aux termes de l'article 19 de ladite ordonnance "sauf autorisation expresse accordée par des arrêtés pris en application de l'article 1er ... est suspendue, nonobstant toutes stipulations contraires, l'application des clauses contractuelles qui prévoient la détermination d'un prix au moyen de formules à variation automatique" ;

Considérant que l'arrêté attaqué a été pris dans le cadre de l'ordonnance du 30 juin 1945 qu'il vise expressément, et n'autorise pas le maintien des clauses contractuelles qui prévoient la détermination du prix du courant électrique au moyen de formules à variation automatique ; que ledit arrêté consacre ainsi un régime autonome de fixation du prix du courant électrique, conforme aux principes de la législation nouvelle et différent du système de révision automatique et périodique qui résulte du contrat ; que d'ailleurs il détermine lui-même les conditions dans lesquelles il doit recevoir application, suivant des modalités différentes de celles prévues au contrat de concession ; que **dès lors, et sans qu'il y ait lieu pour le juge de l'excès de pouvoir de rechercher si le système contractuel pouvait encourir le reproche de rétroactivité, le ministre n'est pas**

fondé à opposer à la société requérante une clause contractuelle avec laquelle le nouveau mode de fixation du prix du courant est inconciliable ;

Considérant qu'il résulte de tout ce qui précède que la société "l'Aurore" est recevable et fondée à demander l'annulation de la disposition contestée ;

DECIDE : Article 1er - L'article 4 de l'arrêté susvisé du 30 décembre 1947 est annulé en tant qu'il fait application aux consommations antérieures au 1er janvier 1948 des majorations de tarifs prévues aux deux premiers articles dudit arrêté. Article 2 - Les frais de timbre exposés par la société requérante, s'élevant à 120 frs, ainsi que les frais de timbre de la présente décision lui seront remboursés par l'Électricité de France. Article 3 - Expédition de la présente décision sera transmise au ministre de l'Industrie et du Commerce et au ministre des Finances et des affaires économiques sous-secrétariat d'État des affaires économiques.

Cass. com., 11 février 1997 (n° 95-15130)

Sur le moyen unique pris en ses deux branches

Attendu, selon l'arrêt attaqué (CA Angers, 27 février 1995), que par acte du 2 octobre 1990, la Caisse régionale de Crédit agricole de la Sarthe (la banque) a consenti à la société Maisons Arcadia une ouverture de crédit en compte courant d'un certain montant, pour une durée de 12 mois ; que Monsieur Genter, gérant de la société, s'est porté caution des engagements de celle-ci ; que le 9 octobre 1991, l'ouverture de crédit a été renouvelée pour la même durée, aux mêmes conditions ; qu'après la mise en redressement judiciaire de la société Maisons Arcadia, le 22 janvier 1993 la banque a assigné Monsieur Genter en paiement du solde débiteur du compte ; que ce dernier a fait valoir que la banque était créancière au titre de l'ouverture de crédit renouvelée, laquelle n'était pas couverte par son engagement de caution ;

Attendu que la banque fait grief à l'arrêt d'avoir rejeté sa demande alors, selon le pourvoi, d'une part, que la nouvelle convention qui se forme par tacite reconduction trouve sa force obligatoire dans l'accord tacite en vertu duquel les effets du contrat sont prolongés, de sorte que, la novation ne se présumant pas, seule la dénonciation de son engagement par la caution s'oppose à toute reconduction ultérieure de son engagement, à défaut de quoi elle est tenue des sommes dues à l'expiration des contrats nouveaux ; qu'en se bornant à énoncer que le contrat conclu le 9 octobre 1991 était un nouveau contrat de sorte que, le cautionnement n'ayant pas été reconduit, il ne pouvait plus être invoqué, sans rechercher si Monsieur Genter s'était expressément opposé à la reconduction de son engagement de caution lors de la tacite reconduction du 2 octobre 1990, la cour d'appel a privé sa décision de base légale au regard des articles 2013 et 2036 du Code civil, et alors, d'autre part, que la banque avait exposé dans ses conclusions d'appel que le contrat du 2 octobre 1990 précisait que la caution acceptait sans réserves toutes prorogations ou délais qui pourraient éventuellement être accordés à l'emprunteur, lesquels ne constitueraient novation en aucun cas, sa responsabilité restant entière jusqu'à la libération de l'emprunteur ; qu'ainsi Monsieur Genter qui n'avait pas dénoncé son engagement de caution lors de la reconduction tacite de ce contrat restait tenu de son engagement ; qu'en ne répondant pas à ce moyen pourtant de nature à influer sur la solution du litige, la cour d'appel a violé l'article 455 du nouveau code de procédure civile ;

Mais attendu que la tacite reconduction n'entraîne pas prorogation du contrat primitif, mais donne naissance à un nouveau contrat ; que le cautionnement doit être exprès et ne peut être étendu au-delà des limites dans lesquelles il a été contracté ; que, dès lors, ayant constaté, par des motifs qui répondent aux conclusions invoquées, d'un côté, qu'il n'y avait pas eu prorogation du terme de l'ouverture de crédit mais tacite reconduction de celle-ci à son échéance et, d'un autre côté, que le cautionnement accessoire au contrat initial n'avait pas, quant à lui, été reconduit, la cour d'appel a légalement justifié sa décision ; que le moyen n'est fondé en aucune de ses branches ;

Par ces motifs, rejette.

Cass., ch. mixtes, 24 février 2017 (pourvoi n° 15-20411)

Sur le moyen unique, pris en ses première et deuxième branches : Attendu, selon l'arrêt attaqué (Aix-en-Provence, 23 avril 2015), que la SCI Lepante, représentée par la société Immobilière Parnasse, agent immobilier, a, le 29 octobre 2012, fait délivrer à Madame X..., locataire depuis le 15 mai 2007 d'un local à usage d'habitation lui appartenant, un congé avec offre de vente pour le 14 mai 2013 ; que Madame X... l'a assignée en nullité du congé ; Attendu que Madame X... fait grief à l'arrêt de rejeter sa demande en nullité du congé pour vente et d'ordonner son expulsion alors, selon le moyen :

1. que le congé pour vente s'analysant en une offre de vente, l'agent immobilier doit être en possession d'un mandat spécial pour procéder à sa délivrance ; qu'en se bornant à énoncer que la société Parnasse immobilier avait été mandatée pour procéder à la vente du bien au motif qu'elle avait reçu un mandat de gestion et d'administration l'autorisant à délivrer " tous congés ", sans relever l'existence d'un mandat spécial aux fins de délivrer un congé pour vendre, la cour d'appel a privé sa décision de base légale au regard des articles 1er et 6 de la loi n° 70-9 du 2 janvier 1970 et de l'article 72 du décret n° 72-678 du 20 juillet 1972 ;

2. qu'un mandat pour vendre confié à un agent immobilier n'est valable que s'il est écrit et s'il mentionne une durée et un numéro d'inscription ; que pour débouter Madame X... de son action en nullité du congé et juger que la société Parnasse immobilier avait qualité pour faire délivrer un congé pour vendre, la cour d'appel s'est fondée sur une correspondance de la SCI Lepante adressée à la société Parnasse immobilier ; qu'en statuant ainsi, sans rechercher, comme elle y était invitée, si cette correspondance respectait les formalités obligatoires du mandat pour vendre confié à un agent immobilier, et notamment s'il mentionnait une durée et un numéro d'inscription sur le registre des mandats, la cour d'appel a privé sa décision de base légale au regard des articles 1er et 6 de la loi n° 70-9 du 2 janvier 1970 et de l'article 72 du décret n° 72-678 du 20 juillet 1972 ;

Mais attendu, d'une part, qu'ayant retenu que la société Immobilière Parnasse, titulaire d'un mandat d'administration et de gestion, avec pouvoir de donner tous congés, et d'une lettre datée du 19 octobre 2012 la mandatant spécialement pour vendre le bien occupé par Madame X... au terme du bail moyennant un certain prix et pour lui délivrer congé, la cour d'appel a procédé à la recherche prétendument omise; Et attendu, d'autre part, qu'il résulte des articles 1er, 6 et 7 de la loi n° 70-9 du 2 janvier 1970 et 72 du décret n° 72-678 du 20 juillet 1972 que le mandat doit comprendre une limitation de ses effets dans le temps et que l'agent immobilier doit mentionner tous les mandats par ordre chronologique sur un registre des mandats à l'avance coté sans discontinuité et relié, et reporter le numéro d'inscription sur l'exemplaire du mandat qui reste en la possession du mandant; que la Cour de cassation jugeait jusqu'à présent que ces dispositions, qui sont d'ordre public, sont prescrites à peine de nullité absolue, pouvant être invoquée par toute partie qui y a intérêt (1re Civ., 25 février 2003, pourvoi n° 01-00. 461; 3e Civ., 8 avril 2009, pourvoi n° 07-21. 610, *Bull.* 2009, III, n° 80) ; Que la nullité est absolue lorsque la règle violée a pour objet la sauvegarde de l'intérêt général, tandis que la nullité est relative lorsque la règle violée a pour objet la sauvegarde d'un intérêt privé; Que par la loi du 2 janvier 1970 réglementant les conditions d'exercice des activités relatives à certaines opérations portant sur les immeubles et les fonds de commerce, dite loi Hoguet, le législateur a entendu, tout à la fois, réguler la profession d'agent immobilier et protéger sa clientèle; que la loi n° 2014-366 du 24 mars 2014 pour l'accès au logement et à un urbanisme rénové, comme il ressort de son étude d'impact, et la loi n° 2015-990 du 6 août 2015 pour la croissance, l'activité et l'égalité des chances économiques répondent aux mêmes préoccupations; Que la loi n° 89-462 du 6 juillet 1989 encadre la délivrance d'un congé pour vendre au locataire d'un local à usage d'habitation qui constitue sa résidence principale, en posant notamment des conditions de délai, en ouvrant un droit de préemption et en imposant la délivrance d'une notice d'information avec le congé; **Que l'évolution du droit des obligations, résultant de l'ordonnance n° 2016-131 du 10 février 2016, conduit à apprécier différemment l'objectif poursuivi par les dispositions relatives aux prescriptions formelles que doit respecter le mandat, lesquelles visent la seule protection du mandant dans ses rapports avec le mandataire;** Que l'existence de dispositions protectrices du locataire, qui assurent un juste équilibre entre les intérêts de ce dernier et ceux du bailleur, et la finalité de protection du seul propriétaire des règles fixées par les articles 7, alinéa 1er, de la loi du 2 janvier 1970 et 72, alinéa 5, du décret du 20 juillet 1972 conduisent à modifier la jurisprudence et à décider que la méconnaissance des règles précitées doit être sanctionnée par une nullité relative;

Que, dès lors, la cour d'appel n'était pas tenue d'effectuer une recherche inopérante relative à la mention de la durée du mandat et au report, sur le mandat resté en possession du mandant, d'un numéro d'inscription sur le registre des mandats; D'où il suit que le moyen n'est pas fondé;

Et attendu qu'il n'y a pas lieu de statuer par une décision spécialement motivée sur les autres branches du moyen qui ne sont manifestement pas de nature à entraîner la cassation; PAR CES MOTIFS: REJETTE le pourvoi;

Thème 2

La préparation du contrat : les négociations

Exercice

Énoncé du cas

Le 3 janvier 2018, les époux Martin ont mis en vente leur appartement en publiant une petite annonce sur divers sites internet. Ils proposaient un prix de 230 000 €.

Le 15 mars suivant, Monsieur Aber proposait d'acheter l'appartement pour 200 000 €.

Les vendeurs ont répondu à Monsieur Aber en lui adressant un descriptif détaillé de l'appartement ainsi que les divers diagnostiques qui avaient été effectués.

Monsieur Aber a confirmé son souhait d'acquérir le bien pour un prix de 200 000 € tout en précisant ne pas avoir besoin de contracter un prêt pour le financement de cet achat.

Les époux Martin ont alors indiqué à Monsieur Aber qu'ils avaient contacté leur notaire.

Maître Martel, notaire, a écrit à Monsieur Aber et aux époux Martin en proposant une date de signature. Il demandait également, en l'absence d'accord ferme sur ce point, que lui soit confirmé le prix de vente de l'appartement. Les époux Martin n'ont jamais répondu et ne se sont pas présentés au rendez-vous fixé pour la signature.

Monsieur Aber est très mécontent de cette situation et compte bien « Ne pas en rester là ! ».

Il vous interroge à ce sujet.

Corrigé

En l'absence d'accord sur le prix, il ne peut être soutenu qu'un contrat de vente a été formé entre les époux Martin et Monsieur Aber (*cf.* P1-T4).
Si la discussion qui a eu lieu n'a pas permis la formation du contrat, elle constitue néanmoins un préalable à sa conclusion; il s'agit d'une phase de négociation.

Question de fait

Les époux Martin pouvaient-ils rompre de leur propre chef les négociations en cours?

Question de droit

La rupture des négociations par les époux Martin est-elle fautive?

Réponse en droit

Le principe de liberté contractuelle

La formation du contrat est soumise au principe de la liberté contractuelle que l'on peut décliner selon trois règles:

- la liberté de contracter ou non;

- la liberté de choisir son cocontractant;
- la liberté de choisir le contenu du contrat.

Ainsi, la mise en œuvre de la liberté contractuelle permet de conserver la possibilité de s'engager ou non pendant toute la phase de négociation.
Ce principe est aujourd'hui consacré à l'article 1112 du Code civil.

La mise en œuvre de la liberté contractuelle

La liberté de s'engager par un contrat et en conséquence la liberté de rompre les négociations de façon unilatérale (aucune difficulté n'existe en cas de rupture d'un commun accord) est soumise à l'exigence de bonne foi.
Ainsi, une rupture unilatérale de mauvaise foi des négociations s'analyse en une faute de nature à engager la responsabilité.

Le contrat n'ayant par hypothèse pas été conclu, il ne saurait s'agir que de la responsabilité délictuelle (*cf.* P2).

En l'espèce, les époux Martin ont-ils commis une faute?
La jurisprudence a pu considérer que les pourparlers ont été rompus abusivement dans les hypothèses de rupture brutale (Cass. civ. 1, 6 janv. 1998, n° 95-19199) ou de prolongation fautive (Cass. civ 22 févr. 1994, n° 92-13871).

Ici, il s'avère que le comportement des vendeurs peut s'analyser soit en une prolongation inutile donc fautive puisqu'ils ont continué à échanger avec l'acheteur potentiel sans intention de vendre, soit en une rupture brutale en ce qu'ils ont subitement changé d'avis.

Ainsi, et sous réserve de l'existence d'un dommage réparable et d'un lien de causalité, la responsabilité des époux Martin peut être engagée.

Reste la question de l'ampleur du préjudice subi par la victime de la rupture des négociations.
Depuis un arrêt de la chambre commerciale en date du 26 novembre 2003 (pourvois n° 00-10243 et n° 00-10949) dit arrêt « Manoukian », la Cour de cassation considère que le préjudice alors réparable n'incluait que les frais occasionnés par la négociation et les études préalables auxquelles la victime avait fait procéder et non les gains qu'elle pouvait espérer en cas de conclusion du contrat ni même la perte d'une chance d'obtenir ces gains.

Ces solutions sont aujourd'hui consacrées à l'article 1112 du Code civil énonçant que: « L'initiative, le déroulement et la rupture des négociations précontractuelles sont libres. Ils doivent impérativement satisfaire aux exigences de la bonne foi.
En cas de faute commise dans les négociations, la réparation du préjudice qui en résulte ne peut avoir pour objet de compenser ni la perte des avantages attendus du contrat non conclu, ni la perte de chance d'obtenir ces avantages. »

En conclusion, on peut ici considérer que si les conditions pour engager la responsabilité des époux Martin pour rupture abusive des négociations sont réunies, Monsieur Aber ne pourra prétendre qu'à l'indemnisation d'un préjudice limité.

Réponse en fait

Monsieur Aber peut solliciter la réparation de son préjudice, mais il n'est pas certain qu'il obtienne gain de cause et son préjudice reste limité.

1. Textes

Article 1112 du Code civil

« L'initiative, le déroulement et la rupture des négociations précontractuelles sont libres. Ils doivent impérativement satisfaire aux exigences de la bonne foi.

En cas de faute commise dans les négociations, la réparation du préjudice qui en résulte ne peut avoir pour objet de compenser ni la perte des avantages attendus du contrat non conclu, ni la perte de chance d'obtenir ces avantages. »

Article 1112-1 du Code civil

« Celle des parties qui connaît une information dont l'importance est déterminante pour le consentement de l'autre doit l'en informer dès lors que, légitimement, cette dernière ignore cette information ou fait confiance à son cocontractant.

Néanmoins, ce devoir d'information ne porte pas sur l'estimation de la valeur de la prestation.

Ont une importance déterminante les informations qui ont un lien direct et nécessaire avec le contenu du contrat ou la qualité des parties.

Il incombe à celui qui prétend qu'une information lui était due de prouver que l'autre partie la lui devait, à charge pour cette autre partie de prouver qu'elle l'a fournie.

Les parties ne peuvent ni limiter, ni exclure ce devoir.

Outre la responsabilité de celui qui en était tenu, le manquement à ce devoir d'information peut entraîner l'annulation du contrat dans les conditions prévues aux articles 1130 et suivants. »

Article 1112-2 du Code civil

« Celui qui utilise ou divulgue sans autorisation une information confidentielle obtenue à l'occasion des négociations engage sa responsabilité dans les conditions du droit commun. »

2. Jurisprudence

CC, 3 août 1994 (DC n° 94-348)

Vu la Constitution ;

Vu la Déclaration des droits de l'homme et du citoyen de 1789 ;

Vu le Préambule de la Constitution du 27 octobre 1946 ;

Vu l'ordonnance du 7 novembre 1958 modifiée portant loi organique sur le Conseil constitutionnel ;

Vu le code de la sécurité sociale ;

Vu la loi n° 84-46 du 24 janvier 1984 modifiée relative à l'activité et au contrôle des établissements de crédit ;

Vu la loi n° 89-1009 du 31 décembre 1989 modifiée renforçant les garanties offertes aux personnes assurées contre certains risques ;

Le rapporteur ayant été entendu ;

1. Considérant que les sénateurs, auteurs de la saisine, défèrent au Conseil constitutionnel les articles L. 941-1 et L. 941-2 du code de la sécurité sociale introduits par l'article 11 de la loi au Titre IV du Livre IX nouveau de ce code ;

– SUR L'ARTICLE L. 941-1 :

2. Considérant que le I de l'article L. 941-1 du code de la sécurité sociale qualifie d'institutions de retraite supplémentaire les institutions paritaires qui ne relèvent pas du Titre III du livre IX du code et qui, dans le cadre d'une entreprise, d'un groupe d'entreprises ou d'une branche professionnelle versent des prestations de retraite s'ajoutant à celles qui sont servies par les institutions de retraite complémentaire définies à l'article L. 922-1 du même code ; qu'il maintient ces institutions et les soumet au régime du Titre IV nouveau que la loi détermine ; que le II du même article dispose qu'il ne peut être créé de nouvelles institutions de retraite supplémentaire "avec l'autorisation du ministre chargé de la sécurité sociale, que dans le cas où les salariés d'une entreprise qui, ne relevant pas, pour leur retraite complémentaire, des institutions participant à une solidarité interprofessionnelle, viennent à en relever" ;

3. Considérant que les sénateurs, auteurs de la saisine, soutiennent en premier lieu que les dispositions précitées méconnaissent le principe d'égalité à un double titre, d'une part entre les entreprises qui avaient constitué des institutions de retraite supplémentaire avant la date de publication de la loi et celles qui ne pourront en créer après l'intervention de celle-ci, et d'autre part entre celles qui pourront en créer après la publication de la loi et celles qui ne le pourront pas ; qu'ils allèguent en deuxième lieu que les dispositions interdisant de créer de nouvelles institutions de retraite supplémentaire sont contraires à la liberté d'entreprendre et à la liberté contractuelle ; qu'enfin, ils affirment que ces mêmes dispositions sont également contraires au principe constitutionnel de participation des travailleurs à la détermination collective des conditions de travail ainsi qu'à la gestion des entreprises, énoncé au huitième alinéa du Préambule de la Constitution de 1946 ;

4. Considérant qu'aux termes de l'article 34 de la Constitution, la loi détermine les principes fondamentaux "du droit du travail, du droit syndical et de la sécurité sociale" ; qu'il est loisible au législateur, dans le domaine de compétence qui est le sien, de modifier, compléter ou abroger des dispositions antérieures ; qu'il lui incombe seulement de ne pas priver de garanties légales des principes constitutionnels ;

- En ce qui concerne le principe d'égalité :

5. Considérant que le principe d'égalité ne s'oppose ni à ce que le législateur règle de façon différente des situations différentes ni à ce qu'il déroge à l'égalité pour des

raisons d'intérêt général pourvu que, dans l'un et l'autre cas, la différence de traitement qui en résulte soit en rapport avec l'objet de la loi qui l'établit;

6. Considérant d'une part qu'au regard de l'objectif que le législateur s'est assigné tendant à la réduction progressive du champ d'application du régime des institutions de retraite supplémentaire, les dispositions nouvelles qu'il a prises pour être applicables à compter de la publication de la loi ne sont pas constitutives d'une rupture du principe d'égalité entre entreprises suivant qu'elles ont ou non constitué un régime de retraite supplémentaire à la date de cette publication;

7. Considérant d'autre part qu'en ménageant une possibilité dérogatoire autorisant la création de nouvelles institutions de retraite supplémentaire, le législateur a entendu favoriser l'application des règles de droit commun aux salariés bénéficiant jusque-là d'un régime spécial; qu'il a en effet voulu permettre aux salariés qui viendraient à relever désormais des institutions de retraite complémentaire participant à une solidarité interprofessionnelle de continuer à acquérir des droits supplémentaires pour la fraction non couverte par ces régimes légaux; que, par suite, les dispositions transitoires qu'il a ainsi édictées ne sont pas non plus constitutives d'une rupture du principe d'égalité;

- En ce qui concerne la liberté d'entreprendre:

8. Considérant que les dispositions arrêtées par le législateur en vue de définir le cadre légal dans lequel les institutions de retraite supplémentaire peuvent être constituées ou maintenues ne concernent pas, compte tenu de l'objet et de la nature de ces institutions, la liberté d'entreprendre; que par suite, le moyen invoqué est inopérant;

- **En ce qui concerne la liberté contractuelle:**

9. Considérant qu'aucune norme de valeur constitutionnelle ne garantit le principe de la liberté contractuelle; que par suite ce grief ne saurait qu'être écarté;

(...)

Décide:

Article premier:

Le dernier alinéa de l'article L 941-2 du code de la sécurité sociale issu de l'article 11 de la loi relative à la protection sociale complémentaire des salariés et portant transposition des directives n° 92-49 et n° 92-96 des 18 juin et 10 novembre 1992 du Conseil des Communautés européennes est déclaré contraire à la Constitution.

Article 2:

La présente décision sera publiée au Journal officiel de la République française.

Cass. Com. 20 mars 1972 (pourvoi n° 70-14154)

Sur les deux moyens réunies : attendu que, selon les énonciations de l'arrêt attaque (Colmar, 13 juillet 1970) la société des établissements x... est entrée en pourparlers, en avril 1966, avec la société établissements Vilber-Lourmat chargée de la distribution exclusive en France de machines, destinées a la fabrication de tuyaux en ciment, construites par la société américaine Hydrotile Machinery c° dont le siège est à Nashua (Iowa) ;

Qu'après un voyage aux Etats-Unis effectue par Robert X... du 13 au 23 mai 1966 pour voir fonctionner ces machines, la société X... demanda a la société Vilber-Lourmat des renseignements complémentaires avant de faire son choix entre plusieurs types de machines fabriquées par la société Hydrotile ;

Que la société Vilber-Lourmat ne répondit pas à cette lettre ;

Que la société X... apprit ultérieurement que des le 4 juin 1966 le fabricant américain avait adresse un devis aux établissements Vilber-Lourmat, mais que ceux-ci ne le transmirent pas à la société X... ;

Que le 16 juin 1966 la société Vilber-Lourmat signa avec la société les tuyaux centrifuges du Rhin, concurrente de la société X..., un contrat de vente d'une machine hydrotile comportant une clause aux termes de laquelle la société Vilber-Lourmat s'engageait à ne pas vendre une machine semblable dans une zone englobant l'est de la France pendant un délai de quarante-deux mois suivant la livraison de la machine commandée par la société les tuyaux centrifuges ;

Que le 21 février 1967 la société X... fit assigner la société Vilber-Lourmat en paiement de dommages-intérêts ;

Attendu qu'il est fait grief a l'arrêt confirmatif défère d'avoir condamne la société Vilber-Lourma en retenant tant le refus de vente que les autres fautes imputées à cette société, alors, selon le pourvoi, que, d'une part, au regard de l'article 37-1° de l'ordonnance du 30 juin 1945 modifiée il n'y a pas refus de vendre lorsque le refus de satisfaire à la demande d'un acheteur résulte d'une convention d'exclusivité reconnue valable ;

Que la cour d'appel ne pouvait donc, sans se contredire, ni faussement appliquer ce texte, déclarer la société Vilber-Lourmat coupable envers la société X... d'un refus de vendre une machine hydrotile, alors qu'il est constant que ce refus résulte de la clause d'exclusivité stipulée dans le contrat de vente de la même machine, antérieurement conclu avec la société les tuyaux centrifuges du Rhin, et que la cour d'appel reconnaît la validité de cette clause dans un tel contrat, alors que d'autre part, en faisant stipulée dans le contrat de vente de la même machine, antérieurement a la rupture des pourparlers, et encore de ce que les pourparlers avaient dépasse le stade pre-contractuel, tout en confirmant la décision des premiers juges, lesquels déclarent que la rupture des pourparlers par la société Vilber-Lourmat constitue une faute commise en période pre-contractuelle et justiciable de l'article 1382 du Code civil, la cour d'appel ne permet pas de reconnaître si elle se fonde sur la responsabilité contractuelle ou délictuelle de cette société, que, dès lors, en laissant incertaine la base juridique de sa décision, la cour d'appel ne lui a pas donne de base légale, alors, au surplus, que l'arrêt confirmatif attaque n'est justifie ni sur le fondement de la responsabilité contractuelle ni sur celui de la responsabilité délictuelle, la cour d'appel ne saurait en effet sans dénaturer les termes du litige fonder sa décision sur la responsabilité contractuelle de la société Vilber-Lourmat, la société X... s'étant expressément bornée a demander la condamnation de cette société par application de l'article 1382 du Code civil, et que, par ailleurs, la cour d'appel ne peut sans se contredire, ni violer le principe de l'indivisibilité de l'aveu, déduire la conscience fautive de la société Vilber-Lourmat de l'affirmation de celle-ci qu'elle s'est enquise par téléphone des intentions de la société X... avant de s'engager avec une autre société, tout en écartant comme non établie l'existence de cette démarche ;

Que, de plus, la cour d'appel, qui ne répond pas aux conclusions de la société Vilber-Lourmat faisant valoir les termes de son appel téléphonique et la réponse dilatoire de la société X..., ne justifie pas que les pourparlers n'aient pu être rompus à la suite de ce coup de téléphone ;

Qu'enfin les motifs adoptes des premiers juges ne justifient pas davantage le caractère abusif de la rupture, qu'en effet il y a contradiction a invoquer la brutalité de celle-ci tout en constatant l'attitude dilatoire de la société Vilber-Lourmat, et l'absence de raison légitime de cette rupture, également invoquée, laquelle n'est pas démontrée, la cour d'appel admettant la validité de la clause d'exclusivité dans le contrat de vente d'une machine hydrotile et ne répondant pas aux conclusions de la société Vilber-Lourmat qui faisait valoir qu'elle avait reçu, pour cette machine d'une haute technicité, une commande ferme assortie d'un acompte émanant d'une société déjà spécialisée dans la fabrication de tuyaux en béton ;

Mais attendu que l'arrêt défère a, par motifs adoptes **relevé que la société Vilber-Lourmat avait, de propos délibéré, retenu le devis définitif du fabricant américain destine aux établissements X... et rompu sans raison légitime, brutalement et unilatéralement, les pourparlers avances qu'elle entretenait avec ledits établissements, qui avaient déjà, a sa connaissance, engage de gros frais et qu'elle maintenait volontairement dans une incertitude prolongée, qu'elle avait ainsi manque aux règles de la bonne foi dans les relations commerciales** ;

Que, par motifs propres, la cour d'appel, qui n'a nullement déclaré que la société Vilber-Lourmat avait commis une faute contractuelle, a retenu que les établissements Vilber-Lourmat déclaraient eux-mêmes **qu'avant de s'engager avec leur autre client ils s'étaient enquis une ultime fois des intentions de X..., mais qu'ils n'en fournissaient pas la moindre justification et qu'en tout cas il fallait observer que des négociations aussi laborieuses ne pouvaient être rompues par un simple coup de téléphone, d'ailleurs plus que problématique, que c'était donc à bon droit que les premiers juges avaient constate la rupture abusive des pourparlers par les établissements Vilber-Lourmat ;**

Attendu que par ces énonciations, et abstraction faite des autres motifs qui sont surabondants, la cour d'appel, sans encourir les griefs du pourvoi, a pu retenir à l'encontre de la société Vilber-Lourmat une responsabilité délictuelle et a ainsi justifie la condamnation de cette société ;

Qu'aucun des moyens ne peut donc être accueilli ;

PAR CES MOTIFS : REJETTE le pourvoi forme contre l'arrêt rendu le 13 juillet 1970 par la cour d'appel de Colmar.

FOCUS

Cass. com., 9 mars 1999 (pourvoi n° 96-16559)

Attendu, selon l'arrêt attaqué, que, poursuivis en remboursement de divers découverts sur des comptes personnels et d'entreprises par la Banque de Neuflize Schlumberger Mallet, Monsieur X... et son épouse, celle-ci en qualité de caution, ont invoqué reconventionnellement la responsabilité de la banque pour rupture abusivement brutale des crédits, et ont contesté les décomptes en soutenant qu'ils incluaient des intérêts calculés sur un taux unilatéralement fixé par la banque et hors des exigences prévues par la loi du 28 décembre 1966;

Sur le premier moyen, pris en ses deux branches:

Attendu que Monsieur et Madame X... et la SCI Paradis font grief à l'arrêt du rejet de leurs prétentions sur la faute de la banque dans la rupture de leurs relations, alors, selon le moyen, d'une part, qu'ils avaient, dans leurs conclusions devant la cour d'appel, rappelé que la banque avait manifesté un brusque volte-face puisque après avoir, dans une lettre du 13 janvier 1992, offert de porter l'ouverture de crédit à 50 000 000 de francs avec garantie d'une prise d'hypothèque sur l'immeuble du Faubourg Saint-Honoré, elle avait, sans attendre de réponse, envoyé des lettres de rupture le 5 février 1992 et consommé cette rupture bien que cette garantie lui ait été accordée, jetant ainsi le discrédit sur un client avec lequel des relations stables duraient depuis plus de quarante ans et le mettant en difficultés; qu'en s'abstenant de prendre en considération ces circonstances faisant apparaître le manque de loyauté et de bonne foi de la banque qui, sous couvert d'exigences de garanties, avait entendu rompre avec un client sans avoir égard à l'atteinte portée à sa réputation et aux difficultés résultant de la rupture de quarante années de relations bancaires, l'arrêt attaqué a ainsi: 1° entaché sa décision d'un manque de base légale au regard de l'article 1147 du Code civil; 2° omis de se prononcer sur les conclusions invoquant expressément ces circonstances; et alors, d'autre part, que l'arrêt attaqué, qui se borne à déclarer " normal "le délai de préavis (deux mois pour les sociétés commerciales, huit jours pour la SCI et Monsieur X...) sans vérifier si la durée exceptionnelle des relations entre la banque et son client et le montant élevé des découverts accordés n'auraient pas imposé un délai plus long, a encore entaché sa décision d'un manque de base légale au regard de l'article 1147 du Code civil;

Mais attendu que l'arrêt retient que les pourparlers n'ont pas abouti en raison du refus opposé par Monsieur X... aux propositions, non excessives, de garanties de la banque et de la formulation par lui de contre-propositions substantiellement différentes, non acceptées par la banque; que la cour d'appel en a déduit que la banque n'a pas commis d'abus en rompant ensuite les relations avec ses interlocuteurs, après leur avoir laissé des délais de préavis raisonnables; que l'arrêt est ainsi légalement justifié et répond aux conclusions prétendument omises; d'où il suit que le moyen n'est fondé en aucune de ses branches;

(...)

Mais sur le second moyen, pris en sa deuxième branche:

Vu l'article 1134 du Code civil, ensemble l'article 1907 du même Code, les articles 4 de la loi du 28 décembre 1966 et 2 du décret du 4 septembre 1985;

Attendu que, pour rejeter la prétention de Monsieur et Madame X... et la SCI Paradis sur l'omission par la banque de la fixation écrite du taux effectif global appliqué pour le calcul des intérêts postérieurement au 30 juin 1989, en ce qui concerne Monsieur X... et postérieurement au 30 septembre 1989, en ce qui concerne la SCI, l'arrêt retient qu'à partir de ces dates les titulaires des comptes avaient reçu régulièrement des tickets d'agios précisant les taux pratiqués et qu'ils les avaient tacitement acceptés;

Attendu qu'en se déterminant par de tels motifs, sans préciser si les tickets d'agios ainsi reçus sans protestation ni réserve comportaient indication d'un taux effectif incluant globalement l'incidence de tous frais et commissions, et s'ils comportaient des indications suffisamment exemplaires pour informer exactement et préalablement les titulaires sur le taux effectif global des opérations postérieures, la cour d'appel n'a pas donné de base légale à sa décision;

PAR CES MOTIFS, et sans qu'il y ait lieu de statuer sur la troisième branche du second moyen;

CASSE ET ANNULE, mais seulement en ce qu'il a fixé le montant des condamnations prononcées contre Monsieur et Madame X..., et la SCI Paradis, en tenant compte d'intérêts à un taux supérieur au taux légal à compter des 30 juin et 30 septembre 1989, l'arrêt rendu le 16 avril 1996, entre les parties, par la cour d'appel de Paris; remet, en conséquence, quant à ce, la cause et les parties dans l'état où elles se trouvaient avant ledit arrêt et, pour être fait droit, les renvoie devant la cour d'appel de Rouen.

Cass. com., 26 novembre 2003 (pourvois n° 00-10243 et n° 00-10949)

Donne acte aux consorts X... et à Monsieur et Madame Y... de ce qu'ils se sont désistés de leur pourvoi n° B 00-10.949 en tant que dirigé contre la société Stuck, la société Les Complices et Monsieur Z... ;

Joint les pourvois n° J 00-10.243, formé par la société Alain Manoukian, et n° B 00-10.949, formé par les consorts X..., Monsieur et Madame Y..., qui attaquent le même arrêt;

Attendu, selon l'arrêt attaqué (Paris, 29 octobre 1999), que la société Alain Manoukian a engagé avec les consorts X... et Y... (les consorts X...),, actionnaires de la société Stuck, des négociations en vue de la cession des actions composant le capital de cette société; que les pourparlers entrepris au printemps de l'année 1997 ont, à l'issue de plusieurs rencontres et de divers échanges de courriers, conduit à l'établissement, le 24 septembre 1997, d'un projet d'accord stipulant notamment plusieurs conditions suspensives qui devaient être réalisées avant le 10 octobre de la même année, date ultérieurement reportée au 31 octobre; qu'après de nouvelles discussions, la société Alain Manoukian a, le 16 octobre 1997, accepté les demandes de modification formulées par les cédants et proposé de reporter la date limite de réalisation des conditions au 15 novembre 1997 ; que les consorts X... n'ayant formulé aucune observation, un nouveau projet de cession leur a été adressé le 13 novembre 1997 ; que le 24 novembre, la société Alain Manoukian a appris que les consorts X... avaient, le 10 novembre, consenti à la société Les complices une promesse de cession des actions de la société Stuck ; que la société Alain Manoukian a demandé que les consorts X... et la société Les complices soient condamnés à réparer le préjudice résultant de la rupture fautive des pourparlers ;

Sur le moyen unique du pourvoi formé par les consorts X..., pris en ses deux branches :

Attendu que les consorts X... font grief à l'arrêt de les avoir condamnés à payer à la société Alain Manoukian la somme de 400 000 francs à titre de dommages-intérêts alors, selon le moyen :

1. que la liberté contractuelle implique celle de rompre les pourparlers, liberté qui n'est limitée que par l'abus du droit de rompre qui est une faute caractérisée par le fait de tromper la confiance du partenaire ; que la cour d'appel, qui n'a relevé aucun élément à la charge du cédant de nature à caractériser un tel comportement, contraire à la bonne foi contractuelle, a privé sa décision de toute base légale au regard des articles 1382 et 1383 du Code civil ;

2. que celui qui prend l'initiative de pourparlers en établissant une proposition d'achat de la totalité des actions d'une société, soumise à plusieurs conditions suspensives affectées d'un délai de réalisation, et qui ne manifeste aucune diligence pour la réalisation de ces conditions, ne saurait imputer à faute la rupture par son partenaire des pourparlers, après l'expiration de ce délai, de sorte que la cour d'appel, en statuant comme elle l'a fait, a violé les articles 1382 et 1383 du Code civil ;

Mais attendu, d'une part, qu'après avoir relevé, d'un côté, que les parties étaient parvenues à un projet d'accord aplanissant la plupart des difficultés et que la société Alain Manoukian était en droit de penser que les consorts X... étaient toujours disposés à lui céder leurs actions et, d'un autre côté, que les actionnaires de la société Stuck avaient, à la même époque, conduit des négociations parallèles avec la société Les complices et conclu avec cette dernière un accord dont ils n'avaient informé la société Alain Manoukian que quatorze jours après la signature de celui-ci, tout en continuant à lui laisser croire que seule l'absence de l'expert-comptable de la société retardait la signature du protocole, la cour d'appel a retenu que les consorts X... avaient ainsi rompu unilatéralement et avec mauvaise foi des pourparlers qu'ils n'avaient jamais paru abandonner et que la société Alain Manoukian poursuivait normalement ; qu'en l'état de ces constatations et appréciations, la cour d'appel a légalement justifié sa décision ;

Et attendu, d'autre part, que la cour d'appel ayant relevé, par un motif non critiqué, que les parties avaient, d'un commun accord, prorogé la date de réalisation des conditions suspensives, le moyen pris de la circonstance que la rupture des pourparlers aurait été postérieure à cette date est inopérant ;

D'où il suit que le moyen ne peut être accueilli en aucune de ses branches ;

Sur le premier moyen du pourvoi formé par la société Alain Manoukian :

Attendu que la société Alain Manoukian fait grief à l'arrêt d'avoir limité à 400 000 francs la condamnation à dommages-intérêts prononcée à l'encontre des consorts X... alors, selon le moyen, que celui qui rompt brutalement des pourparlers relatifs à la cession des actions d'une société exploitant un fonds de commerce doit indemniser la victime de cette rupture de la perte de la chance qu'avait cette dernière d'obtenir les gains espérés tirés de l'exploitation dudit fonds de commerce en cas de conclusion du contrat; qu'il importe peu que les parties ne soient parvenues à aucun accord ferme et définitif; qu'en l'espèce, la cour d'appel a constaté que les consorts X... avaient engagé leur responsabilité délictuelle envers la société Alain Manoukian en rompant unilatéralement, brutalement et avec mauvaise foi les pourparlers qui avaient eu lieu entre eux au sujet de la cession des actions de la société Stuck exploitant un fonds de commerce dans le centre commercial Belle Épine; qu'en estimant néanmoins que le préjudice subi par la société Alain Manoukian ne pouvait correspondre, du seul fait de l'absence d'accord ferme et définitif, à la perte de la chance qu'avait cette société d'obtenir les gains qu'elle pouvait espérer tirer de l'exploitation du fonds de commerce et en limitant la réparation du préjudice subi par la société Alain Manoukian aux frais occasionnés par la négociation et aux études préalables qu'elle avait engagées, la cour d'appel a violé l'article 1382 du Code civil;

Mais attendu que **les circonstances constitutives d'une faute commise dans l'exercice du droit de rupture unilatérale des pourparlers précontractuels ne sont pas la cause du préjudice consistant dans la perte d'une chance de réaliser les gains que permettait d'espérer la conclusion du contrat**;

Attendu que la cour d'appel a décidé à bon droit qu'en l'absence d'accord ferme et définitif, le préjudice subi par la société Alain Manoukian n'incluait que les frais occasionnés par la négociation et les études préalables auxquelles elle avait fait procéder et non les gains qu'elle pouvait, en cas de conclusion du contrat, espérer tirer de l'exploitation du fonds de commerce ni même la perte d'une chance d'obtenir ces gains; que le moyen n'est pas fondé;

Et sur le second moyen du même pourvoi:

Attendu que la société Alain Manoukian fait encore grief à l'arrêt d'avoir mis hors de cause la société Les Complices alors, selon le moyen, que le seul fait pour l'acquéreur de garantir par avance le vendeur de toute indemnité en cas de rupture des pourparlers auxquels ce dernier aurait pu se livrer avec un tiers antérieurement constitue une faute dont l'acquéreur doit réparation envers la victime de la rupture des pourparlers dès lors qu'une telle garantie constitue pour le vendeur, et pour le profit de l'acquéreur, une incitation à rompre brutalement des pourparlers, fussent-ils sur le point d'aboutir, sans risque pour lui; qu'en l'espèce, la cour d'appel a constaté qu'aux termes de la convention de cession liant les consorts X... à la société Les complices, celle-ci s'était engagée à garantir les vendeurs de toute indemnité que ceux-ci seraient éventuellement amenés à verser à un tiers pour rupture abusive des pourparlers; qu'en considérant néanmoins que la société Les complices, dont les juges du fond ont constaté qu'elle avait profité des manœuvres déloyales commises par les consorts X... à l'encontre de la société Alain Manoukian, n'avait commis aucune faute envers la société Alain Manoukian, victime de la rupture brutale des pourparlers qu'elle avait engagés avec les consorts X..., peu important qu'il n'ait pas été démontré que la société Les complices avait eu connaissance de l'état d'avancement de ces pourparlers, la cour d'appel a violé l'article 1382 du Code civil;

Mais attendu que le simple fait de contracter, même en connaissance de cause, avec une personne ayant engagé des pourparlers avec un tiers ne constitue pas, en lui-même et sauf s'il est dicté par l'intention de nuire ou s'accompagne de manœuvres frauduleuses, une faute de nature à engager la responsabilité de son auteur;

Attendu qu'ayant relevé que la clause de garantie insérée dans la promesse de cession ne suffisait pas à établir que la société Les Complices avait usé de procédés déloyaux pour obtenir la cession des actions composant le capital de la société Stuck, ni même qu'elle avait une connaissance exacte de l'état d'avancement des négociations poursuivies entre la société Alain Manoukian et les cédants et du manque de loyauté de ceux-ci à l'égard de celle-là, la cour d'appel a exactement décidé que cette société n'avait pas engagé sa responsabilité à l'égard de la société Alain Manoukian, peu important qu'elle ait en définitive profité des manœuvres déloyales des consorts X... ; que le moyen n'est pas fondé;

PAR CES MOTIFS: REJETTE les pourvois; Laisse à chaque partie la charge de ses dépens;

Vu l'article 700 du nouveau Code de procédure civile, rejette les demandes;

Ainsi fait et jugé par la Cour de Cassation, Chambre commerciale, financière et économique, et prononcé par le président en son audience publique du vingt-six novembre deux mille trois.

☛ Pour aller plus loin

– P. MOUSSERON, J. RAYNARD, J-B. SEUBE, *Technique contractuelle*, Francis Lefebvre, 5e éd., 2017

Thème 3

La préparation du contrat : les avant-contrats

Exercices

Énoncé du cas

Jean-Michel est taxi. Après une longue carrière, il sait qu'il pourra prendre sa retraite dans 18 mois et il cherche à vendre sa licence.

Il est en relation avec Marc qui loue son véhicule personnel sous forme de VTC (véhicule de tourisme avec chauffeur), mais qui prépare le certificat de capacité professionnelle afin de pourvoir devenir artisan taxi.

Jean-Michel est prêt à vendre sa licence à Marc, mais il souhaite continuer à exercer sa profession jusqu'à sa retraite. Marc quant à lui est d'autant plus intéressé que le prix évoqué par Jean-Michel est très attractif, mais il n'est pas tout à fait sûr de vouloir changer son statut de VTC pour devenir taxi.

Jean-Michel est aussi propriétaire d'un garage dans lequel il stationne son véhicule. Il envisage également de le vendre à Marc si celui-ci lui achète sa licence. Néanmoins, Jean-Michel se souvient qu'il y a deux mois, il a convenu d'un commun accord avec un collègue de lui vendre son garage s'il décidait de s'en séparer au jour de sa retraite. Il pense aujourd'hui qu'il serait plus logique de vendre ce local à Marc.

a. Si rien n'est définitif, Marc et Jean-Michel souhaitent sécuriser leurs relations. Marc veut un peu de temps pour réfléchir tout en obligeant Jean-Michel à maintenir le prix. Jean-Michel n'y est pas opposé mais il souhaiterait une contrepartie à son engagement. Que pouvez-vous leur proposer (justifiez) ?

b. Jean-Michel peut-il revenir sur la promesse qu'il avait faite à un collègue de lui vendre son garage?

Corrigé

a. Cas a

Question de fait

Quel acte permettrait à Jean-Michel et Marc de « sécuriser leurs relations » ?

Question droit

Une promesse unilatérale de vente serait-elle adaptée?

Réponse en droit

Selon l'article 1124 alinéa 1er du Code civil une promesse unilatérale de vente est le contrat par lequel une partie, le promettant, accorde à l'autre, le bénéficiaire, le droit d'opter pour la conclusion d'un contrat dont les éléments essentiels sont déterminés, et pour la formation duquel ne manque que le consentement du bénéficiaire.

En l'espèce, les éléments essentiels du contrat envisagés sont connus. Il s'agit d'une licence de taxi et un prix est proposé par son titulaire.
En outre, la volonté de vendre est acquise chez Jean-Michel qui serait le promettant; il ne manque que la volonté d'acheter chez Marc qui serait alors le bénéficiaire de la promesse.

Ainsi, Jean-Michel peut s'engager à vendre la licence de taxi à Marc si celui-ci l'accepte dans le délai de 18 mois.
On est bien en présence d'une promesse unilatérale de vente. Le consentement du vendeur ainsi que les éléments essentiels du contrat sont « figés » et la formation du contrat définitif est soumise à la levée de l'option par le bénéficiaire de la promesse.

Marc a la garantie que la promesse doit être maintenue à son profit pendant le délai puisque l'article 1124 alinéas 2 et 3 énonce que:
« La révocation de la promesse pendant le temps laissé au bénéficiaire pour opter n'empêche pas la formation du contrat promis.
Le contrat conclu en violation de la promesse unilatérale avec un tiers qui en connaissait l'existence est nul. »

Attention

Avant l'ordonnance du 10 février 2016, la sanction du non-respect de la promesse unilatérale de vente par le promettant était différente. En l'absence de texte spécifique, la Cour de cassation a pu décider que la retrait de la promesse par le promettant cependant le délai pour opter empêchait la formation du contrat promis même en cas de levée de l'option par le bénéficiaire, lequel ne se voyait accorder que des dommages et intérêts (voir Cass. civ. 1, 15 décembre 1993; pourvoi n° 91-10199).

Ainsi, une fois la promesse conclue, Jean-Michel ne peut plus vendre sa licence à un tiers. Il se doit donc d'attendre l'éventuelle levée d'option du bénéficiaire jusqu'à l'expiration du délai. Il encourt le risque que MARC ne se décide pas à acheter et qu'il doive ainsi avoir à trouver un nouvel acquéreur au bout de 18 mois.
Ce risque peut être compensé par le versement d'une indemnité d'immobilisation. Il s'agit d'une somme d'argent versée par le bénéficiaire de la promesse unilatérale de vente au promettant en contrepartie du délai de levée d'option. Il s'agit du prix de l'option (Cass. civ. 1, 5 décembre 1995; pourvoi n° 93-19.874).
Très fréquente en pratique, l'indemnité d'immobilisation n'est pas sans soulever certaines difficultés. En effet, la Cour de cassation a pu requalifier des promesses unilatérales en promesses synallagmatiques en raison d'une indemnité d'immobilisation si impor-

tante qu'elle privait en réalité le bénéficiaire de son droit d'opter (voir Cass. com., 20 novembre 1962, *D.*, 1963. 3; Cass. com., 9 novembre 1971; *JCP*, 1972, II. 16962; Cass. civ. 3, 31 mars 1981, *Gaz. Pal.*, 1981. Pan. 308).

Dans le silence de l'ordonnance de 2016 sur ce point, il convient de rester prudent et de fixer une indemnité d'immobilisation raisonnable dont le montant n'est pas de nature à contraindre le bénéficiaire de la promesse à lever l'option. En pratique, l'indemnité d'immobilisation s'élèvera à 5 à 10% du prix de vente.

Réponse en fait

On peut donc proposer une promesse unilatérale de vente assortie d'une indemnité d'immobilisation à Marc et Jean-Michel.

b. Cas b

Question de fait

Jean-Michel peut-il revenir sur la promesse qu'il avait faite à un collègue de lui vendre son garage?

Question de droit

Quelles sont les obligations nées de cette promesse?

Réponse en droit

La promesse faite par Jean-Michel à son collègue peut être qualifiée de pacte de préférence, c'est-à-dire de contrat par lequel une partie s'engage à proposer prioritairement à son bénéficiaire de traiter avec lui pour le cas où elle déciderait de contracter (article 1123 du Code civil).

Ainsi, si Jean-Michel décide de vendre son garage, il se doit de proposer la vente à son collègue en premier.

S'il ne respecte pas ce pacte et si la vente est conclue avec un tiers, deux cas de figure se présentent:

- le tiers acquéreur connaissait l'existence du pacte de préférence et l'intention de son bénéficiaire de s'en prévaloir: le bénéficiaire du pacte peut solliciter la nullité de la vente ou demander au juge de le substituer au tiers dans le contrat conclu.
- dans les autres cas le promettant devra indemniser le bénéficiaire de la promesse.

Réponse en fait

Ainsi, Jean-Michel doit respecter le pacte de préférence consenti à son collègue sous peine de sanctions.

Pour se prémunir de tout risque en cas de vente à son profit, Marc a la possibilité d'interroger au préalable le bénéficiaire du pacte dans les conditions de l'article 1123 du Code civil.

☛ Pour aller plus loin

- Réforme des contrats et des obligations : la promesse unilatérale de contrat, *JCP N*, 2016, act. 1071, n° 40
- Réforme des contrats et des obligations : le pacte de préférence *JCP N*, 2016, act. 1102, n° 41

Thème 3

1. Textes

Article 1123 du Code civil

« Le pacte de préférence est le contrat par lequel une partie s'engage à proposer prioritairement à son bénéficiaire de traiter avec lui pour le cas où elle déciderait de contracter.

Lorsqu'un contrat est conclu avec un tiers en violation d'un pacte de préférence, le bénéficiaire peut obtenir la réparation du préjudice subi. Lorsque le tiers connaissait l'existence du pacte et l'intention du bénéficiaire de s'en prévaloir, ce dernier peut également agir en nullité ou demander au juge de le substituer au tiers dans le contrat conclu.

Le tiers peut demander par écrit au bénéficiaire de confirmer dans un délai qu'il fixe et qui doit être raisonnable, l'existence d'un pacte de préférence et s'il entend s'en prévaloir.

L'écrit mentionne qu'à défaut de réponse dans ce délai, le bénéficiaire du pacte ne pourra plus solliciter sa substitution au contrat conclu avec le tiers ou la nullité du contrat. »

Article 1124

« La promesse unilatérale est le contrat par lequel une partie, le promettant, accorde à l'autre, le bénéficiaire, le droit d'opter pour la conclusion d'un contrat dont les éléments essentiels sont déterminés, et pour la formation duquel ne manque que le consentement du bénéficiaire.

La révocation de la promesse pendant le temps laissé au bénéficiaire pour opter n'empêche pas la formation du contrat promis.

Le contrat conclu en violation de la promesse unilatérale avec un tiers qui en connaissait l'existence est nul. »

2. Jurisprudence

Cass. civ. 1, 15 décembre 1993 (pourvoi n° 91-10199)

Sur le moyen unique :

Attendu, selon l'arrêt attaqué (Paris, 8 novembre 1990), que Madame Y..., qui avait consenti, le 22 mai 1987, aux consorts X... une promesse de vente d'un immeuble, valable jusqu'au 1er septembre 1987, a notifié aux bénéficiaires, le 26 mai 1987, sa décision de ne plus vendre ; que les consorts X..., ayant levé l'option le 10 juin 1987, ont assigné la promettante en réalisation forcée de la vente ;

Attendu que les consorts X... font grief à l'arrêt de les débouter de cette demande, alors, selon le moyen, que, dans une promesse de vente, l'obligation du promettant constitue une obligation de donner ; qu'en rejetant la demande des bénéficiaires en réalisation forcée de la vente au motif qu'il s'agit d'une obligation de faire, la cour d'appel a ainsi violé les articles 1134 et 1589 du Code civil ;

Mais attendu que la cour d'appel, ayant exactement retenu que tant que **les bénéficiaires n'avaient pas déclaré acquérir, l'obligation de la promettante ne constituait qu'une obligation de faire et que la levée d'option, postérieure à la rétractation de la promettante, excluait toute rencontre des volontés réciproques de vendre et d'acquérir**, le moyen n'est pas fondé ;

PAR CES MOTIFS : REJETTE le pourvoi.

Cass. civ. 1, 5 décembre 1995 (pourvoi n° 93-19874)

Attendu que, selon les juges du fond, les consorts X... ont, par acte du 31 juillet 1986, consenti à Madame Y... une promesse unilatérale de cession de parts sociales d'un hôtel, la levée de l'option devant intervenir avant le 15 septembre 1989, et la réalisation de la vente, par paiement ou offre réelle du prix, avant le 1er octobre 1989, sous peine de déchéance du droit d'exiger cette réalisation, la promesse étant alors " considérée comme nulle et non avenue " ; que Madame Y... a levé l'option dans le délai prévu, mais n'a demandé la réalisation de la vente que le 31 octobre 1989, de sorte que les consorts X... ont demandé l'attribution de l'indemnité d'immobilisation de 325 000 francs par ailleurs stipulée ; que Madame Y... a de son côté demandé "la résiliation ou la résolution" de la convention ;

Sur le moyen unique, pris en ses deux branches, du pourvoi incident de Madame Y... : (sans intérêt) ;

Mais sur le moyen unique du pourvoi principal des consorts X... :

Vu l'article 1134 du Code civil ;

Attendu que, pour débouter les consorts X... de leur demande en paiement de l'indemnité d'immobilisation, l'arrêt attaqué énonce que cette indemnité a été fixée en fonction du préjudice éventuel né de la nécessité pour les promettants de rechercher un autre acquéreur, préjudice dont il est établi que les consorts X... n'ont pas souffert puisqu'ils ont renoncé à la vente de leurs parts sociales ;

Attendu qu'en se déterminant ainsi, alors que **l'indemnité d'immobilisation, stipulée dans une promesse unilatérale de vente comme acquise au promettant en cas de défaut de réalisation de la vente constitue le prix de l'exclusivité consentie au bénéficiaire de la promesse**, la cour d'appel a violé le texte susvisé ;

PAR CES MOTIFS : CASSE ET ANNULE, mais seulement en ce qu'il a débouté les consorts X... de leur demande en paiement de l'indemnité d'immobilisation, l'arrêt rendu le 2 juillet 1993, entre les parties, par la cour d'appel de Paris ; remet, en conséquence, la cause et les parties dans l'état où elles se trouvaient avant ledit arrêt et, pour être fait droit, les renvoie devant la cour d'appel de Paris, autrement composée.

Thème 4

La formation du contrat : l'offre et l'acceptation

Exercice

Énoncé du cas

Madame Boute est propriétaire d'un patrimoine immobilier très important composé essentiellement de terres agricoles et d'un bois. Si Madame Boute loue les terres et en tire un revenu, elle n'exploite pas son bois alors même qu'il nécessite un entretien régulier et coûteux.

Madame Boute sait que son voisin, adepte de la chasse, est très intéressé par ce bois dans lequel le gibier prolifère.

Elle décide donc de lui adresser le courrier suivant ;

« *J'ai décidé de me séparer du bois situé le long de votre propriété. Si vous le souhaitez, vous pouvez l'acquérir au prix de 50 000 €. Étant voisins, je vous accorde l'exclusivité de cette proposition ainsi qu'un délai de quatorze jours pour me répondre.* »

La semaine suivante, le maire de la commune, très intéressé par le bois, fait à Madame Boute une proposition d'achat pour un prix de 75 000 €. Madame Boute accepte et la vente est conclue.

Aveuglée par le prix proposé, Madame Boute a complètement oublié son voisin qui lui a annoncé le lendemain qu'il entendait acquérir le bois.

1. Que pensez-vous de cette situation ? Madame Boute pouvait-elle proposer la vente à son voisin puis vendre le terrain au Maire ?
2. Comparer la solution de ce cas pratique à la solution retenue dans l'arrêt de la troisième chambre civile de la Cour de cassation du 7 mai 2008 (*Cf. Focus*)

Corrigé

a. Question 1

Répondre à la question nécessite de répondre successivement à plusieurs questions.

Première question de fait

Comment qualifier la proposition faite par Madame Boute à son voisin ?

Première question de droit

La proposition de Madame Boute peut-elle être qualifiée d'offre de contracter ?

Première réponse en droit

Une offre de contrat doit être précise, c'est-à-dire contenir les éléments essentiels du contrat, et ferme, c'est-à-dire manifester la volonté de son auteur d'être lié en cas d'acceptation (article 1114 du Code civil).
En l'espèce, la proposition contient bien les éléments essentiels du contrat de vente (la chose et le prix selon l'article 1583 du Code civil). Elle est également ferme puisque Madame Boute a bien exprimé sa volonté de vendre et la formation du contrat est soumise à la décision de son voisin.

Première réponse en fait

Il s'agit donc bien d'une offre de contrat.

Seconde question de fait

Madame Boute pouvait-elle revenir sur sa proposition ?

Seconde question de droit

Le pollicitant peut-il rétracter son offre ?

Seconde réponde en droit

Le Code civil envisage ce cas de figure aux articles 1115 et 1116 et distingue selon que l'offre est parvenue ou non à son destinataire.
Si, comme en l'espèce, l'offre a touché son destinataire elle ne peut plus être rétractée avant l'expiration d'un délai raisonnable ou du délai offert pour accepter ou non l'offre.
En l'espèce, Madame Boute avait accordé à son voisin un délai de 14 jours pour se prononcer et s'est rétractée pendant ce délai.
La rétractation de l'offre est donc contraire à l'article 1116 du Code civil.

Quelle est la sanction encourue ?

L'article 1116 alinéa 2 du Code civil prévoit que la rétractation de l'offre empêche la formation du contrat.
Ainsi, bien que l'offre de Madame Boute ait été acceptée par le voisin, la rétractation qui a eu lieu avant l'acceptation empêche la formation du contrat.
Néanmoins, Madame Boute engage sa responsabilité délictuelle envers son voisin qui peut prétendre à des dommages et intérêts.
Ces dommages et intérêts n'ont cependant pas à indemniser la perte des avantages attendus du contrat.

Seconde réponse en fait

Madame Boute ne pouvait pas revenir sur sa proposition sans encourir une sanction.

Exercice

b. Question 2

Pour bien comprendre l'arrêt, il convient de rédiger une analyse.

Analyse d'arrêt

Faits

Une offre d'achat assortie d'un dépôt de garantie est émise le 2 juin.
Les vendeurs bénéficient d'un délai expirant le 27 juin pour accepter ou non cette offre.
Le 26 juin, le pollicitant retire son offre.
Les vendeurs acceptent l'offre le 27 juin soit le lendemain de la rétractation et le dernier jour du délai pour opter.
Le pollicitant ne s'estime pas engagé et réclame la restitution du dépôt de garantie.

Procédure

Le pollicitant a assigné les bénéficiaires de l'offre en restitution de la somme versée et en paiement de dommages-intérêts.
La Cour d'appel de Pau a accueilli cette demande dans un arrêt du 17 octobre 2005.
Un pourvoi en cassation a été formé.
La Cour de cassation casse et annule l'arrêt de la Cour d'appel de PAU pour violation de l'article 1134 du Code civil.

Thèse de la Cour d'appel

Pour la Cour d'appel de Pau, l'offrant avait la possibilité de retirer son offre tant qu'elle n'avait pas été acceptée par ses bénéficiaires.

Problème de droit

Une offre faite avec délai peut-elle être rétractée par le pollicitant ?

Réponse de la Cour de Cassation

Pour la Cour de cassation, un offre peut effectivement être rétractée tant qu'elle n'a pas été acceptée sauf si l'offre est assortie d'un délai durant lequel le pollicitant s'est engagé à maintenir son offre.

Commentaire

Dans cette décision, la Cour de cassation impose le maintien de l'offre pendant la durée du délai laissé au destinataire pour accepter.
En conséquence, toute rétractation étant interdite, l'offre est maintenue pendant la durée du délai, si bien que le contrat est automatiquement formé dès l'acceptation.
Le nouvel article 1116 du Code civil n'impose quant à lui pas le maintien de l'offre, mais sanctionne uniquement son retrait par l'allocation de dommage et intérêts au profit du destinataire.

La sanction semble adoucie, plus respectueuse de la théorie de l'autonomie de la volonté et s'accorde à la solution retenue en cas de non-respect d'une promesse unilatérale de contrat (cf. P1-T3).

☛ Pour aller plus loin

- B. HAFTEL, « La conclusion du contrat dans le projet d'ordonnance portant réforme du droit des contrats », *Gaz. Pal.*, 30 avril 2015, n° 120, p. 8
- O. DESHAYES, « La formation des contrats », in *La réforme du droit des contrats : quelles innovations ?*, *RDC* 2016, Hors-série

FOCUS

1. Textes

Article 1113 du Code civil

« Le contrat est formé par la rencontre d'une offre et d'une acceptation par lesquelles les parties manifestent leur volonté de s'engager.

Cette volonté peut résulter d'une déclaration ou d'un comportement non équivoque de son auteur. »

Article 1114 du Code civil

« L'offre, faite à personne déterminée ou indéterminée, comprend les éléments essentiels du contrat envisagé et exprime la volonté de son auteur d'être lié en cas d'acceptation. À défaut, il y a seulement invitation à entrer en négociation. »

Article 1115

« Elle peut être librement rétractée tant qu'elle n'est pas parvenue à son destinataire. »

Article 1116

« Elle ne peut être rétractée avant l'expiration du délai fixé par son auteur ou, à défaut, l'issue d'un délai raisonnable.

La rétractation de l'offre en violation de cette interdiction empêche la conclusion du contrat.

Elle engage la responsabilité extracontractuelle de son auteur dans les conditions du droit commun sans l'obliger à compenser la perte des avantages attendus du contrat. »

Article 1117 du Code civil

« L'offre est caduque à l'expiration du délai fixé par son auteur ou, à défaut, à l'issue d'un délai raisonnable.

Elle l'est également en cas d'incapacité ou de décès de son auteur, ou de décès de son destinataire.»

Article 1118 du Code civil

« L'acceptation est la manifestation de volonté de son auteur d'être lié dans les termes de l'offre.

Tant que l'acceptation n'est pas parvenue à l'offrant, elle peut être librement rétractée, pourvu que la rétractation parvienne à l'offrant avant l'acceptation.

L'acceptation non conforme à l'offre est dépourvue d'effet, sauf à constituer une offre nouvelle. »

Article 1119 du Code civil

« Les conditions générales invoquées par une partie n'ont effet à l'égard de l'autre que si elles ont été portées à la connaissance de celle-ci et si elle les a acceptées.

En cas de discordance entre des conditions générales invoquées par l'une et l'autre des parties, les clauses incompatibles sont sans effet.

En cas de discordance entre des conditions générales et des conditions particulières, les secondes l'emportent sur les premières. »

Article 1120 du Code civil

« Le silence ne vaut pas acceptation, à moins qu'il n'en résulte autrement de la loi, des usages, des relations d'affaires ou de circonstances particulières. »

Article 1121 du Code civil

« Le contrat est conclu dès que l'acceptation parvient à l'offrant. Il est réputé l'être au lieu où l'acceptation est parvenue. »

Article 1122 du Code civil

« La loi ou le contrat peuvent prévoir un délai de réflexion, qui est le délai avant l'expiration duquel le destinataire de l'offre ne peut manifester son acceptation ou un délai de rétractation, qui est le délai avant l'expiration duquel son bénéficiaire peut rétracter son consentement »

2. Jurisprudence

Cass. civ. 3, 7 mai 2008 (pourvoi n° 07-11690)

LA COUR DE CASSATION, TROISIÈME CHAMBRE CIVILE, a rendu l'arrêt suivant :
Sur le premier moyen :

Vu l'article 1134 du Code civil ;

Attendu, selon l'arrêt attaqué (Pau, 17 octobre 2005), que par acte du 24 juin 2000, Madame X... a signé, par l'intermédiaire d'un agent immobilier, une proposition d'achat d'un immeuble appartenant aux consorts Y..., avec remise d'un dépôt de garantie ; qu'elle a retiré son offre d'achat le 26 juin, tandis que l'agent immobilier lui adressait le 27 juin un courrier l'informant de l'acceptation de cette offre par les consorts Y... ; que Madame X... a assigné ces derniers en restitution de la somme versée et en paiement de dommages-intérêts ;
Attendu que pour accueillir cette demande, l'arrêt retient la validité de la rétractation de son offre d'achat par Madame X..., celle-ci étant intervenue par lettre recommandée expédiée le 26 juin 2000, antérieurement à l'émission, par les consorts Y..., de leur acceptation par lettre recommandée expédiée le 27 juin 2000 ;
Qu'en statuant ainsi, alors que **si une offre d'achat ou de vente peut en principe**

être rétractée tant qu'elle n'a pas été acceptée, il en est autrement au cas où celui de qui elle émane s'est engagé à ne pas la retirer avant une certaine époque, et alors qu'elle avait constaté que les consorts Y... disposaient d'un délai jusqu'au 27 juin 2000 pour donner leur accord, et qu'il en résultait que Madame X... s'était engagée à maintenir son offre jusqu'à cette date, la cour d'appel a violé le texte susvisé ; PAR CES MOTIFS, et sans qu'il y ait lieu de statuer sur le second moyen : CASSE ET ANNULE, dans toutes ses dispositions, l'arrêt rendu le 17 octobre 2005, entre les parties, par la cour d'appel de Pau ; remet, en conséquence, la cause et les parties dans l'état où elles se trouvaient avant ledit arrêt et, pour être fait droit, les renvoie devant la cour d'appel de Pau, autrement composée ; Condamne, ensemble, Madame X... et Monsieur Z... aux dépens ; Dit que sur les diligences du procureur général près la Cour de cassation, le présent arrêt sera transmis pour être transcrit en marge ou à la suite de l'arrêt cassé ; Ainsi fait et jugé par la Cour de Cassation, troisième chambre civile, et prononcé à l'audience publique du sept mai deux mille huit, par Monsieur Cachelot. conseiller le plus ancien faisant fonction de président, conformément à l'article 452 du code de procédure civile.

Thème 5

La validité du contrat : la capacité

Exercice

Énoncé du cas

Commentez l'article 1145 alinéa 1er du Code civil :
« Toute personne physique peut contracter sauf en cas d'incapacité prévue par la loi. »

Corrigé

Après avoir bien lu l'article à commenter on peut relever deux types d'éléments :
- les termes importants qu'il faudra définir (les termes à relever sont : personne physique, contracter, incapacité et loi).
- sa structure :

On peut constater que ce textes comporte deux parties : la première énonce un principe, le seconde une exception.

L'article 1145 du Code civil est un texte appartenant au livre troisième du Code civil intitulé des différentes manières dont on acquiert la propriété, au titre troisième consacré aux sources des obligations. Ce texte a trait au contrat, à sa formation et plus particulièrement à ses conditions de validité.
Ainsi, la capacité du contractant apparait comme une condition de validité du contrat.

I. Définition des principaux termes

Personne physique

Au sens courant, une personne est tout simplement un être humain (*dictionnaire Larousse, édition 2018*). Pour le droit, la notion de personne a un sens différent. Une personne, au sens juridique, est une entité dotée de la personnalité juridique.
Selon le *Vocabulaire juridique CORNU*, la personnalité juridique est l'aptitude à être titulaire de droits et assujetti à des obligations. La personne juridique est alors considérée comme qualifiée pour recevoir des droits ou être engagée par des obligations, et ce, de manière abstraite sans que l'on s'intéresse à la faculté d'être titulaire de tel droit particulier ou débiteur de telle obligation.

Il faudra exclure les personnes morales dans l'introduction (c'est la « délimitation du sujet »).

Contracter

Il s'agit de conclure un contrat. L'article 1101 du Code civil définit le contrat de la manière suivante : « Le contrat est un accord de volontés entre deux ou plusieurs personnes destiné à créer, modifier, transmettre ou éteindre des obligations. »

Incapacité

Définir l'incapacité nécessite en premier lieu de donner une définition de la capacité. On a vu que la personnalité juridique est l'aptitude à recevoir des droits ou à être engagée par des obligations, et ce, de manière abstraite sans que l'on s'intéresse à la faculté d'être titulaire de tel droit particulier ou débiteur de telle obligation.

L'aptitude à être titulaire d'un droit déterminé relève de la notion de capacité et plus précisément de la notion de capacité de jouissance, c'est-à-dire de l'aptitude à être titulaire de tel ou tel droit et débiteur de telle ou telle obligation.

La capacité de jouissance est générale en ce sens que tout titulaire de la personnalité juridique est pleinement capable, c'est-à-dire qu'il peut, par principe, devenir titulaire de n'importe quel type de droit et débiteur de tout type d'obligation.

La capacité de contracter de l'article 1145 du Code civil en est un exemple.

Néanmoins, si le principe est celui de la capacité, il existe des incapacités privant les individus de la possibilité d'exercer voire de détenir un droit.

Il existe des incapacités de jouissance, mais elles sont toujours spéciales donc limitées à certains droits seulement. Ainsi, par exemple les médecins ne peuvent recevoir de libéralité d'une personne soignée pendant la maladie dont elle meurt (909 du Code civil). Une incapacité de jouissance générale serait assimilable à une privation de personnalité juridique.

On oppose à la capacité de jouissance la capacité d'exercice qui est l'aptitude à exercer les droits dont on est titulaire. Elle peut être générale et donc empêcher la personne d'exercer seule l'ensemble de ses droits ; des mécanismes de représentation ou d'assistance sont alors mis en place.

L'article 1145 du Code civil prévoit que la capacité de contracter est le principe, néanmoins ce même texte prévoit également des cas d'incapacité.

Il peut s'agir d'incapacités d'exercice (ce sont les plus nombreuses), mais également d'incapacités de jouissance.

Loi

L'incapacité de contacter relève du domaine de la loi (article 34 de la Constitution du 4 octobre 1958).

Une fois les termes de l'article définis, il est nécessaire de compléter d'étayer les notions en question à partir de vos connaissances personnelles. Il faut également s'appuyer sur les autres textes du Code civil relatifs à ces questions.

Exercice

Pour ce faire, il apparait nécessaire de déterminer une problématique afin de pouvoir réunir différents éléments de réponse.

Remarque

S'il est important de se référer à d'autres textes et d'élargir les définitions qui ont été apportées, attention cependant à ne pas dépasser le sujet.
En effet, la question posée est relative à la capacité de contracter; il ne s'agit pas de rentrer dans le détail des différents régimes d'incapacité par exemple.

La problématique pourrait être la suivante: tous les individus sont-ils dotés de la capacité de contracter?

Il faut également replacer le sujet dans son contexte: réforme du droit des contrats et réforme plus ancienne du droit des majeurs protégés.

Enfin, il faut réunir ses connaissances sur la problématique

Selon l'article 1146 du Code civil, deux catégories de personnes physiques sont soumises à une incapacité de contracter: les mineurs et les majeurs protégés.

L'incapacité ne concerne pas les actes courants autorisés par la loi ou l'usage et passés à des conditions normales (exemple: actes purement personnels de l'article 458 du Code civil pour les majeurs protégés ou les actes de la vie courante pour les mineurs comme pour les majeurs protégés).

Néanmoins, pour les mineurs, l'acte peut être annulé pour cause de lésion dans les conditions de l'article 1149 du Code civil.

L'incapacité est sanctionnée par la nullité donc par l'anéantissement rétroactif du contrat (article 1147 du Code civil). Il s'agit d'une nullité relative qui ne peut être invoquée que par la personne protégée et pendant un délai de 5 ans (pour le point de départ du délai voir l'article 1152 du Code civil).

Le contractant de l'incapable, lui-même capable, peut faire obstacle à l'action en nullité engagée contre lui en démontrant que l'acte était utile à la personne protégée et non lésionnaire ou qu'il a profité à celle-ci; il peut également solliciter sa confirmation (article 1151 du Code civil)

Toute personne ne devient capable d'exercer les droits dont elle a la jouissance qu'à partir de l'âge de 18 ans. En deçà de cet âge, la personne mineure est frappée d'une incapacité générale d'exercice (414 du Code civil) et donc d'une incapacité de contracter (1146 du Code civil).

S'agissant que d'une incapacité de jouissance, les actes peuvent être passés au nom du mineur par ses représentants légaux : ses parents dans le cadre de l'administration légale ou le tuteur dans la cadre de tutelle.

Le mineur est également frappé de quelques incapacités d'exercice comme l'interdiction, s'il a moins de 16 ans, de disposer à titre gratuit de ses biens ; s'il a plus de 16 ans, il peut disposer par testament de la moitié de ses biens.

Le mineur émancipé a la capacité de contracter (article 1146 *a contrario* du Code civil).

Un majeur peut être considéré comme incapable s'il est victime d'une altération physique ou mentale empêchant l'expression de la volonté médicalement constatée (articles 425 et 431 du Code civil).
L'incapacité du majeur peut être organisée selon trois modalités : la sauvegarde de justice, la tutelle ou la curatelle

Par principe, le majeur placé sous sauvegarde de justice conserve sa capacité (article 435 du Code civil), il peut donc en principe agir seul sans assistance ni représentant.

La curatelle, dans laquelle la capacité de contracter du majeur est retreinte puisque, s'il peut passer seuls certains actes, d'autres nécessitent l'assistance du curateur (articles 467 et s. du Code civil).

La tutelle qui supprime la capacité de contracter du majeur. Il s'agit d'une incapacité d'exercice. Les actes sont alors passés en son nom et pour son compte par le tuteur (articles 473 et s. du Code civil).

II. Proposition de plan

I. Le principe de la capacité de contracter des personnes physiques

A. Le principe de la capacité de jouissance

B. Une capacité d'exercice de principe

II. Les exceptions à la capacité de contracter des personnes physiques

A. Les majeurs protégés

B. Les mineurs non émancipés

Pour aller plus loin

- G. DELAVAQUERIE, *L'essentiel du droit des personnes*, Éditions Ellipses, 2017
- N. PETERKA, « Les implications de la réforme du droit des obligations en droit des personnes protégées », *AJ fam.*, 2016, 533.

FOCUS

1. Textes

Article 34 de la Constitution du 4 octobre 1958

« La loi fixe les règles concernant :

- les droits civiques et les garanties fondamentales accordées aux citoyens pour l'exercice des libertés publiques ; la liberté, le pluralisme et l'indépendance des médias ; les sujétions imposées par la Défense nationale aux citoyens en leur personne et en leurs biens ;
- la nationalité, l'état et **la capacité des personnes**, les régimes matrimoniaux, les successions et libéralités ;
- la détermination des crimes et délits ainsi que les peines qui leur sont applicables ; la procédure pénale ; l'amnistie ; la création de nouveaux ordres de juridiction et le statut des magistrats ;
- l'assiette, le taux et les modalités de recouvrement des impositions de toutes natures ; le régime d'émission de la monnaie.

La loi fixe également les règles concernant :

- le régime électoral des assemblées parlementaires, des assemblées locales et des instances représentatives des Français établis hors de France ainsi que les conditions d'exercice des mandats électoraux et des fonctions électives des membres des assemblées délibérantes des collectivités territoriales ;
- la création de catégories d'établissements publics ;
- les garanties fondamentales accordées aux fonctionnaires civils et militaires de l'État ;
- les nationalisations d'entreprises et les transferts de propriété d'entreprises du secteur public au secteur privé.

La loi détermine les principes fondamentaux :

- de l'organisation générale de la Défense nationale ;
- de la libre administration des collectivités territoriales, de leurs compétences et de leurs ressources ;
- de l'enseignement ;
- de la préservation de l'environnement ;
- du régime de la propriété, des droits réels et des obligations civiles et commerciales ;
- du droit du travail, du droit syndical et de la sécurité sociale.

Les lois de finances déterminent les ressources et les charges de l'État dans les conditions et sous les réserves prévues par une loi organique.

Les lois de financement de la sécurité sociale déterminent les conditions générales de son équilibre financier et, compte tenu de leurs prévisions de recettes, fixent ses objectifs de dépenses, dans les conditions et sous les réserves prévues par une loi organique.

Des lois de programmation déterminent les objectifs de l'action de l'État. Les orientations pluriannuelles des finances publiques sont définies par des lois de programmation. Elles s'inscrivent dans l'objectif d'équilibre des comptes des administrations publiques.

Les dispositions du présent article pourront être précisées et complétées par une loi organique. »

Article 458 du Code civil

« Sous réserve des dispositions particulières prévues par la loi, l'accomplissement des actes dont la nature implique un consentement strictement personnel ne peut jamais donner lieu à assistance ou représentation de la personne protégée.

Sont réputés strictement personnels la déclaration de naissance d'un enfant, sa reconnaissance, les actes de l'autorité parentale relatifs à la personne d'un enfant, la déclaration du choix ou du changement du nom d'un enfant et le consentement donné à sa propre adoption ou à celle de son enfant. »

Article 1101 du Code civil

« Le contrat est un accord de volontés entre deux ou plusieurs personnes destiné à créer, modifier, transmettre ou éteindre des obligations. »

Article 1145 du Code civil

« Toute personne physique peut contracter sauf en cas d'incapacité prévue par la loi.

La capacité des personnes morales est limitée par les règles applicables à chacune d'entre elles. »

Article 1146 du Code civil

« Sont incapables de contracter, dans la mesure définie par la loi :

1. Les mineurs non émancipés ;
2. Les majeurs protégés au sens de l'article 425. »

Article 1147 du Code civil

« L'incapacité de contracter est une cause de nullité relative. »

Article 1148 du Code civil

« Toute personne incapable de contracter peut néanmoins accomplir seule les actes courants autorisés par la loi ou l'usage, pourvu qu'ils soient conclus à des conditions normales. »

Article 1149 du Code civil

« Les actes courants accomplis par le mineur peuvent être annulés pour simple lésion. Toutefois, la nullité n'est pas encourue lorsque la lésion résulte d'un événement imprévisible.

La simple déclaration de majorité faite par le mineur ne fait pas obstacle à l'annulation.

Le mineur ne peut se soustraire aux engagements qu'il a pris dans l'exercice de sa profession. »

Article 1150 du Code civil

« Les actes accomplis par les majeurs protégés sont régis par les articles 435,465 et 494-9 sans préjudice des articles 1148,1151 et 1352-4.

Le contractant capable peut faire obstacle à l'action en nullité engagée contre lui en établissant que l'acte était utile à la personne protégée et exempt de lésion ou qu'il a profité à celle-ci.

Il peut aussi opposer à l'action en nullité la confirmation de l'acte par son cocontractant devenu ou redevenu capable. »

Article 1152 du Code civil

« La prescription de l'action court :

1. À l'égard des actes faits par un mineur, du jour de la majorité ou de l'émancipation ;
2. À l'égard des actes faits par un majeur protégé, du jour où il en a eu connaissance alors qu'il était en situation de les refaire valablement ;
3. À l'égard des héritiers de la personne en tutelle ou en curatelle ou de la personne faisant l'objet d'une habilitation familiale, du jour du décès si elle n'a commencé à courir auparavant. »

Article 1178 du Code civil

« Un contrat qui ne remplit pas les conditions requises pour sa validité est nul. La nullité doit être prononcée par le juge, à moins que les parties ne la constatent d'un commun accord.

Le contrat annulé est censé n'avoir jamais existé.

Les prestations exécutées donnent lieu à restitution dans les conditions prévues aux articles 1352 à 1352-9.

Indépendamment de l'annulation du contrat, la partie lésée peut demander réparation du dommage subi dans les conditions du droit commun de la responsabilité extracontractuelle. »

2. Jurisprudence

(...)

Thème 6

La validité du contrat : le consentement et ses vices

Exercice

Énoncé du cas

Étudiant en deuxième année de droit, vous recevez un appel d'un ami qui vous demande conseil. Sa grand-mère, âgée de 90 ans, a racheté toute l'installation de panneaux solaires de son voisin celui-ci lui ayant garanti qu'elle produirait suffisamment d'électricité pour s'autofinancer et que Madame Marie pourrait même la revendre afin d'en tirer un complément de revenus.

Devant les faibles performances de l'installation, Madame Marie a fait venir un spécialiste qui lui a indiqué que le système, bien qu'en parfait état de marche, n'était pas en capacité de fournir plus d'électricité. Il a même rapporté à Madame Marie que son voisin l'avait d'ailleurs en son temps fait venir pour les mêmes raisons.

Votre ami considère que sa grand-mère a été trompée en raison de son grand âge. Il vous demande si la vente de l'installation de panneaux solaires peut être remise en cause.

Corrigé

L'article 1128 du Code civil énonce que le consentement et la capacité de celui qui s'engage sont nécessaires à la validité du contrat.
Si Madame Marie a exprimé un consentement sur le plan formel deux questions peuvent se poser : avait-elle la capacité de contracter et, si oui, son consentement est-il intègre ?

I. Question 1

Question de fait

L'âge de l'acquéreur peut-il permettre la remise en cause de la vente ?

Question de droit

L'âge avancé d'un cocontractant est-il une cause de nullité du contrat pour défaut de capacité ?

Réponse endroit

S'agissant de la capacité, le principe est que toute personne a la capacité de contracter à moins qu'elle n'ait été déclarée incapable par la loi.
La loi vise deux catégories de personnes incapables juridiquement : les mineurs et les majeurs protégés.
En l'espèce, Madame Marie n'appartient à aucune de ces catégories car elle a passé depuis longue date le cap de la majorité et ne fait l'objet d'aucune mesure de protection.

L’article 1129 du Code civil prévoit quant à lui qu’il faut être sain d’esprit pour contracter. L’existence d’un trouble mental au moment de la conclusion du contrat étant une cause de nullité de celui-ci (article 414-1 du Code civil).
Or, comme vous l’a précisé votre ami, sa grand-mère est en parfaite santé donc aucun trouble mental au moment de la conclusion du contrat ne pourra être prouvé.

Réponse en fait

En conclusion, l’âge ou ses éventuelles conséquences, ne permettent pas ici l’annulation du contrat.

II. Question 2

Question de fait

La tromperie dont Madame Marie a été victime peut-elle être de nature à permettre la nullité du contrat ?

Question de droit

Le comportement de son voisin à l’égard de Madame Marie peut-il être qualifié de dol ayant vicié son consentement ?

Réponse en droit

Le dol et plus largement les vices du consentement sont aujourd’hui envisagés aux articles 1130 et suivants du Code civil.

Le dol est une erreur provoquée. Ainsi, pour exister, le dol nécessite la réunion de deux éléments : une erreur et des manœuvres.

L’erreur est une fausse représentation de la réalité qui peut être spontanée ou provoquée.

Lorsqu’elle est spontanée, elle trouve sa source chez la victime de l’erreur elle-même. Ainsi, seules certaines erreurs sont sanctionnées par le droit à condition qu’elles aient été déterminantes du consentement : l’erreur sur les qualités essentielles de la prestation due ou sur celles du cocontractant (article 1132 du Code civil).

À l’inverse, tous les types d’erreur peuvent être sanctionnés lorsque l’erreur est provoquée par le cocontractant (ou son représentant, gérant d'affaires, préposé, porte-fort ou tiers de connivence).

En l’espèce Madame Marie a pris pour vrai ce qui était faux. Elle pensait l’installation en mesure de produire une certaine quantité d’électricité alors que ce n’était pas le cas.

Elle a bien commis une erreur. Il n’est pas nécessaire de qualifier cette erreur ici puisque, si l’on conclut à l’existence d’un dol, toutes les erreurs sont de nature à entraîner la nullité du contrat à condition qu’elles aient été déterminantes du consentement. C’est

Exercice

d'ailleurs le cas ici puisque si elle avait connu la capacité de production réelle de l'installation Madame Marie ne l'aurait jamais achetée.

En outre, l'erreur ne doit jamais être inexcusable, en ce sens qu'elle ne doit pas être due à une faute de l'*errans*.

L'erreur est toujours excusable lorsqu'elle est la conséquence d'un dol (article 1139 du Code civil).

Cette erreur a-t-elle été provoquée par des manœuvres? Il existe deux catégories de manœuvres: les manœuvres actives et les manœuvres passives.
Les manœuvres actives sont des agissements destinés à tromper ou un simple mensonge (1137 du Code civil).

En l'espèce, le voisin de Madame Marie lui a purement et simplement menti. Le dol est donc constitué.

Il s'agit d'une cause de nullité du contrat. S'agissant d'une nullité relative, seule la victime peut demander la nullité du contrat dans un délai de 5 ans à compter de la découverte du dol (articles 1131 et 1144 du Code civil).

En outre, la victime d'un dol peut solliciter des dommages et intérêts en réparation du préjudice subi sur le fondement de l'article 1240 du Code civil (Cass. civ. 1, 4 février 1975; *Bull. civ.* I, n° 43).

Réponse en fait

Madame Marie pourra alors solliciter la nullité du contrat ainsi que la réparation du préjudice subi.

Pour aller plus loin

- G. LOISEAU, *Les vices du consentement*, Contrats conc. consom. 2016, dossier 3, n° 5.

1. Textes

Article 1128 du Code civil

« Sont nécessaires à la validité d'un contrat :

1. Le consentement des parties ;
2. Leur capacité de contracter ;
3. Un contenu licite et certain. »

Article 1129 du Code civil

« Conformément à l'article 414-1, il faut être sain d'esprit pour consentir valablement à un contrat. »

Article 1130 du Code civil

« L'erreur, le dol et la violence vicient le consentement lorsqu'ils sont de telle nature que, sans eux, l'une des parties n'aurait pas contracté ou aurait contracté à des conditions substantiellement différentes.

Leur caractère déterminant s'apprécie eu égard aux personnes et aux circonstances dans lesquelles le consentement a été donné. »

Article 1131 du Code civil

« Les vices du consentement sont une cause de nullité relative du contrat. »

Article 1132 du Code civil

« L'erreur de droit ou de fait, à moins qu'elle ne soit inexcusable, est une cause de nullité du contrat lorsqu'elle porte sur les qualités essentielles de la prestation due ou sur celles du cocontractant. »

Article 1133 du Code civil

« Les qualités essentielles de la prestation sont celles qui ont été expressément ou tacitement convenues et en considération desquelles les parties ont contracté.

L'erreur est une cause de nullité qu'elle porte sur la prestation de l'une ou de l'autre partie.

L'acceptation d'un aléa sur une qualité de la prestation exclut l'erreur relative à cette qualité. »

Article 1134 du Code civil

« L'erreur sur les qualités essentielles du cocontractant n'est une cause de nullité que dans les contrats conclus en considération de la personne. »

Focus

Article 1135 du Code civil

« L'erreur sur un simple motif, étranger aux qualités essentielles de la prestation due ou du cocontractant, n'est pas une cause de nullité, à moins que les parties n'en aient fait expressément un élément déterminant de leur consentement.

Néanmoins l'erreur sur le motif d'une libéralité, en l'absence duquel son auteur n'aurait pas disposé, est une cause de nullité. »

Article 1136 du Code civil

« L'erreur sur la valeur par laquelle, sans se tromper sur les qualités essentielles de la prestation, un contractant fait seulement de celle-ci une appréciation économique inexacte, n'est pas une cause de nullité. »

Article 1137 du Code civil

« Le dol est le fait pour un contractant d'obtenir le consentement de l'autre par des manœuvres ou des mensonges.

Constitue également un dol la dissimulation intentionnelle par l'un des contractants d'une information dont il sait le caractère déterminant pour l'autre partie.

Néanmoins, ne constitue pas un dol le fait pour une partie de ne pas révéler à son cocontractant son estimation de la valeur de la prestation.»

Article 1138 du Code civil

« Le dol est également constitué s'il émane du représentant, gérant d'affaires, préposé ou porte-fort du contractant.

Il l'est encore lorsqu'il émane d'un tiers de connivence. »

Article 1139 du Code civil

« L'erreur qui résulte d'un dol est toujours excusable ; elle est une cause de nullité alors même qu'elle porterait sur la valeur de la prestation ou sur un simple motif du contrat. »

Article 1140 du Code civil

« Il y a violence lorsqu'une partie s'engage sous la pression d'une contrainte qui lui inspire la crainte d'exposer sa personne, sa fortune ou celles de ses proches à un mal considérable. »

Article 1141 du Code civil

« La menace d'une voie de droit ne constitue pas une violence. Il en va autrement lorsque la voie de droit est détournée de son but ou lorsqu'elle est invoquée ou exercée pour obtenir un avantage manifestement excessif. »

Article 1142 du Code civil

« La violence est une cause de nullité qu'elle ait été exercée par une partie ou par un tiers. »

Article 1143 du Code civil

« Il y a également violence lorsqu'une partie, abusant de l'état de dépendance dans lequel se trouve son cocontractant à son égard, obtient de lui un engagement qu'il n'aurait pas souscrit en l'absence d'une telle contrainte et en tire un avantage manifestement excessif.. »

Article 1144 du Code civil

« Le délai de l'action en nullité ne court, en cas d'erreur ou de dol, que du jour où ils ont été découverts et, en cas de violence, que du jour où elle a cessé. »

Article 1178 du Code civil

« Un contrat qui ne remplit pas les conditions requises pour sa validité est nul. La nullité doit être prononcée par le juge, à moins que les parties ne la constatent d'un commun accord.

- Le contrat annulé est censé n'avoir jamais existé.
- Les prestations exécutées donnent lieu à restitution dans les conditions prévues aux articles 1352 à 1352-9.

Indépendamment de l'annulation du contrat, la partie lésée peut demander réparation du dommage subi dans les conditions du droit commun de la responsabilité extracontractuelle. »

2. Jurisprudence

Cass. civ. 1, 26 octobre 1983 (pourvoi n° 82-13560)

Sur le premier moyen, pris en sa seconde branche : vu l'article 1648, alinéa 1er, du Code civil et l'article 125 du nouveau code de procédure civile, attendu que la fin de non-recevoir résultant de l'expiration du bref délai, prévu par le premier de ces textes, n'est pas d'ordre public ;

Qu'il en résulte, en vertu du second qu'elle ne peut être soulève d'office par le juge ;

Attendu que pour déclarer irrecevable l'action intentée par M Y... en résolution de la vente d'une voiture automobile, acquise par lui de M X... sur le fondement de la garantie des vices caches, la cour d'appel a retenu d'office que M Y... n'avait pas agi dans le bref délai prévu par l'article 1648 du Code civil ;

Attendu qu'en se déterminant ainsi, la cour d'appel a viole les textes susvise ;

Et, sur le second moyen, pris en sa deuxième branche: vu l'article 1110 du Code civil, attendu que, pour débouter M Y... de son action en nullité du contrat pour erreur sur les qualités de la voiture vendue, la cour d'appel énonce que cet acquéreur n'a pas été trompe des lors que pour revendre ce véhicule, il a par la suite fait paraître une annonce dans laquelle il indiquait que l'état de la voiture était bon;

Attendu qu'en se déterminant ainsi alors que **la validité du consentement devait être appréciée au moment de la formation du contrat,** la cour d'appel a viole le texte susvise;

Par ces motifs, et sans qu'il y ait lieu de statuer ni sur la première branche du premier moyen, ni sur les première et troisième branches du second moyen;

Casse et annule l'arrêt rendu le 28 janvier 1982, entre les parties, par la cour d'appel de Besançon;

Remet, en conséquence, la cause et les parties au même et semblable état ou elles étaient avant ledit arrêt et, pour être fait droit, lesrenvoie devant la cour d'appel de Dijon, a ce désignée par délibération spéciale prise en la chambre du conseil;

Cass. civ. 1, 13 décembre 1983, 1re affaire POUSSIN (pourvoi n° 82-12.237)

Sur le moyen unique: vu l'article 1110 du Code civil;

Attendu que les époux C... ont fait vendre aux enchères publiques, par le ministère de Messieurs Maurice A..., Philippe A... et Rene X..., un tableau que leur tradition familiale donnait comme étant du au pinceau de Nicolas Z... mais qui venait d'être attribue a l'École des Carrache par l'expert Robert Y... auquel les commissaires-priseurs s'étaient adresses, de telle sorte qu'il a été inscrit comme tel au catalogue de la vente avec l'assentiment de ses propriétaires et qu'il a été adjuge pour 2200 francs le 21 février 1968;

Que la réunion des musées nationaux a exerce son droit de préemption, puis a expose le tableau comme une œuvre originale de M Z... ;

Que, les époux C... ayant demande la nullité de la vente pour erreur sur la qualité substantielle de la chose vendue, la cour d'appel, statuant sur renvoi après cassation d'un précédent arrêt, a rejeté cette demande aux motifs que, si les époux c... "ont bien eu, au moment de la vente, la conviction (...) que le tableau litigieux ne pouvait pas être une œuvre de Nicolas Z...", ni l'affectation de ce tableau au Louvre comme étant de M Z..., par arrêté du 20 mars 1968, ni l'article de M B... dans la revue du Louvre, paru en 1969, ni l'exposition de l'œuvre au Louvre sous le nom de Z... "n'impliquent et ne contiennent en fait aucun élément d'appréciation de l'origine de l'œuvre qui soit antérieur a la vente, ou concomitant, et susceptible comme tel d'influer sur le consentement des vendeurs s'il avait été connu d'eux ou de leurs mandataires des ce moment";

Que, de même, la réunion des musées nationaux ayant fait observer pour sa défense qu'en definitive, et malgré son propre comportement après l'acquisition du tableau, il n'y a pas de certitude absolue sur l'origine de l'œuvre, la cour d'appel a déclare "qu'il n'importe (...) que la réunion des musées nationaux ait maintenu – ou par la suite corrige - son opinion sur l'attribution du tableau a M Z..., l'erreur devant être appréciée au jour de la vente";

Attendu qu'en statuant ainsi, et **en déniant aux époux C... le droit de se servir d'éléments d'appréciation postérieurs a la vente pour prouver l'existence d'une erreur de leur part** au moment de la vente, la cour d'appel a violé le texte susvise;

Et attendu que la dépendance nécessaire existant entre la question de la validité de la vente et celle de la responsabilité des commissaires-priseurs et de l'expert entraîne par voie de conséquence, en appréciation de l'article 624 du nouveau code de procédure civile, la cassation de la disposition de l'arrêt attaque concernant la responsabilité de ceux-ci;

Par ces motifs: casse et annule l'arrêt rendu le 1er février 1982, entre les parties, par la cour d'appel d'Amiens; remet en conséquence la cause et les parties au même et semblable état ou elles étaient avant ledit arrêt, et pour être fait droit, les renvoie devant la cour d'appel de Versailles, a ce désignée par délibération spéciale prise en la chambre du conseil;

Cass. civ. 1, 24 mars 1987, FRAGONARD (pourvoi n° 85-15736)

Sur le moyen unique, pris en ses deux branches:

Attendu que, selon les juges du fond, Jean-André Vincent, depuis lors décédé, a vendu en 1933 aux enchères publiques, comme étant " attribué à Fragonard ", un tableau intitulé Le Verrou; que, l'authenticité du tableau ayant été ultérieurement reconnue, l'arrêt confirmatif attaqué a refusé d'annuler cette vente, pour erreur, à la demande des héritiers de Jean-André Vincent;

Attendu que ceux-ci reprochent à la cour d'appel (Paris, 12 juin 1985) de s'être déterminée au motif essentiel que l'expression " attribué à.... " laisse planer un doute sur l'authenticité de l'œuvre mais n'en exclut pas la possibilité; qu'ils soutiennent, d'une part, qu'en s'attachant seulement à déterminer le sens objectif de la mention " attribué à.... " et en s'abstenant de rechercher quelle était la conviction du vendeur, alors que leurs conclusions faisaient valoir qu'il était persuadé, à la suite des avis formels des experts, que l'authenticité de l'œuvre était exclue, la cour d'appel a violé à la fois les articles 1110 du Code civil et 455 du nouveau Code de procédure civile; qu'il est, d'autre part, prétendu qu'en toute hypothèse, le vendeur commet une erreur quand il vend sous l'empire de la conviction que l'authenticité est discutable, alors qu'elle est en réalité certaine et que tout aléa à ce sujet est inexistant;

Mais attendu, en premier lieu, qu'il résulte des énonciations souveraines du jugement confirmé " qu'en vendant ou en achetant, en 1933, une œuvre attribuée à Fragonard, les contractants ont accepté un aléa sur l'authenticité de l'œuvre, que les héritiers de Jean-André Vincent ne rapportent pas la preuve, qui leur incombe, que leur auteur a consenti à la vente de son tableau sous l'empire d'une conviction erronée quant à l'auteur de celui-ci "; que le moyen, en sa première branche, ne peut dès lors être accueilli;

Focus

Et attendu, en second lieu, que, ainsi accepté de part et d'autre, **l'aléa sur l'authenticité de l'œuvre avait été dans le champ contractuel ; qu'en conséquence, aucune des deux parties ne pouvait alléguer l'erreur en cas de dissipation ultérieure de l'incertitude commune, et notamment pas le vendeur ni ses ayants-cause en cas d'authenticité devenue certaine** ; que le moyen doit donc être entièrement écarté ;

PAR CES MOTIFS : REJETTE le pourvoi

Cass. civ. 1, 17 septembre 2003, 2de affaire POUSSIN (pourvoi n° 01-15306)

Attendu que le 25 octobre 1985, Madame X..., propriétaire d' un tableau de l'école française du XVIIe siècle, a requis la société civile professionnelle Perrin-Royère-Lajeunesse (la SCP), commissaire-priseur, pour le vendre aux enchères publiques dans les six mois ; que l'acte chargeait l'officier ministériel d'une mission préalable de recherches et investigations par tout expert, sachant ou procédé scientifique, aux fins de déceler l'origine de l'œuvre et la dire de l'atelier de Nicolas Poussin ou du maître lui-même, stipulait à ce propos l'assistance des experts Y... et Z..., et fixait un prix de réserve à 100 000 francs ; que le tableau a été présenté au catalogue sous les formules "Atelier de Nicolas Poussin, La fuite en Égypte, huile sur toile", suivies, références bibliographiques à l'appui, des indications selon lesquelles les spécialistes considéraient l'œuvre originale comme perdue, à moins, selon l'un d'eux, qu'elle ne figurât dans une collection suisse ; qu'estimé entre 150 000 ou 200 000 francs, il a été adjugé le 2 mars 1986 pour le prix de 1 600 000 francs à la société Galerie Pardo, avant de devenir, en conséquence de la liquidation amiable de celle-ci, la propriété indivise de MMonsieur Richard et Robert A... ;

Attendu que la venderesse, convaincue en 1994, par la lecture de publications relatives à Poussin et relatant les opinions nouvelles de personnes qualifiées, que le tableau était de la main de l'artiste, a, en 1995, assigné MMonsieur A... et le mandataire ad hoc de la galerie liquidée, en nullité de la vente, et la SCP et Monsieur Z... en responsabilité ; qu'un premier arrêt (Paris, 27 février 1998), frappé par ceux-ci de deux pourvois rejetés par la Cour de Cassation (Civ1, 27 juin 2000, D 98-15.483 et E 98-15.714), après avoir énoncé en son dispositif qu'"aucun aléa permettant l'attribution de la toile à Nicolas Poussin n'existait pour la venderesse lors de la vente intervenue le 2 mars 1986", a ordonné avant dire droit une expertise, laquelle a conclu le 24 mars 2000 qu'il en était certainement l'auteur, et que la valeur de l'œuvre litigieuse se situait entre quarante-cinq et soixante millions de francs ;

Sur le premier moyen, pris en ses deux premières branches :

Attendu que MMonsieur A... et les autres membres de la société liquidée font grief à l'arrêt attaqué (Paris, 28 juin 2001) d'avoir prononcé la nullité de la vente sans préciser les éléments établissant que Madame X... avait fait du défaut d'authenticité du tableau une qualité substantielle l'ayant déterminée, méconnaissant ainsi l'article 455 du nouveau Code de procédure civile et privant sa décision de base légale au regard de l'article 1110 du Code civil ;

Mais attendu qu'en rappelant le dispositif précité de sa décision du 27 février 1998, ainsi que les motifs par lesquels elle avait alors dit les termes du catalogue exclusifs de toute possibilité d'attribution au peintre puis souligné l'extrême modicité de l'estimation initiale du tableau comme de son prix de réserve, et en ajoutant que c'est précisément parce que Madame X... avait acquis la certitude que le tableau n'était pas de l'artiste qu'elle avait accepté de le laisser mettre en vente sous l'appellation "Atelier de Nicolas Poussin", la cour d'appel a légalement justifié sa décision ;

Sur le deuxième moyen et la troisième branche du premier :

Attendu que les consorts A... font aussi grief à la cour d'appel, d'une part, de les avoir déboutés de leur action en responsabilité civile contre la SCP, sans rechercher si sa "déclaration mensongère" faite à Madame X..., par lettre du 29 janvier 1986 selon laquelle le tableau avait été montré à l'un des meilleurs spécialistes de la peinture française du XVIIe siècle sans être reconnu par lui comme une œuvre du maître, ne constituait pas une faute contractuelle envers sa mandante, préjudiciable aussi à l'acheteur par la conviction erronée suscitée chez la venderesse qu'il ne pouvait être de Poussin et par l'annulation consécutive de la vente, privant ainsi sa décision de base légale au regard des articles 1165 et 1382 du Code civil, et, d'autre part, d'avoir méconnu, en violation des articles 1110 et 1984 du même Code, que la faute du mandataire, génératrice de l'erreur de la mandante, ouvrait seulement à cette dernière une action en responsabilité à l'encontre du commissaire-priseur, mais faisait par ailleurs obstacle au prononcé de la nullité de la vente ;

Mais attendu que la cour d'appel a vérifié, par référence aux données acquises au moment de la vente, l'exactitude des mentions du catalogue quant au sort supputé de l'original du tableau "La fuite en Égypte" ; qu'elle a ajouté que la non-réponse du spécialiste sollicité à une lettre de Monsieur Z... accompagnée d'une photographie et d'une demande d'avis avait pu être interprétée par lui et par la SCP comme un désintérêt témoignant de la non attribution de la toile au maître, les confortant ainsi dans leur opinion épistolairement exprimée et dans leur résolution de la présenter comme une œuvre d'atelier ; qu'elle a relevé qu'un nettoyage ou des mesures scientifiques ou radiographiques ou d'autres investigations encore n'auraient pas suffi à établir son authenticité par rapport à une copie d'époque ; que par ces constatations et appréciations souveraines, elle a légalement justifié sa décision de ne retenir aucun manquement de la SCP à ses obligations de prudence et diligence ; d'où il suit que le moyen manque en fait ;

Et sur le troisième moyen :

Attendu qu'il est subsidiairement reproché à l'arrêt, en violation des articles 1371 du Code civil et 695 du nouveau Code de procédure civile, de débouter les consorts A... de leur action en enrichissement sans cause dirigée contre Madame X..., alors que, condamnés aux entiers dépens, ils supportent la charge des expertises menées à partir d'analyses scientifiques entreprises à leur demande par les Laboratoires des Musées nationaux et qui ont abouti à la reconnaissance de l'authenticité du tableau ;

Mais attendu que l'enrichissement dont s'agit n'est pas dû au fait des consorts A... mais à l'initiative prise par Madame X... de faire prononcer la nullité de la vente ; d'où il suit qu'en ne dérogeant pas au principe de la condamnation de la partie perdante aux dépens posé par l'article 696 du nouveau Code de procédure civile, l'arrêt n'encourt pas le grief allégué ;

PAR CES MOTIFS : REJETTE le pourvoi ;

Thème 7

La validité du contrat : le contenu du contrat

Exercice

Énoncé du cas

Rédigez une dissertation sur le sujet suivant :
« La notion de cause peut-elle persister après la réforme du droit des contrats ? »

Corrigé

I. Éléments de réflexion

L'ancien article 1108 du Code civil faisait de la cause une condition de validité du contrat.

Complété des articles 1131 et suivants anciens du Code civil, la cause devait alors, sous peine de nullité du contrat, exister et être licite.

En l'absence de toute définition par le Code civil la notion de cause a engendré des discussions tant au sujet de sa définition que de sa fonction.

Dans une approche classique, la cause était considérée comme la raison du contrat et l'on distinguait alors l'objet du contrat de la cause comme étant chacun le « quoi » et le « pourquoi » du contrat.

Exiger et s'interroger sur les motifs qui ont poussé les parties à contracter nécessitait de raisonner à la fois objectivement et subjectivement.
On distinguait alors la cause objective de la cause subjective.
La cause objective est le motif concret et direct qui a poussé les parties à contracter. Il est toujours le même pour un type donné de contrat.
Ainsi, dans les contrats synallagmatiques : l'obligation de chacune des parties a pour cause l'obligation de l'autre. Dans les contrats unilatéraux à titre onéreux (seuls les contrats réels sont alors envisagés) la cause de l'obligation assumée par l'une des parties est la prestation antérieurement effectuée par l'autre c'est-à-dire la remise de la chose. Pour les contrats à titre gratuit : la cause réside dans l'intention libérale.
Cette cause objective permettait le contrôle de l'existence de la cause. Cette opération s'avérant quelque peu artificielle la cause étant finalement inhérente à un type de contrat donné.

La notion de cause subjective permettait quant à elle de contrôler la licéité du motif impulsif, déterminant et personnel à chaque cocontractant.
À titre d'exemple, la cause d'un contrat de bail est pour le preneur la remise de la chose et pour le bailleur le paiement du loyer. La cause objective est ainsi inhérente au contrat lui-même, l'existence du contrat induit l'existence de la cause.

Si le motif impulsif et déterminant qui a poussé une partie à contracter est illicite (l'ouverture d'un cercle de jeu par exemple), la cause du contrat est illicite.

Une fois la distinction entre cause objective et subjective posée, la notion de cause a encore évolué sous l'impulsion de la Cour de cassation.
Ne pouvant tout envisager ici, on se concentrera sur deux arrêts importants : l'arrêt point Club Vidéo (Cass. civ. 1, 3 juillet 1996 ; *Cf. Focus*) et l'arrêt Chronopost (Cass. com., 22 octobre 1996 ; *Cf. Focus*).
Dans l'arrêt Point club vidéo, un couple a conclu un contrat de création d'un lieu de location de cassettes vidéo avec une société. Il s'avère que l'entreprise est un échec, le vidéo club étant installé dans une agglomération trop petite pour que l'opération soit rentable. Le couple demande l'annulation du contrat. La Cour d'appel de Grenoble fait droit à la demande après avoir constaté l'absence de cause, l'exploitation étant vouée à l'échec. La Cour de cassation rejettera le pourvoi formé car l'exécution du contrat dont l'objet était l'exploitation d'un commerce était impossible. Le contrat était alors dépourvu de cause en l'absence de contrepartie réelle à l'obligation de payer.
Cette décision a été considérée comme amorçant un renouveau de la notion de cause puisque l'on a utilisé la notion de cause subjective (ici la rentabilité économique de l'opération) pour apprécier l'existence de la cause. Ainsi, l'absence de rentabilité économique du contrat alors même qu'elle est attendue constitue alors une cause de nullité du contrat.
Dans l'arrêt Chronopost de 1996 (premier d'une série d'arrêts dont la solution sera confirmée malgré quelques hésitations), la Cour de cassation a considéré qu'une clause limitative de responsabilité devait être réputée non écrite en ce qu'elle contredisait la portée de l'engagement pris, en ce sens que cette clause avait pour effet de réduire à néant une obligation essentielle du contrat constituant dans un contrat synallagmatique la cause de l'obligation de l'autre.

La volonté des auteurs de la réforme était clairement de supprimer la notion de cause (voir le rapport au Président de la République – *Cf. Focus*).

Néanmoins on trouve dans la sous-section relative au contenu du contrat à savoir aux articles 1162 et suivants du Code civil des dispositions visant les questions autrefois tranchées sur le fondement de la cause.
L'article 1162 énonce que le but du contrat ne doit pas déroger à l'ordre public. Les articles 1169 et 1170 reprennent manifestement les solutions des arrêts Point club vidéo et Chronopost.

Par ailleurs l'article 1128 du Code civil pose comme condition de formation du contrat un contenu licite et certain, ce qui ressemble énormément aux exigences des anciens articles 1108 et 1131 du Code civil.

Exercice

Les auteurs relèvent que si la notion de cause a disparu du Code civil ses conséquences subsistent.

Certains auteurs doutent de l'opportunité et de la réalité de la suppression de la notion de cause.

II. Proposition de plan

I. L'objectif de suppression de la notion de cause

A. Une volonté des réacteurs de la réforme du droit des contrats

B. La disparition de la notion dans les textes

II. Les réminiscences de la notion de cause

A. Le maintien des solutions récentes

B. La cause modernisée

Pour aller plus loin

- C. GRIMALDI, « Les maux de la cause ne sont pas qu'une affaire de mots », *D.*, 2015, 814.
- T. GENICON, « Notions nouvelles et notions abandonnées, réflexion sur une révolution des mots », *RDC*, 2015, n° 3, p. 525.

1. Textes

Article 1108 ancien du Code civil

« Quatre conditions sont essentielles pour la validité d'une convention:
Le consentement de la partie qui s'oblige;
Sa capacité de contracter;
Un objet certain qui forme la matière de l'engagement;
Une cause licite dans l'obligation. »

Article 1131 ancien du Code civil

« L'obligation sans cause, ou sur une fausse cause, ou sur une cause illicite, ne peut avoir aucun effet. »

Article 1132 ancien du Code civil

« La convention n'est pas moins valable, quoique la cause n'en soit pas exprimée. »

Article 1133 ancien du Code civil

« La cause est illicite, quand elle est prohibée par la loi, quand elle est contraire aux bonnes mœurs ou à l'ordre public. »

Article 1162 du Code civil

« Le contrat ne peut déroger à l'ordre public ni par ses stipulations, ni par son but, que ce dernier ait été connu ou non par toutes les parties. »

Article 1163 du Code civil

« L'obligation a pour objet une prestation présente ou future.
Celle-ci doit être possible et déterminée ou déterminable.
La prestation est déterminable lorsqu'elle peut être déduite du contrat ou par référence aux usages ou aux relations antérieures des parties, sans qu'un nouvel accord des parties soit nécessaire. »

Article 1164 du Code civil

« Dans les contrats cadre, il peut être convenu que le prix sera fixé unilatéralement par l'une des parties, à charge pour elle d'en motiver le montant en cas de contestation.

En cas d'abus dans la fixation du prix, le juge peut être saisi d'une demande tendant à obtenir des dommages et intérêts et le cas échéant la résolution du contrat. »

Article 1165 du Code civil

« Dans les contrats de prestation de service, à défaut d'accord des parties avant leur exécution, le prix peut être fixé par le créancier, à charge pour lui d'en motiver le montant en cas de contestation.

En cas d'abus dans la fixation du prix, le juge peut être saisi d'une demande tendant à obtenir des dommages et intérêts et, le cas échéant, la résolution du contrat. »

Article 1166 du Code civil

« Lorsque la qualité de la prestation n'est pas déterminée ou déterminable en vertu du contrat, le débiteur doit offrir une prestation de qualité conforme aux attentes légitimes des parties en considération de sa nature, des usages et du montant de la contrepartie. »

Article 1167 du Code civil

« Lorsque le prix ou tout autre élément du contrat doit être déterminé par référence à un indice qui n'existe pas ou a cessé d'exister ou d'être accessible, celui-ci est remplacé par l'indice qui s'en rapproche le plus. »

Article 1168 du Code civil

« Dans les contrats synallagmatiques, le défaut d'équivalence des prestations n'est pas une cause de nullité du contrat, à moins que la loi n'en dispose autrement. »

Article 1169 du Code civil

« Un contrat à titre onéreux est nul lorsque, au moment de sa formation, la contrepartie convenue au profit de celui qui s'engage est illusoire ou dérisoire. »

Article 1170 du Code civil

« Toute clause qui prive de sa substance l'obligation essentielle du débiteur est réputée non écrite. »

Article 1171 du Code civil

« Dans un contrat d'adhésion, toute clause non négociable, déterminée à l'avance par l'une des parties, qui crée un déséquilibre significatif entre les droits et obligations des parties au contrat est réputée non écrite.

L'appréciation du déséquilibre significatif ne porte ni sur l'objet principal du contrat ni sur l'adéquation du prix à la prestation. »

2. Jurisprudence

Cass. civ. 1, 3 juillet 1996 (pourvoi n° 94-14800)

Sur le moyen unique, pris en ses deux branches:

Attendu que la société DPM fait grief à l'arrêt attaqué (Grenoble, 17 mars 1994) d'avoir annulé, pour défaut de cause, le contrat de création d'un " point club vidéo " et de location de cassettes conclu avec Monsieur et Madame Y..., en retenant que la cause, mobile déterminant de l'engagement de ces derniers, était la diffusion certaine des cassettes auprès de leur clientèle, et que cette exploitation était vouée à l'échec dans une agglomération de 1314 habitants, alors que, d'une part, dans un contrat synallagmatique la cause de l'obligation d'une partie réside dans l'obligation de l'autre partie, et qu'en l'espèce la cause de l'engagement des époux X... était la mise à leur disposition des cassettes vidéo, et que, d'autre part, les motifs déterminants ne peuvent constituer la cause du contrat que dans le cas non relevé par la cour d'appel où ces motifs sont entrés dans le champ contractuel;

Mais attendu qu'ayant relevé que, s'agissant de la location de cassettes vidéo pour l'exploitation d'un commerce, l'exécution du contrat selon l'économie voulue par les parties était impossible, la cour d'appel en a exactement déduit que **le contrat était dépourvu de cause, dès lors qu'était ainsi constaté le défaut de toute contrepartie réelle à l'obligation de payer le prix de location des cassettes**, souscrite par Monsieur et Madame Y... dans le cadre de la convention de création d'un " point club vidéo ";

Que l'arrêt est ainsi légalement justifié;

PAR CES MOTIFS: REJETTE le pourvoi.

Cass. com., 22 octobre 1996 (pourvoi n° 93-18632).

Sur le premier moyen:

Vu l'article 1131 du Code civil;

Attendu, selon l'arrêt infirmatif attaqué, que la société Banchereau a confié, à deux reprises, un pli contenant une soumission à une adjudication à la société Chronopost, venant aux droits de la société SFMI; que ces plis n'ayant pas été livrés le lendemain de leur envoi avant midi, ainsi que la société Chronopost s'y était engagée, la société Banchereau a assigné en réparation de ses préjudices la société Chronopost; que celle-ci a invoqué la clause du contrat limitant l'indemnisation du retard au prix du transport dont elle s'était acquittée;

Attendu que, pour débouter la société Banchereau de sa demande, l'arrêt retient que, si la société Chronopost n'a pas respecté son obligation de livrer les plis le lendemain du jour de l'expédition avant midi, elle n'a cependant pas commis une faute lourde exclusive de la limitation de responsabilité du contrat;

Attendu qu'en statuant ainsi alors que, spécialiste du transport rapide garantissant la fiabilité et la célérité de son service, la société Chronopost s'était engagée à livrer les plis de la société Banchereau dans un délai déterminé, et **qu'en raison du manquement à cette obligation essentielle la clause limitative de responsabilité du contrat, qui contredisait la portée de l'engagement pris, devait être réputée non écrite**, la cour d'appel a violé le texte susvisé ;

PAR CES MOTIFS, et sans qu'il y ait lieu de statuer sur les autres griefs du pourvoi :

CASSE ET ANNULE, dans toutes ses dispositions, l'arrêt rendu le 30 juin 1993, entre les parties, par la cour d'appel de Rennes ; remet, en conséquence, la cause et les parties dans l'état où elles se trouvaient avant ledit arrêt et, pour être fait droit, les renvoie devant la cour d'appel de Caen.

3. Autre

Rapport au Président de la République relatif à l'ordonnance n° 2016-131 du 10 février 2016 portant réforme du droit des contrats, du régime général et de la preuve des obligations (extrait - JORF n° 0035 du 11 février 2016, texte n° 25)

Le Code civil exige actuellement comme conditions de validité du contrat, aux côtés du consentement et de la capacité, un objet certain et une cause licite. La cause, ignorée de la plupart des droits étrangers comme des différents instruments européens de codification, reste néanmoins mal définie et recouvre en réalité une multiplicité de sens, que la doctrine, se fondant sur une jurisprudence abondante et fluctuante, s'est attachée à théoriser. Ainsi, la cause « subjective », ou cause du contrat, renvoie aux motifs personnels qui ont déterminé le consentement, tandis que la cause « objective », ou cause de l'obligation, correspond au but immédiat et abstrait du contrat, lequel est toujours le même quel que soit le type de contrat. En outre, certains arrêts de la Cour de cassation ont appliqué une conception subjective de la cause de l'obligation, invitant à rechercher non plus des motifs abstraits, communs à tous les contrats du même type, mais le but concret voulu par les parties, et ce afin de rééquilibrer le contrat.

C'est pourquoi, face à la difficulté de donner à la notion de cause une définition précise, qui en engloberait tous les aspects, face aux critiques dont elle est l'objet tant de la part d'une partie de la doctrine que de la pratique, qui la perçoit comme un facteur d'insécurité juridique et un frein à l'attractivité de notre droit, il a été fait le choix de ne pas recourir à cette notion, pour la remplacer par des règles aux contours mieux définis, permettant au juge de parvenir aux mêmes effets, tout en évitant le contentieux abondant que suscite cette notion.

L'apport de la réforme sur ce point consiste donc dans la suppression de la référence à la cause, tout en consolidant dans la loi toutes les fonctions que la jurisprudence lui avait assignées. La section sur la validité du contrat demeure introduite par un article liminaire exposant les conditions nécessaires à sa validité : le consentement des parties, la capacité de contracter, et désormais « un contenu licite et certain » (article 1128).

Thème 8

La force obligatoire du contrat

Exercice

Énoncé du cas

Julien est un jeune diplômé. N'ayant pas trouvé d'emploi, il a accepté un stage dans le but d'augmenter son expérience, malgré la faible rémunération. Il doit en outre se loger dans une nouvelle ville avec un budget très limité.

Il a donc sauté sur l'occasion quand on lui a proposé d'occuper la maison de gardien du château pour un loyer très faible à condition qu'il fasse deux rondes par jour à l'intérieur du bâtiment. Un contrat de bail est rédigé en ce sens.

Au bout de quelques mois, Julien se trouve accidentellement libéré de sa mission de surveillance. Pendant un orage, la foudre est tombée sur le château déclenchant un incendie qui a tout détruit. Il ne persiste que la maison de gardien.

La propriétaire a alors indiqué à Julien qu'il lui faudrait désormais régler un loyer normal correspondant au prix du marché.

Julien vous consulte car il souhaiterait éviter cette augmentation de loyer. Il se souvient avoir appris pendant ses études de droit que le propriétaire ne pouvait revenir sur le prix du loyer, mais il n'en est pas tout à fait sûr.

Que pouvez-vous dire à Julien sur ce point ?

Corrigé

Question de fait

Le propriétaire peut-il décider d'augmenter le loyer de Julien puisque son obligation de surveillance a disparu ?

Question de droit

Dans un contrat de bail, lorsque l'obligation de surveillance du locataire justifiant une baisse de loyer disparait suite à un évènement imprévu, le bailleur peut-il procéder à une augmentation du loyer ?

Pour éclairer Julien sur ce point il faut distinguer l'ancien droit et le droit des contrats issu de la réforme, d'autant plus qu'aucune indication n'est donnée sur la date de conclusion du contrat qui peut tout à fait rester soumis à la loi ancienne (*Cf.* P1-T1).

I. Avant la réforme du droit des contrats

L'ancien article 1134 du Code civil énonçait que :

« Les conventions légalement formées tiennent lieu de loi à ceux qui les ont faites.

Elles ne peuvent être révoquées que de leur consentement mutuel, ou pour les causes que la loi autorise.
Elles doivent être exécutées de bonne foi. »
Il s'agit du principe de force obligatoire du contrat qui devient alors la loi des parties.
Voulu par les parties d'un commun accord, le contrat ne peut être modifié que par elles ensemble.
Le contrat devient alors « la règle du jeu » organisant les relations entre les parties et seul ce qui y a été exprimé vient les contraindre.

En l'espèce, aucune augmentation du loyer n'a été prévue si l'obligation de surveillance ne pouvait plus être exécutée, on peut donc considérer que le propriétaire ne peut décider de son propre chef d'une telle hausse.

Néanmoins, l'impossibilité d'exécuter son obligation de surveillance pour le locataire cause un déséquilibre dans le contrat puisque le propriétaire ne perçoit plus la contrepartie qu'il en attendait. On parle alors d'imprévision.
S'est alors posée la question de savoir si, en l'absence d'accord des parties, le juge pouvait rétablir l'équilibre contractuel et donc ici imposer l'augmentation de loyer.

La Cour de cassation a toujours refusé que le juge rétablisse de force l'équilibre contractuel. La solution est acquise depuis d'arrêt dit du Canal de Craponne rendu par la chambre civile de la Cour de cassation le 6 mars 1876 selon lequel : « dans aucun cas, il n'appartient aux tribunaux, quelque équitable que puisse leur paraître leur décision, de prendre en considération le temps et les circonstances pour modifier les conventions des parties et substituer des clauses nouvelles à celles qui ont été librement acceptées par les contractants ».

Cette solution a été régulièrement rappelée depuis. Tel est notamment le cas dans l'arrêt de la troisième chambre civile de la Cour de cassation du 18 mars 2009 (*Cf. Focus*) dans lequel a été refusée la conversion d'une obligation de surveillance en équivalent de loyer cette hypothèse n'ayant pas été prévue au contrat.

En conséquence, selon le droit ancien, il est possible d'affirmer que le propriétaire ne peut imposer une augmentation de loyer à Julien.

II. Après la réforme du droit des contrats

Contrairement au droit antérieur, la réforme du droit des contrats a expressément envisagé le cas de l'imprévision à l'article 1195 du Code civil. L'un des objectifs annoncés de la réforme était d'ailleurs de mettre fin au refus de la Cour de cassation de permettre au juge de remédier aux hypothèses d'imprévision.
Si la brèche est ouverte, il existe néanmoins des conditions.
Il faut :

- un changement de circonstances imprévisible lors de la conclusion du contrat

Exercice

- ce changement doit rendre l'exécution excessivement onéreuse pour l'une des parties
- cette partie ne doit pas en avoir accepté le risque

Ces conditions sont cumulatives et extrêmement strictes. Elles font d'ailleurs douter que l'on soit bien en l'espèce dans une hypothèse d'imprévision.
Si l'on peut considérer l'incendie du château comme imprévisible, la disparition de l'obligation de surveillance du locataire rend-elle l'exécution du contrat excessivement onéreuse pour le bailleur ? C'est discutable.
Il faut attendre que la Cour de cassation éclaire le texte et donne des précisions quant à l'application de ces conditions.

Si ces conditions sont réunies, la partie subissant le déséquilibre du contrat peut solliciter sa renégociation auprès du cocontractant.
Si ce dernier accepte le principe d'une renégociation, la partie lésée doit néanmoins continuer à exécuter le contrat pendant leur durée.
Il convient de relever que cette possibilité de solliciter la renégociation du contrat n'est pas nouvelle (elle est d'ailleurs aujourd'hui affirmée à l'article 1193 du Code civil), chaque partie peut demander une modification du contrat, elle ne peut simplement pas l'imposer à l'autre qui reste libre d'accepter ou non.
La nouveauté réside dans le fait qu'en cas de refus ou d'échec de la renégociation l'intervention du juge est expressément prévue par les textes.
Ce n'est que si cette renégociation est refusée ou échoue que le juge pourra éventuellement être amené à intervenir à la demande d'une voire des parties au contrat.
Il pourra alors adapter le contrat ou y mettre fin.

Pour aller plus loin

- P. ANCEL, « Force obligatoire et contenu obligationnel du contrat », *RTD civ.*, 1999,p.771
- B. DEFFAINS, S. FEREY, « Pour une théorie économique de l'imprévision en droit des contrats », *RTD civ.*, 2010, p.719

1. Textes

Article 1193 du Code civil

« Les contrats ne peuvent être modifiés ou révoqués que du consentement mutuel des parties, ou pour les causes que la loi autorise. »

Article 1194 du Code civil

« Les contrats obligent non seulement à ce qui y est exprimé, mais encore à toutes les suites que leur donnent l'équité, l'usage ou la loi. »

Article 1195 du Code civil

« Si un changement de circonstances imprévisible lors de la conclusion du contrat rend l'exécution excessivement onéreuse pour une partie qui n'avait pas accepté d'en assumer le risque, celle-ci peut demander une renégociation du contrat à son cocontractant. Elle continue à exécuter ses obligations durant la renégociation.

En cas de refus ou d'échec de la renégociation, les parties peuvent convenir de la résolution du contrat, à la date et aux conditions qu'elles déterminent, ou demander d'un commun accord au juge de procéder à son adaptation. À défaut d'accord dans un délai raisonnable, le juge peut, à la demande d'une partie, réviser le contrat ou y mettre fin, à la date et aux conditions qu'il fixe. »

2. Jurisprudence

Cass. civ., 6 mars 1876, CANAL DE CRAPONNE

Sur le deuxième moyen :

Attendu qu'il résulte des déclarations de l'arrêt attaqué que les travaux qu'il prescrit doivent être exécutés dans l'intérêt des parties, afin, d'une part, de mesurer la quantité d'eau que les hoirs de Galliffet doivent livrer aux arrosants, et, d'autre part, de remédier à des abus de jouissance commis par ceux-ci ;

Que la moitié de la dépense totale mise à la charge de chacune des parties représente donc, dans l'appréciation souveraine de la cour d'appel, le montant des frais qui incombent à cette partie pour l'exécution de ses obligations personnelles, et non une portion des frais dont est tenu son adversaire ;

D'où il suit qu'en faisant masse de toutes les dépenses nécessaires pour rétablir

respectivement les parties dans leurs droits et en les condamnant à payer ces dépenses par égale portion, la cour d'Aix n'a commis aucun excès de pouvoir, et n'a violé ni l'article 1134, ni l'article 1135 du Code civil ;

Rejette ce moyen ; Mais, sur le premier moyen du pourvoi :

Vu l'article 1134 du Code civil ;

Attendu que la disposition de cet article n'étant que la reproduction des anciens principes constamment suivis en matière d'obligations conventionnelles, la circonstance que les contrats dont l'exécution donne lieu au litige sont antérieurs à la promulgation du Code civil ne saurait être, dans l'espèce, un obstacle à l'application dudit article ;

Attendu que la règle qu'il consacre est générale, absolue, et régit les contrats dont l'exécution s'étend à des époques successives de même qu'à ceux de toute autre nature ;

Que, **dans aucun cas, il n'appartient aux tribunaux, quelque équitable que puisse leur paraître leur décision, de prendre en considération le temps et les circonstances pour modifier les conventions des parties et substituer des clauses nouvelles à celles qui ont été librement acceptées par les contractants** ;

Qu'en décidant le contraire et en élevant à 30 centimes de 1834 à 1874, puis à 60 centimes à partir de 1874, la redevance d'arrosage, fixée à 3 sols par les conventions de 1560 et 1567, sous prétexte que cette redevance n'était plus en rapport avec les frais d'entretien du canal de Craponne, l'arrêt attaqué a formellement violé l'article 1134 ci-dessus visé ;

Par ces motifs, casse...

Cass. civ. 3, 18 mars 2009 (pourvoi n° 07-21260)

Sur le moyen unique :

Vu l'article 1134 du Code civil ;

Attendu, selon l'arrêt attaqué (Aix-en-Provence, 18 septembre 2007), que Monsieur X... a donné à bail à Madame Y... un local d'habitation à compter du 1er septembre 2001, moyennant un loyer mensuel de 3 000 francs, le contrat précisant que le loyer appliqué tenait compte de ce que la locataire participait à la surveillance du bailleur de jour comme de nuit ; que Monsieur X... est décédé le 6 février 2002 et Monsieur Z..., administrateur provisoire à la succession des époux X..., et Monsieur A..., liquidateur à la liquidation judiciaire des héritiers de Monsieur X..., ont assigné Madame Y... aux fins de voir convertir "l'obligation de surveillance" en complément de loyer, et de voir fixer le loyer dû à compter du 1er juin 2003 à la somme mensuelle de 833,33 euros ;

Attendu que pour déclarer recevable la demande de conversion de l'obligation de surveillance du bailleur en équivalent de loyer, la cour d'appel retient qu'il résulte des clauses du bail que la mise à disposition du logement avait pour contrepartie le versement par la locataire d'une somme en espèces et l'exécution par elle d'une obligation de faire, que si le contrat n'a pas prévu expressément le versement d'un complément de loyer dans le cas où l'obligation de surveillance ne serait plus possible, il convient, pour respecter l'équilibre contractuel, s' agissant d'un contrat à exécution successive, de substituer à l'obligation de surveillance, devenue impossible par suite du décès du bailleur, une obligation financière équivalente ;

Qu'en statuant ainsi, alors que **le bail ne comportait aucune clause prévoyant la modification des modalités d'exécution du contrat**, la cour d'appel a violé le texte susvisé;

PAR CES MOTIFS: CASSE ET ANNULE, (...)

3. Autre

Rapport au Président de la République relatif à l'ordonnance n° 2016-131 du 10 février 2016 portant réforme du droit des contrats, du régime général et de la preuve des obligations, JORF n° 0035 du 11 février 2016, texte n° 25

« L'article 1195 constitue quant à lui l'une des innovations importantes de l'ordonnance, puisqu'il introduit l'imprévision dans le droit des contrats français, notion bien connue en jurisprudence administrative. Il répond expressément au 6° de l'habilitation autorisant le Gouvernement à prévoir « la possibilité pour celles-ci [les parties au contrat] d'adapter leur contrat en cas de changement imprévisible de circonstances ». La France est l'un des derniers pays d'Europe à ne pas reconnaître la théorie de l'imprévision comme cause modératrice de la force obligatoire du contrat. Cette consécration, inspirée du droit comparé comme des projets d'harmonisation européens, permet de lutter contre les déséquilibres contractuels majeurs qui surviennent en cours d'exécution, conformément à l'objectif de justice contractuelle poursuivi par l'ordonnance. »

Thème 9

La responsabilité contractuelle

Exercice

Énoncé du cas

Préparez un commentaire de l'arrêt de la première chambre civile de la Cour de cassation du 14 janvier 2016 (pourvoi n° 14-28227) :

Sur le premier moyen, pris en sa première branche :

Vu les articles 1147 et 1150 du Code civil ;

Attendu que l'obligation de ponctualité à laquelle s'engage un transporteur ferroviaire constitue une obligation de résultat dont il ne peut s'exonérer que par la preuve d'une cause étrangère ne pouvant lui être imputée ; que la méconnaissance de cette obligation est réparée à concurrence du préjudice strictement prévisible lors de la conclusion du contrat et qui constitue une suite immédiate et directe du retard dans l'exécution de celui-ci ;

Attendu, selon le jugement attaqué, que Monsieur X... a acheté deux billets de train pour effectuer, le 16 juin 2013, le trajet Marseille-Istres en première classe et, le lendemain, le voyage d'Istres à Nîmes avec correspondance à Miramas ; que, contraint de voyager en seconde classe dans le premier train et de se rendre en taxi à Nîmes en raison d'un retard de plus de trente minutes du second train, Monsieur X... a réclamé à la Société nationale des chemins de fer français (la SNCF) l'indemnisation de ses préjudices ;

Attendu que, pour rejeter ses demandes, à l'exception du remboursement du coût du siège de première classe et du billet de train inutilisé, le jugement retient que Monsieur X... n'établit ni la réalité ni la consistance d'une faute imputable au transporteur dont la responsabilité n'est pas engagée ;

Qu'en statuant ainsi, la juridiction de proximité a violé les textes susvisés ;

PAR CES MOTIFS, et sans qu'il y ait lieu de statuer sur les autres griefs du pourvoi :

CASSE ET ANNULE, sauf en ce qu'il condamne la SNCF à rembourser à Monsieur X... la somme de 4,30 euros au titre de l'absence de fauteuil de première classe dans le train n° 79720 du 16 juin 2013 et celle de 16,50 euros représentant le coût du billet du train n° 79708 du 17 juin 2013, le jugement rendu le 16 juin 2014 par la juridiction de proximité de Marseille ; remet, en conséquence, sur les autres points, la cause et les parties dans l'état où elles se trouvaient avant ledit jugement et, pour être fait droit, les renvoie devant la juridiction de proximité d'Aubagne ;

Corrigé

I. Analyse

Faits

Un client de la SNCF a acheté des billets de train de première classe ; le trajet comportait une correspondance.
Il s'est vu contraint de voyager en seconde classe pendant la première partie du trajet.
Par ailleurs, le second train étant en retard il a finalement du rallier sa ville d'arrivée en taxi.
Il demande que la SNCF l'indemnise du préjudice subi.

Procédure

Le juge de proximité de Marseille déboute le demandeur le 16 juin 2014 sauf s'agissant de sa demande de remboursement de la différence de prix entre un billet de première et de seconde classe.
Le client de la SNCF forme un pourvoi en cassation.
La première chambre civile de la Cour de cassation casse le jugement pour violation des articles 1147 et 1150 du Code civil.

Thèses en présence

Pour la juridiction de proximité, le demandeur ne démontre pas que la SNCF a commis une faute. En conséquence, la responsabilité de la SNCF ne peut être engagée.

Problème de droit

La responsabilité de la SNCF est-elle automatiquement engagée en cas de retard ?

Réponse de la Cour de cassation

Pour la Cour de cassation, l'obligation de ponctualité qui pèse sur la SNCF est une obligation de résultat.
En conséquence, la responsabilité de la SNCF doit être engagée en cas de retard. Elle devra indemniser la victime du préjudice prévisible à condition qu'un lien de causalité existe entre la faute et le dommage.
La SNCF peut néanmoins s'exonérer de sa responsabilité en démontrant l'existence d'une cause étrangère.

II. Éléments de commentaire

La réparation du préjudice issu d'une inexécution du contrat repose sur la réunion de trois conditions cumulatives : une inexécution du contrat, un dommage réparable et un lien de causalité.
La Cour de cassation rappelle ces conditions dans un attendu de principe. La première d'entre elle sera seule discutée dans l'arrêt.

◗ L'inexécution du contrat

Engager la responsabilité civile contractuelle d'un contractant suppose que celui-ci n'ai pas ou ai mal exécuté le contrat.
Avant d'opérer ce constat, il faut en premier lieu déterminer quelles étaient la nature et l'étendue de l'obligation en cause.
En l'espèce, il s'agit d'un contrat de transport. Le débiteur avait pour obligation de transporter des personnes d'un point à un autre dans un certain délai et aux conditions promises. C'est l'obligation de ponctualité qui est discutée dans cet arrêt.
Deux qualifications s'opposent. Pour le Juge de proximité, cette obligation de ponctualité n'est qu'une obligation de moyen. En conséquence, la SNCF a simplement l'obligation de tout mettre ne œuvre pour acheminer les voyageurs dans les délais promis, mais ne saurait alors voir sa responsabilité engagée en cas d'échec que s'il est démontré qu'elle n'a pas mis en œuvre les moyens dont elle disposait.

Pour la Cour de cassation, l'obligation de ponctualité de la SNCF n'est pas une obligation de moyen mais une obligation de résultat. Ainsi, la SNCF a l'obligation pure et simple de respecter les délais promis. L'inexécution contractuelle se manifeste alors dès que le retard est constaté sans qu'une quelconque faute de la SNCF ait à être démontrée.
Ainsi, en l'espèce, la SNCF a mal exécuté son obligation du seul fait du retard.
La première condition de la responsabilité contractuelle est donc remplie.

◗ Un dommage réparable

L'inexécution du contrat doit avoir causé un dommage au créancier, mais tous les types de dommages ne sont pas pris en compte.
Le dommage doit être certain (non éventuel), licite (il doit correspondre à une atteinte à un intérêt protégé), mais surtout, en matière contractuelle, il doit être prévisible.
Cette condition est aujourd'hui prévue à l'article 1231-3 du Code civil.

Ainsi, le débiteur fautif n'est tenu de réparer que les dommages prévus ou prévisibles au moment de la formation du contrat.
La Cour de cassation rappelle d'ailleurs ce principe en énonçant que « préjudice strictement prévisible lors de la conclusion du contrat ».
Le préjudice invoqué par le créancier était-il un préjudicie prévisible ? On peut en douter au vu de la jurisprudence de la Cour de cassation qui avait considéré comme

non prévisibles les frais liés à la perte d'un voyage manqué en raison d'un retard de train (voir Cass. civ. 1; 28 avril 2011, pourvoi n° 10-15056 et Cass. civ. 1, 26 septembre 2012, pourvoi n° 11-13177).
En outre, quand bien même considèrerait-on que les frais de taxi constituent un préjudice prévisible, encore faudrait-il qu'ils soient la conséquence directe et immédiate de l'inexécution contractuelle.

Un lien de causalité

La Cour de cassation rappelle également que le préjudice réparable constitue une suite immédiate et directe du retard.
Cette exigence de causalité est aujourd'hui affirmée à l'article 1231-4 du Code civil.

Si la Cour de cassation semble faciliter la mise en œuvre de la responsabilité contractuelle de la SNCF en cas de retard en retenant à sa charge une obligation de ponctualité de résultat, celle-ci ne sera pour autant pas automatique puisque les conditions de prévisibilité et de causalité semblent difficiles à remplir.
En outre, la Cour de cassation rappelle que la SNCF peut se libérer d'une éventuelle responsabilité en invoquant une cause d'exonération.

Remarque

Les causes d'exonération doivent toujours être envisagées après les conditions de la responsabilité. Elles n'ont vocation à s'appliquer que si la responsabilité contractuelle est engagée.

Les causes d'exonération

La SNCF peut être exonérée de sa responsabilité contractuelle si elle démontre l'existence d'une cause étrangère.
Ainsi, la SNCF a la possibilité de s'exonérer de sa responsabilité contractuelle si elle démontre l'existence d'un évènement de force majeure, le fait d'un tiers ou le fait du créancier.
La force majeure est un évènement imprévisible et irrésistible qui empêche le débiteur d'exécuter son obligation. Elle est aujourd'hui définie à l'article 1218 du Code civil.
Le fait d'un tiers résulte de l'immixtion d'un tiers au contrat dans l'exécution de celui-ci qui a pour effet d'empêcher le débiteur d'exécuter son obligation. Si le fait du tiers a les caractères de la force majeure l'exonération est totale. Dans le cas inverse, le débiteur et le tiers sont tenus d'une responsabilité *in solidum*.
Le fait du créancier, lui-même victime de l'inexécution peut exonérer le débiteur de sa responsabilité à condition que ce fait ait les caractères de la force majeure. Dans le cas contraire, seule la faute du créancier peut entrainer une exonération partielle.

Exercice

III. Proposition de plan

I. La première condition de la responsabilité contractuelle : l'inexécution du contrat

A. L'absence de faute prouvée

B. Le constat du manquement à une obligation de résultat

II. Les autres conditions de la responsabilité contractuelle

A. Un dommage prévisible et un lien de causalité

B. L'absence de cause d'exonération

Pour aller plus loin

- C. GAUCHON, « Ponctualité et prévisibilité », note sous Cass. civ. 1, 14 janvier 2016, *D.*, 2016, p.981.
- Monsieur BACACHE, « Relativité de la faute contractuelle et responsabilité des parties à l'égard des tiers », *D.*, 2016, p.1454.

1. Textes

Article 1147 ancien du Code civil

« Le débiteur est condamné, s'il y a lieu, au paiement de dommages et intérêts, soit à raison de l'inexécution de l'obligation, soit à raison du retard dans l'exécution, toutes les fois qu'il ne justifie pas que l'inexécution provient d'une cause étrangère qui ne peut lui être imputée, encore qu'il n'y ait aucune mauvaise foi de sa part. »

Article 1150 ancien du Code civil

« Le débiteur n'est tenu que des dommages et intérêts qui ont été prévus ou qu'on a pu prévoir lors du contrat, lorsque ce n'est point par son dol que l'obligation n'est point exécutée. »

Article 1217 du Code civil

« La partie envers laquelle l'engagement n'a pas été exécuté, ou l'a été imparfaitement, peut :

- refuser d'exécuter ou suspendre l'exécution de sa propre obligation ;
- poursuivre l'exécution forcée en nature de l'obligation ;
- solliciter une réduction du prix ;
- provoquer la résolution du contrat ;
- demander réparation des conséquences de l'inexécution.

Les sanctions qui ne sont pas incompatibles peuvent être cumulées ; des dommages et intérêts peuvent toujours s'y ajouter. »

Article 1218 du Code civil

« Il y a force majeure en matière contractuelle lorsqu'un événement échappant au contrôle du débiteur, qui ne pouvait être raisonnablement prévu lors de la conclusion du contrat et dont les effets ne peuvent être évités par des mesures appropriées, empêche l'exécution de son obligation par le débiteur.

Si l'empêchement est temporaire, l'exécution de l'obligation est suspendue à moins que le retard qui en résulterait ne justifie la résolution du contrat. Si l'empêchement est définitif, le contrat est résolu de plein droit et les parties sont libérées de leurs obligations dans les conditions prévues aux articles 1351 et 1351-1. »

Article 1231 du Code civil

« À moins que l'inexécution soit définitive, les dommages et intérêts ne sont dus que si le débiteur a préalablement été mis en demeure de s'exécuter dans un délai raisonnable. »

Focus

Article 1231-1 du Code civil

« Le débiteur est condamné, s'il y a lieu, au paiement de dommages et intérêts soit à raison de l'inexécution de l'obligation, soit à raison du retard dans l'exécution, s'il ne justifie pas que l'exécution a été empêchée par la force majeure. »

Article 1231-2 du Code civil

« Les dommages et intérêts dus au créancier sont, en général, de la perte qu'il a faite et du gain dont il a été privé, sauf les exceptions et modifications ci-après. »

Article 1231-3 du Code civil

« Le débiteur n'est tenu que des dommages et intérêts qui ont été prévus ou qui pouvaient être prévus lors de la conclusion du contrat, sauf lorsque l'inexécution est due à une faute lourde ou dolosive. »

Article 1231-4 du Code civil

« Dans le cas même où l'inexécution du contrat résulte d'une faute lourde ou dolosive, les dommages et intérêts ne comprennent que ce qui est une suite immédiate et directe de l'inexécution. »

Article 1231-5 du Code civil

« Lorsque le contrat stipule que celui qui manquera de l'exécuter paiera une certaine somme à titre de dommages et intérêts, il ne peut être alloué à l'autre partie une somme plus forte ni moindre.

Néanmoins, le juge peut, même d'office, modérer ou augmenter la pénalité ainsi convenue si elle est manifestement excessive ou dérisoire.

Lorsque l'engagement a été exécuté en partie, la pénalité convenue peut être diminuée par le juge, même d'office, à proportion de l'intérêt que l'exécution partielle a procuré au créancier, sans préjudice de l'application de l'alinéa précédent.

Toute stipulation contraire aux deux alinéas précédents est réputée non écrite.

Sauf inexécution définitive, la pénalité n'est encourue que lorsque le débiteur est mis en demeure. »

Article 1231-6 du Code civil

« Les dommages et intérêts dus à raison du retard dans le paiement d'une obligation de somme d'argent consistent dans l'intérêt au taux légal, à compter de la mise en demeure.

Ces dommages et intérêts sont dus sans que le créancier soit tenu de justifier d'aucune perte.

Le créancier auquel son débiteur en retard a causé, par sa mauvaise foi, un préjudice indépendant de ce retard, peut obtenir des dommages et intérêts distincts de l'intérêt moratoire. »

Article 1231-7 du Code civil

« En toute matière, la condamnation à une indemnité emporte intérêts au taux légal même en l'absence de demande ou de disposition spéciale du jugement. Sauf disposition contraire de la loi, ces intérêts courent à compter du prononcé du jugement à moins que le juge n'en décide autrement.

En cas de confirmation pure et simple par le juge d'appel d'une décision allouant une indemnité en réparation d'un dommage, celle-ci porte de plein droit intérêt au taux légal à compter du jugement de première instance.

Dans les autres cas, l'indemnité allouée en appel porte intérêt à compter de la décision d'appel. Le juge d'appel peut toujours déroger aux dispositions du présent alinéa. »

2. Jurisprudence

Cass. civ. 1 ; 28 avril 2011 (pourvoi n° 10-15056)

Sur le moyen unique :

Vu l'article 1150 du Code civil ;

Attendu que **le débiteur n'est tenu que des dommages-intérêts qui ont été prévus ou qu'on a pu prévoir lors du contrat, lorsque ce n'est pas par son dol que l'obligation n'est pas exécutée**

Attendu que pour condamner la SNCF à verser à Monsieur et Madame X..., lesquels avaient pris place, le 3 février 2008, à bord d'un train dont l'arrivée était prévue à la gare Montparnasse à 11 heures 15 afin de rejoindre l'aéroport de Paris-Orly où ils devaient embarquer à 14 h 10 à destination de l'île de Cuba, la somme de 3 136, 50 euros en remboursement de leurs frais de voyage et de séjour, de taxis et de restauration en région parisienne, et de leurs billets de retour à Saint-Nazaire, ainsi qu'une somme à titre de réparation du préjudice moral en découlant, la juridiction de proximité, constatant que l'arrivée s'était finalement effectuée à la gare de Massy-Palaiseau à 14 h 26, rendant impossible la poursuite du voyage, a retenu que d'une manière générale, les voyageurs qu'elle transporte ne sont pas rendus à destination quand ils sont en gare d'arrivée, notamment quand il s'agit de gares parisiennes et que, dès lors, la SNCF ne saurait prétendre que le dommage résultant de l'impossibilité totale pour les demandeurs de poursuivre leur voyage et de prendre une correspondance aérienne prévue était totalement imprévisible lors de la conclusion du contrat de transport ; Qu'en se déterminant par des motifs généraux, sans expliquer en quoi la SNCF pouvait prévoir, lors de la conclusion du contrat, que le terme du voyage en train n'était pas la destination finale de Monsieur et Madame X... et que ces derniers avaient conclu des contrats de transport aérien, la juridiction de proximité n'a pas donné de base légale à sa décision; PAR CES MOTIFS: CASSE ET ANNULE, dans toutes ses dispositions, le jugement rendu le 18 novembre 2009, entre les parties, par la juridiction de proximité de Saint-Nazaire; remet, en conséquence, la cause et les parties dans l'état où elles se trouvaient avant ledit jugement et, pour être fait droit, les renvoie devant la juridiction de proximité de Nantes; (...)

Cass. civ. 1, 26 septembre 2012 (pourvoi n° 11-13177)

Sur le moyen unique:

Vu l'article 1150 du Code civil;

Attendu que Monsieur X..., avocat au barreau de Limoges, devant plaider au tribunal de commerce de Paris à dix heures le 11 février 2010, a acheté un billet de train aller- retour, le départ de Limoges étant fixé à 5h47 pour une arrivée à Paris à 8h45 tandis que le voyage de retour devait débuter à 12h58; qu'étant parvenu à Paris avec près de quatre heures de retard, il n'a pu assister son client et a réclamé à la SNCF le remboursement du prix du voyage ainsi que des dommages-intérêts;

Attendu que pour accueillir sa demande, la juridiction de proximité, après avoir écarté la force majeure invoquée par la SNCF, a d'abord rappelé l'impératif de ponctualité figurant au cahier des charges de celle-ci puis retenu que Monsieur X..., ayant pris la précaution d'organiser son voyage en se ménageant un temps largement suffisant pour se faire transporter en taxi à Paris au tribunal où sa présence était indispensable, a subi, ce voyage étant devenu sans objet, un préjudice dont la SNCF, seule responsable, devait l'indemniser en lui versant, outre une somme représentant le remboursement du prix du voyage, 500 euros pour compenser sa perte d'honoraires, 1 000 euros pour la perte de crédibilité vis-à-vis de son client et 500 euros en réparation de l'inquiétude et de l'énervement qu'il avait éprouvés;

Qu'en se déterminant par ces motifs impropres à établir que le dommage invoqué était prévisible lors de la conclusion du contrat de transport, si ce n'est quant au coût de celui-ci rendu inutile par l'effet du retard subi, et constituait une suite immédiate et directe de l'inexécution de ce contrat, la juridiction de proximité a privé sa décision de base légale;

PAR CES MOTIFS: CASSE ET ANNULE, sauf en ce qu'il condamne la SNCF à payer à Monsieur X... la somme de 104 euros augmentés des intérêts au taux légal à compter du 19 avril 2010 en remboursement d'un billet de train Limoges-Paris-Limoges, le jugement rendu le 29 décembre 2010, entre les parties, par la juridiction de proximité de Limoges; remet, en conséquence, sur les autres points, la cause et les parties dans l'état où elles se trouvaient avant ledit jugement et, pour être fait droit, les renvoie devant la juridiction de proximité de Guéret; (...)

Sous-partie 2

La responsabilité extracontractuelle

Thème 1

Les relations entre les responsabilités

Exercice

Énoncé du cas

Résolvez le cas pratique suivant :

Monsieur Martin est très étonné. Il lui a été délivré ce matin même une assignation à la demande d'une personne totalement inconnue : Monsieur Bas.

Après une lecture attentive, il constate que cet individu se plaint du manque d'entretien d'un local commercial loué à Madame Roy qui y exploite un fonds de commerce de vente de matériel informatique.

La locataire des lieux a en effet conclu un contrat de location gérance de son fonds de commerce avec Monsieur Bas.

Monsieur Martin a donc immédiatement appelé Madame Roy. Celle-ci lui a affirmé qu'elle n'avait rien à voir avec cette assignation, ni même rien à reprocher à Monsieur Martin. Il s'est félicité d'avoir choisi Madame Roy comme locataire qui ne lui a réclamé aucun entretien des locaux depuis trente ans.

Il est en outre rassuré car il est certain que ce Monsieur Bas, avec qui il n'est jamais entré en relation, ne peut rien lui réclamer.

Il vient quand même vous consulter car il s'inquiète de la somme qui lui est demandée Monsieur Bas sollicite l'indemnisation de plusieurs jours de perte d'exploitation du fonds de commerce et le remboursement des frais engagés pour réparer le rideau métallique qui s'était bloqué.

Qu'en pensez-vous ?

Corrigé

Question de fait

Monsieur Bas peut-il solliciter l'indemnisation de sa perte d'exploitation et le remboursement des frais engagés auprès de Monsieur Martin ?

Question de droit

Le locataire-gérant, tiers au contrat de location mettant à la charge du bailleur l'entretien de l'immeuble, peut-il engager la responsabilité du propriétaire des locaux qui n'exécute pas ses obligations ?

Réponse en droit

La responsabilité a pour objectif de venir sanctionner un comportement considéré comme fautif.

Il existe deux types de responsabilité : la responsabilité contractuelle sanctionnant la mauvaise exécution d'un contrat et la responsabilité délictuelle sanctionnant un manquement à un devoir général de prudence et de diligence pesant sur tout un chacun.

Il existe en outre un principe de non-cumul des responsabilités (Cass. civ. 11 janvier 1922, *GAJC*, vol. 2, n° 182 ; Cass. civ. 2, 9 juin 1993, pourvoi n° 91-21650) qui oblige à choisir entre l'une et l'autre responsabilité pour sanctionner le comportement d'un individu. Ainsi, soit la faute a été commise dans l'exécution d'un contrat et ce sont les règles de la responsabilité contractuelle qui ont vocation à s'appliquer, soit la faute n'a pas été commise dans l'exécution d'un contrat et on applique alors la responsabilité délictuelle. L'article 1199 du Code civil rappelle le principe d'effet relatif des contrats selon lequel le contrat ne nuit ni ne profite aux tiers.

En l'espèce, aucun contrat n'a été conclu entre Monsieur Martin et Monsieur Bas. Ce dernier ne peut donc invoquer son existence pour engager à son bénéfice la responsabilité contractuelle de Monsieur Martin.

Cependant, avant de conclure sur ce point deux questions doivent être vérifiées.

En premier lieu, il faut s'intéresser à la théorie des chaînes de contrat. On est en présence d'une chaîne ou d'un groupe de contrats quand plusieurs conventions portent sur le même objet ou poursuivent un but commun.
Ici, on a deux contrats portant sur le même objet. Le contrat de bail porte sur le local et le fonds de commerce placé en location-gérance inclut lui-même le droit sur le local. Ainsi, la théorie des chaînes de contrats permet-elle à Monsieur Bas d'agir directement contre Monsieur Martin ?
La jurisprudence distingue selon que la chaîne de contrat est ou non translative de propriété. Si oui, le droit d'agir est transmis avec la chose aux contractants successifs (Cass. ass. plén., 7 février 1986, pourvoi n° 83-14631).
Si la chaîne de contrat n'est pas translative de propriété, aucun lien contractuel n'existe entre les cocontractants extrêmes de la chaîne (Cass. ass. plén., 12 juillet 1991 ; pourvoi n° 90-13602).
En l'espèce, aucune des conventions n'est translative de propriété. Monsieur Martin et Monsieur Bas n'entretiennent aucune relation contractuelle.
Monsieur Bas ne peut donc pas engager la responsabilité contractuelle de Monsieur Martin.

En second lieu, si la responsabilité contractuelle de Monsieur Martin ne peut être engagée, reste la responsabilité extracontractuelle.
La première condition de la responsabilité délictuelle est la faute, c'est-à-dire le manquement à un devoir de prudence et de diligence.
En l'espèce, Monsieur Martin a-t- il commis une faute au sens de l'article 1240 du Code civil ?

À proprement parler Monsieur Martin n'a pas par son comportement créé un danger pour autrui. Il n'a tout simplement pas exécuté ses obligations contractuelles en n'entretenant pas suffisamment le local loué mais n'a pas manqué à son devoir général de prudence et de diligence.

Néanmoins, il ressort de l'arrêt de la première chambre civile du 6 octobre 2006 (pourvoi n° 05-13255) que « le tiers à un contrat peut invoquer, sur le fondement de la responsabilité délictuelle, un manquement contractuel dès lors que ce manquement lui a causé un dommage ».

Ainsi, au regard de cette solution, Monsieur Martin peut voir sa responsabilité délictuelle engagée envers un tiers au contrat en raison de sa mauvaise exécution du contrat alors même que son comportement n'est pas en soi constitutif d'une faute délictuelle. Cette solution ne semble pas remise en cause par la réforme du droit des contrats. En revanche, elle pourrait l'être par la réforme du droit de la responsabilité civile (*cf. Annexe*).

Monsieur Bas peut donc agir sur le fondement de l'article 1240 du Code civil à l'encontre de Monsieur Martin. Si la faute peut résider dans la mauvaise exécution du contrat de bail, il devra en outre démontrer l'existence d'un préjudice réparable et d'un lien de causalité (*Cf.* P2-T2).

Réponse en fait

Monsieur Bas peut solliciter la réparation de son préjudice auprès de Monsieur Martin.

Pour aller plus loin

- M. BACACHE, « Relativité de la faute contractuelle et responsabilité des parties à l'égard des tiers », *D.*, 2016 p.1454
- G. VINEY, « La responsabilité du débiteur à l'égard du tiers auquel il a causé un dommage en manquant à son obligation contractuelle » , *D.*, 2006, p. 2825

FOCUS

1. Textes

Article 1199 du Code civil

« Les tiers ne peuvent ni demander l'exécution du contrat ni se voir contraints de l'exécuter, sous réserve des dispositions de la présente section et de celles du chapitre III du titre IV. »

2. Jurisprudence

Cass. ass. plén., 7 février 1986 (pourvoi n° 83-14631)

Sur le moyen unique :

Attendu que la Société de Produits Céramiques de l'Anjou - dite P.C.A. -, fournisseur des briques ayant servi au montage des cloisons de l'ensemble immobilier construit par la S.C.I. Asnières Normandie, fait grief à l'arrêt attaqué de l'avoir déclarée responsable pour partie des fissurations apparues dans les cloisons, et condamnée à payer au syndicat de la copropriété partie du coût des réparations, alors, selon le moyen que, d'une part, la faute prétendue du vendeur de matériaux ne pouvant s'apprécier qu'au regard des stipulations contractuelles imposées par l'entrepreneur, la société E.S.C.A., l'arrêt, en déclarant que ces stipulations étaient indifférentes, a violé les articles 1147 et 1382 du Code civil ; alors, d'autre part, que, statuant sur le fondement de la responsabilité quasi-délictuelle, l'arrêt ne pouvait faire état de la présomption de connaissance pesant sur le vendeur professionnel, mais devait rechercher si le fabricant connaissait effectivement la destination des matériaux vendus, en l'espèce, la fabrication de cloisons ne reposant pas sur une semelle adéquate et donc soumises à des déformations, et dont seule cette utilisation avait entraîné le défaut ; alors, en outre, qu'en se fondant, pour déclarer des briques non conformes, sur les normes définies et imposées postérieurement à l'époque de la construction sans rechercher si ces briques n'étaient pas conformes aux normes imposées lors de leur livraison, l'arrêt n'a pas caractérisé la faute du vendeur ; alors, encore, que l'arrêt a délaissé les conclusions indiquant que la fragilité des briques était due non pas à leur manque de qualité mais à un défaut d'utilisation de la part de l'entrepreneur, omettant ainsi d'examiner une cause d'exonération constituée par la faute d'un tiers ; alors, enfin, que faute d'avoir recherché si les fissures des briques ne provenaient pas seulement de l'absence de semelle résiliant, cause majeure reconnue des désordres, et non pas d'un défaut allégué des matériaux, l'arrêt n'a pas caractérisé, autrement que par une simple affirmation, le lien de causalité entre le prétendu défaut de conformité des briques et le dommage invoqué ;

Mais attendu que **le maître de l'ouvrage comme le sous-acquéreur, jouit de tous les droits et actions attachés à la chose qui appartenait à son auteur ; qu'il dispose donc à cet effet contre le fabricant d'une action contractuelle directe**

fondée sur la non-conformité de la chose livrée; que, dès lors, en relevant que la société P.C.A. avait livré des briques non conformes au contrat, en raison de leur mauvaise fabrication, la Cour d'appel, qui a caractérisé un manquement contractuel dont la S.C.I. Asnières Normandie, maître de l'ouvrage, pouvait lui demander réparation dans le délai de droit commun, a, par ce seul motif, légalement justifié sa décision; qu'en aucune de ses cinq branches, le moyen ne peut donc être accueilli;

PAR CES MOTIFS: REJETTE le pourvoi

Cass. ass. plén., 12 juillet 1991 (pourvoi n° 90-13602)

Sur le moyen unique:

Vu l'article 1165 du Code civil;

Attendu que les conventions n'ont d'effet qu'entre les parties contractantes;

Attendu, selon l'arrêt attaqué, que plus de 10 années après la réception de l'immeuble d'habitation, dont il avait confié la construction à Monsieur X..., entrepreneur principal, et dans lequel, en qualité de sous-traitant, Monsieur Z... avait exécuté divers travaux de plomberie qui se sont révélés défectueux, Monsieur Y... les a assignés, l'un et l'autre, en réparation du préjudice subi;

Attendu que, pour déclarer irrecevables les demandes formées contre le sous-traitant, l'arrêt retient que, dans le cas où le débiteur d'une obligation contractuelle a chargé une autre personne de l'exécution de cette obligation, le créancier ne dispose contre cette dernière que d'une action nécessairement contractuelle, dans la limite de ses droits et de l'engagement du débiteur substitué; qu'il en déduit que Monsieur Z... peut opposer à Monsieur Y... tous les moyens de défense tirés du contrat de construction conclu entre ce dernier et l'entrepreneur principal, ainsi que des dispositions légales qui le régissent, en particulier la forclusion décennale;

Attendu qu'en statuant ainsi, alors que **le sous-traitant n'est pas contractuellement lié au maître de l'ouvrage**, la cour d'appel a violé le texte susvisé;

PAR CES MOTIFS: CASSE ET ANNULE, mais seulement en ce qu'il a déclaré irrecevable la demande dirigée contre Monsieur Z..., l'arrêt rendu le 16 janvier 1990, entre les parties, par la cour d'appel de Nancy; remet, en conséquence, quant à ce, la cause et les parties dans l'état où elles se trouvaient avant ledit arrêt et, pour être fait droit, les renvoie devant la cour d'appel de Reims

Cass. civ. 2, 9 juin 1993, pourvoi n° 91-21650

Sur le premier moyen:

Vu l'article 1382 du Code civil;

Attendu que ce texte est inapplicable à la réparation d'un dommage se rattachant à l'exécution d'un engagement contractuel;

Attendu selon le jugement attaqué, rendu en dernier ressort, que les époux Y... ont confié à Monsieur X..., entrepreneur, la réfection de leur immeuble situé en secteur protégé; que les travaux n'ayant pas été réalisés conformément aux prescriptions de l'architecte des bâtiments de France, une subvention a été refusée aux époux Y... ; que ceux-ci en ont demandé le montant à Monsieur X..., à titre de dommages intérêts;

Attendu que, pour accueillir cette demande sur le fondement de l'article 1382 du Code civil, le jugement énonce que Monsieur X... a non seulement méconnu les dispositions du devis, mais aussi contrevenu aux prescriptions techniques du programme de ravalement et que ce comportement constitue une faute;

Qu'en statuant ainsi, alors qu'il constatait qu'un contrat avait été passé entre les parties pour l'exécution des travaux, le jugement a violé le texte susvisé;

PAR CES MOTIFS, et sans qu'il y ait lieu de statuer sur le second moyen:

CASSE ET ANNULE, en toutes ses dispositions, le jugement rendu le 11 octobre 1991, entre les parties, par le tribunal d'instance de Nancy, remet, en conséquence, la cause et les parties dans l'état où elles se trouvaient avant ledit arrêt et, pour être fait droit, les renvoie devant le tribunal d'instance de Mirecourt.

Cass. civ. 1, 6 octobre 2006 (pourvoi n° 05-13255)

Attendu, selon l'arrêt attaqué (Paris, 19 janvier 2005), que les consorts X... ont donné à bail un immeuble commercial à la société Myr'Ho qui a confié la gérance de son fonds de commerce à la société Boot shop; qu'imputant aux bailleurs un défaut d'entretien des locaux, cette dernière les a assignés en référé pour obtenir la remise en état des lieux et le paiement d'une indemnité provisionnelle en réparation d'un préjudice d'exploitation;

Sur le premier moyen:

Attendu que les consorts X... font grief à l'arrêt d'avoir accueilli la demande de la société Boot shop, locataire-gérante, alors, selon le moyen, "que si l'effet relatif des contrats n'interdit pas aux tiers d'invoquer la situation de fait créée par les conventions auxquelles ils n'ont pas été parties, dès lors que cette situation de fait leur cause un préjudice de nature à fonder une action en responsabilité délictuelle, encore faut-il, dans ce cas, que le tiers établisse l'existence d'une faute délictuelle envisagée en elle-même indépendamment de tout point de vue contractuel; qu'en l'espèce, il est constant que la société Myr'Ho, preneur, a donné les locaux commerciaux en gérance à la société Boot shop sans en informer le bailleur; qu'en affirmant que la demande extra-contractuelle de Boot shop à l'encontre du bailleur était recevable, sans autrement caractériser la faute délictuelle invoquée par ce dernier, la cour d'appel a entaché sa décision d'un manque de base légale au regard de l'article 1382 du Code civil";

Mais attendu que **le tiers à un contrat peut invoquer, sur le fondement de la responsabilité délictuelle, un manquement contractuel dès lors que ce manquement lui a causé un dommage**; qu'ayant relevé, par motifs propres et adoptés, que les accès à l'immeuble loué n'étaient pas entretenus, que le portail d'entrée était condamné, que le monte-charge ne fonctionnait pas et qu'il en résultait une impossibilité d'utiliser normalement les locaux loués, la cour d'appel, qui a ainsi caractérisé le dommage causé par les manquements des bailleurs au locataire-gérant du fonds de commerce exploité dans les locaux loués, a légalement justifié sa décision;

Et attendu qu'il n'y a pas lieu de statuer sur les 2e et 3e moyens, dont aucun ne serait de nature à permettre l'admission du pourvoi ;

PAR CES MOTIFS : REJETTE le pourvoi ;

Thème 2

Le dommage et le lien de causalité

Exercices

Énonce du cas

Analysez l'arrêt rendu par l'assemblée plénière de la Cour de cassation le 17 novembre 2000 - affaire Perruche (pourvoi n° 99-13701) puis répondez aux questions qui suivent.

Sur le deuxième moyen, pris en sa première branche du pourvoi principal formé par les époux X..., et le deuxième moyen du pourvoi provoqué, réunis, formé par la caisse primaire d'assurance maladie de l'Yonne :

Vu les articles 1165 et 1382 du Code civil ;

Attendu qu'un arrêt rendu le 17 décembre 1993 par la cour d'appel de Paris a jugé, de première part, que Monsieur Y..., médecin, et le Laboratoire de biologie médicale de Yerres, aux droits duquel est Monsieur A..., avaient commis des fautes contractuelles à l'occasion de recherches d'anticorps de la rubéole chez Madame X... alors qu'elle était enceinte, de deuxième part, que le préjudice de cette dernière, dont l'enfant avait développé de graves séquelles consécutives à une atteinte in utero par la rubéole, devait être réparé dès lors qu'elle avait décidé de recourir à une interruption volontaire de grossesse en cas d'atteinte rubéolique et que les fautes commises lui avaient fait croire à tort qu'elle était immunisée contre cette maladie, de troisième part, que le préjudice de l'enfant n'était pas en relation de causalité avec ces fautes ; que cet arrêt ayant été cassé en sa seule disposition relative au préjudice de l'enfant, l'arrêt attaqué de la Cour de renvoi dit que " l'enfant Nicolas X... ne subit pas un préjudice indemnisable en relation de causalité avec les fautes commises " par des motifs tirés de la circonstance que les séquelles dont il était atteint avaient pour seule cause la rubéole transmise par sa mère et non ces fautes et qu'il ne pouvait se prévaloir de la décision de ses parents quant à une interruption de grossesse ;

Attendu, cependant, que dès lors que les fautes commises par le médecin et le laboratoire dans l'exécution des contrats formés avec Madame X... avaient empêché celle-ci d'exercer son choix d'interrompre sa grossesse afin d'éviter la naissance d'un enfant atteint d'un handicap, ce dernier peut demander la réparation du préjudice résultant de ce handicap et causé par les fautes retenues ;

PAR CES MOTIFS, et sans qu'il soit nécessaire de statuer sur les autres griefs de l'un et l'autre des pourvois :

CASSE ET ANNULE, en son entier, l'arrêt rendu le 5 février 1999, entre les parties, par la cour d'appel d'Orléans ; remet, en conséquence, la cause et les parties dans l'état où elles se trouvaient avant ledit arrêt et, pour être fait droit, les renvoie devant la cour d'appel de Paris, autrement composée que lors de l'audience du 17 décembre 1993.

1. Pourquoi l'arrêt est-il rendu au visa des articles 1165 et 1382 du Code civil?
2. L'existence d'une faute du médecin vis-à-vis de l'enfant est-elle discutée? Quelle est la nature de cette faute?
3. Pour les juges du fond, quelle condition de la responsabilité fait défaut?
4. Comment la Cour de cassation parvient-elle à engager la responsabilité du médecin vis-à-vis de l'enfant? Qu'en pensez-vous?
5. Quel sera l'avenir de cette solution?

Corrigé

I. Analyse

Faits

Une femme enceinte subi des analyses pour savoir si elle est atteinte de la rubéole. Le médecin et le laboratoire d'analyses commettent des fautes dans la prescription et l'interprétation des analyses si bien qu'on la croit immunisée contre cette maladie alors qu'elle en est atteinte.
L'enfant naîtra atteint d'un handicap.
La mère demande réparation de son préjudice arguant qu'elle n'a pu choisir d'interrompre sa grossesse ainsi que du préjudice de son enfant.

Procédure

La Cour d'appel de Paris le 17 décembre 1993 ordonne la réparation du préjudice de la mère, mais refuse celle du préjudice de l'enfant.
La mère forme un premier pourvoi en cassation.
La première chambre civile de la Cour de cassation casse l'arrêt seulement en ce qui concerne le refus d'indemnisation du préjudice de l'enfant.
La cour d'appel de renvoi est la cour d'appel d'Orléans. Elle rend un arrêt le 5 février 1999 et se prononce dans le même sens que la Cour d'appel de Paris.
Un second pourvoi en cassation est formé.
L'assemblée plénière de la Cour de cassation rend un arrêt de cassation le 17 novembre 2000.

Thèses en présence

Sur le préjudice de la mère

Pour les juges du fond, le médecin et le laboratoire d'analyses ont commis des fautes dans l'exécution du contrat les liant à la patiente. Si elle avait connu sa maladie, la

mère aurait avorté. Les fautes commise l'ont empêché de prendre cette décision ; son préjudice doit être réparé.
Ce point n'est pas discuté devant l'assemblée plénière de la Cour de cassation.

Sur le préjudice de l'enfant

Pour les juges du fond, il n'y a pas de lien de causalité entre les fautes commises par le médecin et le laboratoire. Les conditions de leur responsabilité ne sont pas réunies. Le préjudice de l'enfant ne sera pas réparé.
La Cour d'appel de renvoi insiste sur le fait que c'est la rubéole qui a causé le handicap et non la faute du médecin. De plus, l'enfant ne peut pas se prévaloir de l'intention de sa mère d'avorter.
Pour l'assemblée plénière de la Cour de cassation, les fautes commises ont empêché la mère de choisir l'avortement ; l'enfant ainsi né peut demander la réparation de son handicap.

Problème de droit

Un enfant qui nait atteint d'un handicap peut-il demander réparation de son préjudice au médecin qui a commis une faute dans le diagnostic de la rubéole chez sa mère empêchant alors celle-ci de recourir à une interruption de grossesse ?

II. Questions

1. Pourquoi l'arrêt est-il rendu au visa des articles 1165 et 1382 du Code civil ?

L'ancien article 1165 du Code civil posait le principe de la responsabilité contractuelle et l'ancien article 1382 du Code civil (aujourd'hui article 1240 du Code civil) celui de la responsabilité délictuelle.
Ici, la mère demande la réparation de son propre préjudice ainsi que la réparation du préjudice de son fils.
Il existe un contrat entre la mère et son médecin (arrêt MERCIER ; *Cf. Focus*), si bien que la responsabilité du médecin envers la mère est de nature contractuelle, ce qui explique le visa de l'article 1165 du Code civil.
En revanche, le médecin n'est pas contractuellement lié à l'enfant. Seule la responsabilité délictuelle peut alors être invoquée, ce qui explique le visa de l'article 1382.

2. L'existence d'une faute du médecin vis-à-vis de l'enfant est-elle discutée ? Quelle est la nature de cette faute ?

Non, l'existence d'une faute du médecin vis-à-vis de l'enfant n'est pas discutée. Il est donc admis que le médecin est fautif envers l'enfant.
Il est précisé dans la décision que le médecin a commis une faute dans l'exécution du contrat qui le liait à la mère.
La mauvaise exécution du contrat peut-elle constituer une faute vis-à-vis de l'enfant ? Il convient de relever que la décision a été rendue en 2000, c'est-à-dire avant l'arrêt de la

première chambre civile du 6 octobre 2006 (*Cf.* P2-T1). On ne peut donc pas ici considérer que la mauvaise exécution d'un contrat suffit à constituer une faute envers le tiers au contrat qui subirait un dommage.

Il faut ici considérer que le comportement du médecin est susceptible d'une double qualification : il s'agit non seulement d'une faute contractuelle, mais également d'une faute délictuelle que nous pouvons définir ici comme un manquement à un devoir de prudence et de diligence.

3. Pour les juges du fond, quelle condition de la responsabilité fait défaut ?

Pour les juges du fond, l'enfant subit un préjudice : son handicap. Néanmoins, il manque le lien de causalité entre la faute commise par le médecin et le handicap de l'enfant. En effet, c'est la maladie qui a causé le handicap de l'enfant et non l'erreur de diagnostic. D'ailleurs, la maladie préexistait à la faute du médecin.

Ainsi, il n'existe pas de lien de causalité entre la faute et le dommage. Ainsi, la responsabilité du médecin vis-à-vis de l'enfant ne peut être engagée.

Deux théories permettent d'apprécier l'existence du lien de causalité qui doit être certain.

La théorie de la causalité adéquate qui ne permet de retenir comme cause du dommage que l'évènement cause inéluctable du dommage.

La théorie de l'équivalence des conditions est plus large et admet comme cause du dommage tout évènement sans lequel le dommage ne se serait pas produit.

La Cour de cassation n'a jamais pris définitivement parti en faveur de l'une ou l'autre théorie.

Ici la Cour d'appel retient la théorie de la causalité adéquate qui ne permet pas en l'espèce de conclure à l'existence d'une relation causale entre la faute et le dommage.

4. Comment la Cour de cassation parvient-elle à engager la responsabilité du médecin vis-à-vis de l'enfant ? Qu'en pensez-vous ?

Pour la Cour de cassation, la faute du médecin a empêché la mère d'avorter l'enfant alors né handicapé peut demander la réparation de son préjudice.

La Cour de cassation, retenant alors la théorie de l'équivalence des conditions, établi une chaîne causale entre la faute du médecin et, non pas le handicap, mais la naissance handicapé. En effet, sans la faute du médecin, la mère aurait avorté et ainsi évité la naissance d'un enfant handicapé.

Le lien de causalité est alors constaté.

Néanmoins, les difficultés se déplacent sur la question du préjudice.

En effet, tous les préjudices ne sont pas réparables.

Plusieurs types de dommages sont réparables :

- le dommage corporel qui est une atteinte à l'intégrité physique
- le dommage matériel qui est une atteinte au patrimoine
- la dommage moral qui est une atteinte aux sentiments.

Pour être réparable le préjudice doit revêtir certains caractères. Il doit être :

- personnel : le demandeur doit avoir personnellement subit le dommage
- certain : le dommage doit être évaluable. Il peut s'agir d'une perte ou d'un manque à gagner. Il peut être actuel ou futur.
- direct : il doit être la suite directe de l'accident
- légitime : le dommage doit être constitué par une atteinte à un intérêt juridiquement protégé.

La légitimité du préjudice peut ici poser question puisqu'il réside dans une naissance. On l'a vu, la faute du médecin n'est pas la cause du handicap. La faute du médecin est la cause de la naissance de l'enfant.
Or, la naissance n'est pas un préjudice légitime. La naissance n'est ainsi pas un préjudice réparable.

5. Quel sera l'avenir de cette solution ?
La solution de l'arrêt PERRUCHE sera brisée par le législateur par l'article 1er de la loi n° 2002-303 du 4 mars 2002 relative aux droits des malades et à la qualité du système de santé devenu article L114-5 du Code de Code de l'action sociale et des familles.

☛ Pour aller plus loin

- S. HENNETTE-VAUCHEZ, « Le dispositif anti-Perruche: aller-retour Paris-Strasbourg », AJDA, 2006, p. 1272.
- C. RADÉ, « Causalité juridique et causalité scientifique : de la distinction à la dialectique », *D.*, 2012, p. 112.

1. Textes

Article 1165 ancien du Code civil

« Les conventions n'ont d'effet qu'entre les parties contractantes ; elles ne nuisent point au tiers, et elles ne lui profitent que dans le cas prévu par l'article 1121. »

Article 1199 du Code civil

« Les tiers ne peuvent ni demander l'exécution du contrat ni se voir contraints de l'exécuter, sous réserve des dispositions de la présente section et de celles du chapitre III du titre IV. »

Article 1382 ancien du Code civil

« Tout fait quelconque de l'homme, qui cause à autrui un dommage, oblige celui par la faute duquel il est arrivé à le réparer. »

Article 1240 du Code civil

« Tout fait quelconque de l'homme, qui cause à autrui un dommage, oblige celui par la faute duquel il est arrivé à le réparer. »

Article L114-5 du Code de l'action sociale

« Nul ne peut se prévaloir d'un préjudice du seul fait de sa naissance.

La personne née avec un handicap dû à une faute médicale peut obtenir la réparation de son préjudice lorsque l'acte fautif a provoqué directement le handicap ou l'a aggravé, ou n'a pas permis de prendre les mesures susceptibles de l'atténuer.

Lorsque la responsabilité d'un professionnel ou d'un établissement de santé est engagée vis-à-vis des parents d'un enfant né avec un handicap non décelé pendant la grossesse à la suite d'une faute caractérisée, les parents peuvent demander une indemnité au titre de leur seul préjudice. Ce préjudice ne saurait inclure les charges particulières découlant, tout au long de la vie de l'enfant, de ce handicap. La compensation de ce dernier relève de la solidarité nationale. »

2. Jurisprudence

Cass. civ. 20 mai 1936, MERCIER (D.1936, 1, 88 concl. Matter, rapp. Josserand)

Sur le moyen unique :

Attendu que la dame Mercier, atteinte d'une affection nasale, s'adressa au docteur Nicolas, radiologue, qui lui fit subir, en 1925, un traitement par les rayons X à la suite duquel se déclara chez la malade une radiodermite des muqueuses de la face ; que les époux Mercier, estimant que cette nouvelle affection était imputable à une faute de l'opérateur, intentèrent contre celui-ci, en 1929, soit plus de trois années après la fin du traitement, une demande en dommages-intérêts pour une somme de 200 000 francs; Attendu que le pourvoi reproche à l'arrêt attaqué, rendu par la cour d'appel d'Aix le 16 juillet 1931, d'avoir refusé d'appliquer la prescription triennale de l'art. 638 du code d'instruction criminelle à l'action civile intenté contre le docteur Nicolas par les époux Mercier, en considérant que cette action tenait son origine, non du délit de blessures par imprudence prétendument commis par le praticien, mais du contrat antérieurement conclu entre celui-ci et ses clients et qui imposait au médecin l'obligation de donner « des soins assidus, éclairés et prudents », alors que, d'après le pourvoi, ledit contrat ne saurait comporter une assurance contre tout accident involontairement causé, et que, dès lors, la responsabilité du médecin est fondée sur une faute délictuelle tombant sous l'application des art. 319 et 320 du code pénal et justifiant en conséquence l'application de la prescription triennale instituée par ces textes; Mais attendu **qu'il se forme entre le médecin et son client un véritable contrat comportant, pour le praticien, l'engagement, sinon, bien évidemment, de guérir le malade, ce qui n'a d'ailleurs jamais été allégué, du moins de lui donner des soins, non pas quelconques, ainsi que parait l'énoncer le moyen du pourvoi, mais consciencieux, attentifs et, réserve faite de circonstances exceptionnelles, conformes aux données acquises de la science**; que la violation, même involontaire, de cette obligation contractuelle, est sanctionnée par une responsabilité de même nature, également contractuelle; que l'action civile, qui réalise une telle responsabilité, ayant ainsi une source distincte du fait constitutif d'une infraction à la loi pénale et puisant son origine dans la convention préexistante, échappe à la prescription triennale de l'art. 638 du code d'instruction criminelle;

Attendu que c'est donc à bon droit que la cour d'Aix a pu déclarer inapplicable en l'espèce ladite prescription pénale, et qu'en décidant comme elle l'a fait, loin de violer les textes visés au moyen, elle en a réalisé une juste et exacte application; D'où il suit que le moyen n'est pas fondé; PAR CES MOTIFS, REJETTE.

Cass. civ. 1, 25 juin 1991 (pourvoi n° 89-18617)

Sur les deux moyens réunis, pris en leurs diverses branches;

Attendu, selon les énonciations des juges du fond, que, le 5 juin 1987, Monsieur Picard, chirurgien, a pratiqué, dans une clinique privée, une intervention en vue d'interrompre la grossesse de Mlle X... ; qu'une échographie de contrôle, effectuée le 5 juillet 1987 a révélé la poursuite de la grossesse et que Mlle X... a donné naissance, le 13 janvier 1988, à une fille; que, le 11 février suivant elle a assigné Monsieur Picard en paiement de la somme de 750 000 francs, à titre de dommages-intérêts; que l'arrêt attaqué (Riom, 6 juillet 1989) après avoir estimé que la continuation de la grossesse était en relation directe et certaine avec la faute du chirurgien, qui n'avait pas vérifié que l'embryon avait bien été évacué, a débouté Mlle X..., au motif qu'elle n'apportait pas la preuve d'un préjudice, soit d'ordre matériel, soit d'ordre moral, en rapport avec la faute de Monsieur Picard ;

Attendu qu'en un premier moyen, Mlle X... fait grief à l'arrêt attaqué d'avoir décidé qu'elle ne justifiait pas d'un préjudice matériel au motif qu'elle avait la possibilité d'abandonner son enfant de sorte que la naissance ne constituait pas pour elle une charge inévitable alors que, d'une part, la faculté d'abandon, laissée à la seule appréciation de la mère, ne peut autoriser le juge à la priver de l'indemnité représentative de la charge que constitue pour elle l'éducation de l'enfant, qui est la conséquence directe de la faute du praticien ; alors que, d'autre part, seul le dommage intentionnellement subi, c'est-à-dire volontairement recherché, est exclu de l'indemnité réparatrice ; qu'en un second moyen, Mlle X... reproche à la cour d'appel d'avoir écarté l'existence d'un préjudice moral par la considération générale que la naissance d'un enfant, même non désiré, est un événement heureux, sans rechercher si, pour une femme célibataire âgée de 22 ans, orpheline de mère et née de père inconnu, prise en charge dans son enfance par les services de l'aide sociale et ayant déjà eu recours, à une première interruption de grossesse, la naissance ne constituait pas un événement douloureux sinon malheureux qui pouvait notamment être générateur pour la mère de troubles psychologiques et être de nature à l'empêcher de " refaire sa vie ", de sorte qu'elle était, à tout le moins, constitutive d'un préjudice par perte de chance ;

Mais attendu que **l'existence de l'enfant qu'elle a conçu ne peut, à elle seule, constituer pour sa mère un préjudice juridiquement réparable, même si la naissance est survenue après une intervention pratiquée sans succès en vue de l'interruption de la grossesse** ; que l'arrêt attaqué relève que l'enfant était parfaitement constitué et retient que Mlle X... ne prouvait pas que la naissance ait été pour elle la cause d'une souffrance morale certaine et se bornait à faire état de difficultés probables dans sa vie de jeune fille et ses perspectives d'avenir ; qu'ainsi, en l'absence d'un dommage particulier qui, ajouté aux charges normales de la maternité, aurait été de nature à permettre à la mère de réclamer une indemnité, la cour d'appel a, abstraction faite du motif justement critiqué par le premier moyen, légalement justifié sa décision ;

PAR CES MOTIFS ; REJETTE le pourvoi.

Cass., civ. 3, 2 juin 2016 (pourvoi n° 15-16967)

Attendu, selon l'arrêt attaqué (Paris, 26 février 2015), que, par acte du 13 octobre 2009, Monsieur et Madame X... ont vendu à Madame Y... un appartement situé dans un immeuble soumis au régime de la copropriété d'une superficie de 131, 07 m ², selon une attestation de la société Allo diagnostic ; qu'ayant fait mesurer le bien par un géomètre-expert, qui a retenu une superficie de 105, 10 m ², Madame Y... a, les 24 et 29 juin 2010, assigné en référé Monsieur et Madame X... qui ont appelé en intervention forcée la société Allo diagnostic et la société Daniel Féau conseil immobilier, agent immobilier par l'entremise duquel l'acquéreur avait été trouvé ; que, par ordonnance du 7 octobre 2010, le juge des référés a désigné un expert avec pour mission de mesurer le bien ; que, dans son rapport déposé le 8 février 2011, l'expert a conclu à une superficie de 104, 7 m²; que, par acte du 11 octobre 2011, Madame Y... a assigné Monsieur et Madame X... en diminution du prix et la société Allo diagnostic et l'agent immobilier en dommages-intérêts;

(...)

Mais sur le second moyen, pris en sa troisième branche:

Vu l'article 1382 du Code civil;

Attendu que, pour rejeter la demande de Madame Y... formée contre la société Allo diagnostic au titre des frais bancaires supplémentaires, l'arrêt retient, par motifs adoptés, que le principe d'un préjudice lié à ces frais n'est pas contestable, mais que la demande paraît prématurée car le décompte de son évaluation ne pourra être établi de manière définitive qu'après que Madame Y... aura pu procéder au remboursement anticipé partiel de son prêt;

Qu'en statuant ainsi, alors qu'elle avait relevé que **le préjudice, bien que futur, était certain**, la cour d'appel a violé le texte susvisé;

(...)

PAR CES MOTIFS:

Met hors de cause Monsieur et Madame X... ;

CASSE ET ANNULE, mais seulement en ce qu'il rejette les demandes formées par Madame Y... contre la société Allo diagnostic des chefs des frais bancaires et du surcoût de commission d'agence, l'arrêt rendu le 26 février 2015, entre les parties, par la cour d'appel de Paris; remet, en conséquence, sur ce point, la cause et les parties dans l'état où elles se trouvaient avant ledit arrêt et, pour être fait droit, les renvoie devant la cour d'appel de Versailles;

3. Autre

Nomenclature élaborée par le groupe de travail chargé d'élaborer une nomenclature des préjudices corporels dite Nomenclature DINTILHAC

L'objectif de ce groupe de travail était de d'établir une nomenclature des chefs de préjudice corporel cohérente, reposant sur une distinction claire entre les préjudices économiques et non économiques, notamment en ce qui concerne l'incapacité permanente partielle afin d'harmoniser l'indemnisation du préjudice corporel.

Ainsi, l'indemnisation du préjudice corporel peut correspondre à l'indemnisation des préjudices suivants:

Préjudices patrimoniaux

a) Préjudices patrimoniaux temporaires (avant consolidation)

- Dépenses de santé actuelles (D.S.A.)
- Frais divers (F.D.)
- Pertes de gains professionnels actuels (P.G.P.A.)

b) Préjudices patrimoniaux permanents (après consolidation)

- Dépenses de santé futures (D.S.F.)
- Frais de logement adapté (F.L.A.)
- Frais de véhicule adapté (F.V.A.)
- Assistance par tierce personne (A.T.P.)
- Pertes de gains professionnels futurs (P.G.P.F.)
- Incidence professionnelle (I.P.)
- Préjudice scolaire, universitaire ou de formation (P.S.U.)

Préjudices extrapatrimoniaux

a) Préjudices extrapatrimoniaux temporaires (avant consolidation)

- Déficit fonctionnel temporaire (D.F.T.)
- Souffrances endurées (S.E.)
- Préjudice esthétique temporaire (P.E.T.)

b) Préjudices extrapatrimoniaux permanents (après consolidation)

- Déficit fonctionnel permanent (D.F.P.)
- Préjudice d'agrément (P.A.)
- Préjudice esthétique permanent (P.E.P.)
- Préjudice sexuel (P.S.)
- Préjudice d'établissement (P.E.)
- Préjudices permanents exceptionnels (P.P.E.)

c) Préjudices extrapatrimoniaux évolutifs (hors consolidation)

- Préjudices liés à des pathologies évolutives (P.EV.)

Thème 3

La responsabilité du fait personnel

Exercice

Énoncé du cas

Résoudre le cas pratique suivant sans envisager la responsabilité des parents du fait de leur enfant (*cf. Thème 7*) :

Jules a 6 ans. Il passe beaucoup de temps à regarder son père, électricien de formation, démonter, réparer et remonter divers appareils électriques. Il a même reçu pour son anniversaire une petite boite à outils pour enfant et il s'en sert parfois pour effectuer de petits travaux avec son père.

Très sûr de lui, Jules commence à prendre des initiatives et démonte puis remonte « pour s'amuser » les interrupteurs et prises électriques de la maison.

Un jour, alors que la voisine était venue le garder, celle-ci a été électrocutée en manipulant un interrupteur que Jules avait simplement oublié de remonter.

Elle a dû être hospitalisée plusieurs jours.

Elle souhaite savoir si la responsabilité de Jules peut être engagée afin de voir son préjudice indemnisé.

Corrigé

Question de fait

La voisine peut-elle engager la responsabilité de Jules ?

Question de droit

La victime d'un dommage peut-elle engager la responsabilité civile délictuelle du jeune enfant à l'origine de celui-ci ?

Réponse en droit

Pour voir son préjudice indemnisé sur le fondement de la responsabilité civile extra-contractuelle des articles 1240 et 1241 du Code civil, la victime doit démontrer l'existence d'un dommage, d'une faute et d'un lien de causalité.

a. Dommage

Il convient de commencer par le dommage. C'est parce qu'il y a un dommage que la victime cherche à engager la responsabilité de son auteur.
Plusieurs types de dommages sont réparables :

- le dommage corporel qui est une atteinte à l'intégrité physique ;
- le dommage matériel qui est une atteinte au patrimoine ;

- la dommage moral qui est une atteinte aux sentiments.

Ici, la victime subit un préjudice corporel puisqu'elle a été blessée. On peut imaginer qu'il s'accompagne également d'un préjudice matériel et moral, mais cela n'est pas discuté ici.

Pour être réparable le préjudice doit revêtir certains caractères. Il doit être :
- personnel : le demandeur doit avoir personnellement subit le dommage. C'est le cas ici.
- certain : le dommage doit être évaluable. Il peut s'agir d'une perte ou d'un manque à gagner. Il peut être actuel ou futur. C'est le cas ici.
- direct : il doit être la suite directe de l'accident.
- légitime : le dommage doit être constitué par une atteinte à un intérêt juridiquement protégé. C'est le cas ici.

En l'espèce on est en présence d'un dommage réparable.

b. Faute

Jules a-t-il commis une faute ?

La faute nécessite la réunion de deux éléments : l'un objectif, l'autre subjectif.

L'élément objectif se décompose lui-même en un élément légal et un élément matériel.

Élément légal

Il s'agit de la violation d'une norme de conduite. Un texte n'est pas nécessaire contrairement à la faute pénale. La règle violée peut être une règle de droit écrit, mais il peut également s'agir d'une règle coutumière voire d'une règle purement privée comme la violation d'une règle du jeu.

En l'espèce, il s'agit du non-respect d'un devoir général de prudence et de diligence imposant à chacun de ne pas, par son comportement, causer de dommage à autrui.

Élément matériel

Si l'intention de nuire n'est pas exigée, il est nécessaire qu'une action ait lieu, celle-ci pouvant être de nature très variée.

La violation peut consister en un acte positif, mais également en une abstention (Cass. civ. 27 février 1951, arrêt BRANLY – *Cf. Focus*).

L'élément objectif de la faute est apprécié *in abstracto* en fonction du comportement qu'aurait dû avoir un individu moyen (pour un jeune enfant voir Cass. civ. 2, 28 février 1996, pourvoi n° 94-13084). La faute est déduite de la simple distorsion entre le comportement présumé du modèle de référence et celui du défendeur.

En l'espèce, le manquement au devoir général de prudence et de diligence réside dans le fait de s'être abstenu de remonter l'interrupteur.

L'élément subjectif

Il était traditionnellement exigé que le fautif ait eu conscience de la portée de ses actes, ce qui excluait de la responsabilité civile les êtres privés de discernement comme les jeunes enfants et les aliénés

S'agissant des jeunes enfants, la Cour de cassation a opéré un revirement de jurisprudence par deux arrêts de l'assemblée plénière rendus le 9 mai 1984, les arrêts DERGUINI et LEMAIRE (*Cf. Focus*).

La Cour de cassation affirme que la capacité de discernement de l'auteur est indifférente.

En l'espèce, on aurait pu douter que Jules ait commis une faute de nature à engager sa responsabilité en raison de son jeune âge. Non doué de discernement, il n'est pas en capacité de mesurer les éventuelles conséquences de ses actes.

Néanmoins, ces considérations sont aujourd'hui indifférentes. La condition du discernement n'est plus nécessaire pour être fautif.

On peut donc en conclure que Jules a commis une faute.

c. Lien de causalité

La responsabilité du fait personnel nécessite la démonstration d'un lien de causalité entre la faute et le dommage (Cass. civ. 2, 27 octobre 1975 – *Cf. Focus*).

Deux théories permettent d'apprécier l'existence du lien de causalité qui doit être certain.

La théorie de la causalité adéquate qui ne permet de retenir comme cause du dommage que l'évènement cause inéluctable du dommage.

La théorie de l'équivalence des conditions est plus large et admet comme cause du dommage tout évènement sans lequel le dommage ne se serait pas produit.

La Cour de cassation n'a jamais pris définitivement parti en faveur de l'une ou l'autre théorie.

En l'espèce, la théorie de la causalité adéquate permet de retenir l'existence du lien de causalité. C'est la faute de Jules (ne pas avoir remonté l'interrupteur) qui a causé le dommage (électrocution).

▶ **Remarque**

La théorie de la causalité adéquate étant plus stricte on peut conclure avec certitude que le lien de causalité existe lorsque cette théorie permet de la qualifier.

En revanche, on peut douter que la Cour de cassation constaterait l'existence d'un tel lien lorsque seule l'équivalence des conditions permet de caractériser un tel lien.

On peut donc conclure ici que les conditions de la responsabilité de Jules sont bien réunies.

▶ Remarque

Les conditions de la responsabilité étant réunies, il faudrait vérifier l'existence de causes d'exonération.

Elles feront l'objet d'une fiche spécifique (*Cf.* P2-T9).

La responsabilité civile de Jules est donc bien engagée.

Réponse en fait

La voisine peut demander réparation de son préjudice à Jules.

Pour aller plus loin

- J-S. BORGHETTI, « L'avant-projet de réforme de la responsabilité civile », *D.*, 2016, p. 1442
- G. VINEY, « L'espoir d'une recodification du droit de la responsabilité civile », *D.*, 2016, p.1378

FOCUS

1. Textes

Article 1382 ancien du Code civil

« Tout fait quelconque de l'homme, qui cause à autrui un dommage, oblige celui par la faute duquel il est arrivé à le réparer. »

Article 1240 du Code civil

« Tout fait quelconque de l'homme, qui cause à autrui un dommage, oblige celui par la faute duquel il est arrivé à le réparer. »

Article 1383 ancien du Code civil

« Chacun est responsable du dommage qu'il a causé non seulement par son fait, mais encore par sa négligence ou par son imprudence. »

Article 1241 du Code civil

« Chacun est responsable du dommage qu'il a causé non seulement par son fait, mais encore par sa négligence ou par son imprudence. »

2. Jurisprudence

Cass. civ. 27 février 1951, BRANLY (*Bull.* civ. n° 77), extrait

La faute prévue par les articles 1382 et 1383 du Code civil peut consister aussi bien dans une abstention que dans un acte positif. L'abstention, même non dictée par la malice et l'intention de nuire, engage la responsabilité de son auteur lorsque le fait omis devait être accompli soit en vertu d'une obligation légale, réglementaire ou conventionnelle, soit aussi, dans l'ordre professionnel, s'il s'agit notamment d'un historien, en vertu des exigences d'une information objective.

Cass. civ 2, 27 octobre 1975 (pourvois n°s 73-14891 et 74-10318)

Sur le moyen unique du pourvoi n° 74-10318:

Attendu, selon l'arrêt partiellement infirmatif Attaque, que, dans une agglomération, la voiture Automobile Appartenant A marie-louise Y..., devenue épouse B..., conduite par le mineur robert Y..., son frère, dérapa ; que sa passagère Francine Z..., également mineure, fut blessée ; que Y... a été condamné pénalement pour Blessures involontaires et contravention Au code de la route ; qu'Émile Z..., Agissant Au nom de sa fille, A demandé réparation du préjudice à C... Meyer, représentant son x... robert et mis en cause dame B... et son Assureur la garantie mutuelle des fonctionnaires ; que le fonds de garantie Automobile est intervenu dans l'instance ; que Y..., devenu majeur, A repris l'instance en son nom ;

(...)

Mais sur le moyen unique du pourvoi n° 73-14891:

Vu l'article 1382 du Code civil;

Attendu que **la responsabilité prévue par ce texte suppose un rapport de causalité certain entre la faute et le dommage;**

Attendu que pour retenir, in solidum, Avec celle de Meyer, la responsabilité de dame B... et de la garantie mutuelle des fonctionnaires, l'arrêt, infirmatif de ce chef, énonce qu'en ne prenant pas les précautions utiles pour empêcher son frère d'utiliser sa voiture, dame B... Avait commis une faute de négligence se trouvant A l'origine de l'accident, et que Y... étant dépourvu du permis de conduire son défaut de maîtrise, étant dans l'ordre des choses et parfaitement prévisible; qu'en statuant par ces seuls motifs Alors que la faute commise par Y... dans la conduite du véhicule étant indépendante du fait originaire, les facilites dont il aurait profité par la négligence imputée à la dame B... étaient sans relation de cause à effet avec le préjudice invoqué, la cour d'appel a violé le texte susvisé;

Par ces motifs: CASSE ET ANNULE, mais seulement en ce qu'il a retenu la responsabilité de dame B... et de la garantie mutuelle des fonctionnaires, l'arrêt rendu entre les parties le 17 octobre 1973 par la cour d'appel de Colmar; remet, en conséquence, quant A ce, la cause et les parties au même et semblable état ou elles étaient avant ledit arrêt et, pour être fait droit, les renvoie devant la cour d'appel de Metz

Cass., ass. plén., 9 mai 1984, LEMAIRE (pourvoi n° 80-93031)

La Cour de Cassation, statuant en Assemblée plénière, a rendu l'arrêt suivant:

(...)

Sur le moyen unique du pourvoi de Y... Jacky, A... Emery et de la S.A. Établissements A...:

Attendu, selon l'arrêt attaqué (Douai, 28 mai 1980), que, le 10 août 1977, Dominique X..., âgé de treize ans, a été mortellement électrocuté en vissant une ampoule sur une douille; que Monsieur Y..., ouvrier électricien de la S.A. Établissements A... dont Emery A... est le dirigeant ayant, une dizaine de jours auparavant, exécuté des travaux d'électricité dans l'étable où se sont produits les faits, les consorts X... ont cité MMonsieur Y... et A... devant le Tribunal correctionnel;

Attendu qu'il est fait grief à l'arrêt d'avoir déclaré Y... coupable du délit d'homicide involontaire, de l'avoir condamné à 500 francs d'amende avec sursis et d'avoir alloué diverses réparations aux parties civiles, la S.A. Établissements A... étant déclarée civilement responsable, alors, selon le moyen, que, d'une part, l'obligation de vérifier l'absence d'inversion de fils sur la boîte de jonction, écartée par les premiers juges, ne résultait ni du contrat d'entreprise, ni d'un quelconque règlement comme le soulignaient en outre les conclusions, qui précisaient que Y... avait constaté, après le rebranchement, que le courant passait normalement en aval; alors que, d'autre part, l'application de l'article 319 du Code pénal suppose que l'existence d'un lien de causalité entre la faute du prévenu et le décès de la victime soit certaine que ce lien ne découle pas des constatations de l'arrêt qui, sans démentir que le montage utilisé dans la ferme était interdit, a relevé la faute de la victime, ayant omis de couper le courant ;

Mais attendu que, pour caractériser la faute de Y..., l'arrêt retient qu'une inversion de fils électriques maintenant la douille sous tension et constatée dans la boîte de jonction qui desservait le local, est en rapport direct avec l'électrocution et que le prévenu a reconnu ne pas avoir, après son intervention effectué la vérification facile et instantanée qui s'impose à tout électricien pour s'assurer de l'absence d'une telle inversion de fils ; D'où il suit que le moyen n'est pas fondé ;

Sur le premier moyen du pourvoi des époux Jean X..., des époux Joseph X... et de Aimé Z... :

Attendu qu'il est reproché à l'arrêt d'avoir relaxé un dirigeant de société du chef d'homicide involontaire alors, selon le moyen, d'une part, qu'un dirigeant de société a une obligation légale de contrôle et de direction de son entreprise et doit, par sa surveillance, prévenir toute infraction de ses préposés aux règlements ; qu'en statuant ainsi, sans rechercher si "les compétences" de l'ouvrier ayant effectué des travaux non conformes aux règles de l'art s'étendaient au devoir de contrôle et de surveillance incombant au dirigeant de la société, la Cour d'appel n'a pas légalement justifié sa décision ; alors, d'autre part, que les parties civiles avaient fait valoir dans leurs conclusions d'appel, que le dirigeant de la société, en établissant la facture des travaux sur les indications de son préposé, avait dû se renseigner sur la nature et la consistance desdits travaux et devait connaître la non-conformité de ceux-ci aux règles de l'art, notamment en ce qui concerne l'obligation de poser des prises de terre dans les bâtiments d'exploitation ; qu'en s'abstenant de répondre à ce chef de conclusions concernant l'une des causes de l'accident mortel survenu, la Cour d'appel a "méconnu" les dispositions de l'article 593 du Code de procédure pénale ;

Mais attendu que l'arrêt, qui n'avait pas à répondre à de simples arguments, retient souverainement que les travaux d'électricité effectués n'excédaient pas la compétence de l'ouvrier qui en était chargé et n'imposaient pas au chef d'entreprise de venir vérifier le travail de son employé ;

Qu'en l'état de ces constatations et énonciations, la Cour d'appel a légalement justifié sa décision de ce chef ;

Sur le second moyen du pourvoi des époux Jean X..., des époux Joseph X... et de Z... :

Attendu que les parties civiles font grief à l'arrêt d'avoir déclaré Y... responsable pour moitié seulement des conséquences de l'accident alors, selon le moyen, que les juges du fond ne peuvent retenir à l'encontre d'un enfant de treize ans, décédé par électrocution à la suite de travaux défectueux dans l'installation électrique de la ferme de ses parents, une faute ayant contribué à la réalisation de son propre dommage, sans rechercher si ce mineur avait la capacité de discerner les conséquences de l'acte fautif par lui commis ;

Mais attendu que l'arrêt retient qu'aucune indication ne pouvant être déduite de la position de l'interrupteur rotatif, Dominique X... aurait dû, avant de visser l'ampoule, couper le courant en actionnant le disjoncteur ;

Qu'en l'état de ces énonciations, la Cour d'appel, **qui n'était pas tenue de vérifier si le mineur était capable de discerner les conséquences de son acte**, a pu estimer sur le fondement de l'article 1382 du Code civil que la victime avait commis une faute qui avait concouru, avec celle de Monsieur Y..., à la réalisation du dommage dans une proportion souverainement appréciée ;

D'où il suit que le moyen n'est pas fondé ;

PAR CES MOTIFS : REJETTE les pourvois formés contre l'arrêt rendu le 28 mai 1980 par la Cour d'appel de Douai ; Condamne les demandeurs aux dépens ;

Cass., ass. plén., 9 mai 1984, DERGUINI (pourvoi n° 80-93481)

Sur le premier moyen :

Attendu, selon l'arrêt attaqué (Nancy, 9 juillet 1980), statuant sur renvoi après cassation, que la jeune Fatiha X..., alors âgée de 5 ans, a été heurtée le 10 avril 1976 sur un passage protégé et a été mortellement blessée par une voiture conduite par Monsieur Z... ; que, tout en déclarant celui-ci coupable d'homicide involontaire, la Cour d'appel a partagé par moitié la responsabilité des conséquences dommageables de l'accident ;

Attendu que les époux X... Y... font grief à l'arrêt d'avoir procédé à un tel partage alors, selon le moyen, que, d'une part, le défaut de discernement exclut toute responsabilité de la victime, que les époux X... soulignaient dans leurs conclusions produites devant la Cour d'appel de Metz et reprises devant la Cour de renvoi que la victime, âgée de 5 ans et 9 mois à l'époque de l'accident, était beaucoup trop jeune pour apprécier les conséquences de ses actes ; qu'en ne répondant pas à ce chef péremptoire des conclusions, la Cour d'appel n'a pas légalement justifié sa décision ; alors, d'autre part, et en tout état de cause, que la Cour d'appel n'a pu, sans contradiction, relever, d'un côté, l'existence d'une faute de la victime et, d'un autre côté, faire état de l'irruption inconsciente de la victime ; alors, enfin, que la Cour d'appel relève que l'automobiliste a commis une faute d'attention à l'approche d'un passage pour piétons sur une section de route où la possibilité de la présence d'enfants est signalée par des panneaux routiers, qu'ayant remarqué de loin les deux fillettes sur le trottoir, il n'a pas mobilisé son attention sur leur comportement ; qu'en ne déduisant pas de ces énonciations l'entière responsabilité de Monsieur Z..., la Cour d'appel n'a pas tiré de ses propres constatations les conséquences légales qui s'en évinçaient nécessairement ;

Mais attendu qu'après avoir retenu le défaut d'attention de Monsieur Z... et constaté que la jeune Fatiha, s'élançant sur la chaussée, l'avait soudainement traversée malgré le danger immédiat de l'arrivée de la voiture de Monsieur Z... et avait fait aussitôt demi-tour pour revenir sur le trottoir, l'arrêt énonce que cette irruption intempestive avait rendu impossible toute manœuvre de sauvetage de l'automobiliste ;

Qu'en l'état de ces constatations et énonciations, la Cour d'appel, **qui n'était pas tenue de vérifier si la mineure était capable de discerner les conséquences de tels actes**, a pu, sans se contredire, retenir, sur le fondement de l'article 1382 du Code civil, que la victime avait commis une faute qui avait concouru, avec celle de Monsieur Z..., à la réalisation du dommage dans une proportion souverainement appréciée ;

D'où il suit que le moyen n'est pas fondé (...)

PAR CES MOTIFS : REJETTE les pourvois formés contre l'arrêt rendu le 9 juillet 1980 par la Cour d'appel de Nancy ;Condamne les demandeurs aux dépens ;

Cass. civ. 2, 28 février 1996, pourvoi n° 94-13084

Sur le moyen unique, pris en ses deux premières branches :

Vu l'article 1382 du Code civil ;

Attendu que **la faute d'un mineur peut être retenue à son encontre même s'il n'est pas capable de discerner les conséquences de son acte** ;

Attendu, selon l'arrêt confirmatif attaqué, que Sonia Y..., âgée de 8 ans, confiée pour une soirée à Monsieur Bernard X..., et qui jouait sous une table, s'est brusquement relevée, s'est mise à courir et, ayant heurté David X..., fils mineur de Bernard X..., qui transportait une casserole d'eau bouillante, a subi des brûlures ; qu'en son nom Madame Y... a demandé réparation de son préjudice à Monsieur Bernard X... et à son assureur, le Groupe des populaires d'assurances ;

Attendu que, pour retenir la responsabilité entière de Monsieur Bernard X... et exclure toute faute de la victime, l'arrêt, par motifs adoptés, énonce que le comportement de l'enfant, compte tenu de son jeune âge, ne peut être considéré comme constituant une faute ayant concouru à la réalisation de son dommage puisqu'il était parfaitement prévisible et naturel dans le contexte au cours duquel il s'est produit ;

Qu'en statuant par de tels motifs, alors qu'un tel comportement constituait une faute ayant concouru à la réalisation du dommage, la cour d'appel a violé le texte susvisé ;

PAR CES MOTIFS, et sans qu'il y ait lieu de statuer sur les autres branches du moyen : CASSE ET ANNULE, dans toutes ses dispositions, l'arrêt rendu le 27 janvier 1994, entre les parties, par la cour d'appel de Besançon ; remet, en conséquence, la cause et les parties dans l'état où elles se trouvaient avant ledit arrêt et, pour être fait droit, les renvoie devant la cour d'appel de Dijon.

Thème 4

La responsabilité du fait des choses

Exercices

Énoncé du cas

Monsieur Padbol est furieux. Comme tous les jeudis, il s'est rendu dans son supermarché habituel pour faire ses courses. Étant un peu en retard sur son programme habituel, il marchait d'un pas décidé en arrivant à l'entrée du magasin devant la porte automatique, prêt à entrer.

Quelle ne fut pas sa surprise lorsqu'il s'est aperçu, trop tard pour l'éviter, que la porte ne s'ouvrait pas.

Il a heurté violemment la paroi de verre. Si la vitre a résisté au choc, tel n'a pas été le cas de son nez qui est cassé ; le médecin lui a précisé qu'une intervention chirurgicale serait nécessaire.

Le propriétaire du magasin est très inquiet d'une éventuelle action en responsabilité qui pourrait être intentée par Monsieur Padbol.

Que pouvez-vous lui dire à ce sujet ?

Corrigé

Question de fait

Monsieur Padbol peut-il engager la responsabilité du propriétaire du magasin dans le but d'obtenir la réparation de son dommage ?

Question de droit

La responsabilité du propriétaire du magasin peut-elle être engagée sur le fondement de la responsabilité du fait des choses ?

Réponse en droit

La responsabilité du fait des choses est prévue à l'article 1242 alinéa 1er du Code civil. Sa mise en œuvre nécessite la réunion de plusieurs conditions.

a. Dommage

Il convient de commencer par le dommage. C'est parce qu'il y a un dommage que la victime cherche à engager la responsabilité de son auteur.

Plusieurs types de dommages sont réparables :

- le dommage corporel qui est une atteinte à l'intégrité physique ;
- le dommage matériel qui est une atteinte au patrimoine ;
- la dommage moral qui est une atteinte aux sentiments.

Ici, la victime subit un préjudice corporel puisqu'elle a été blessée. On peut imaginer qu'il s'accompagne également d'un préjudice matériel et moral, mais cela n'est pas discuté ici.

Pour être réparable le préjudice doit revêtir certains caractères. Il doit être :
- personnel : le demandeur doit avoir personnellement subi le dommage. C'est le cas ici.
- certain : le dommage doit être évaluable. Il peut s'agir d'une perte ou d'un manque à gagner. Il peut être actuel ou futur. C'est le cas ici.
- direct : il doit être la suite directe de l'accident
- légitime : le dommage doit être constitué par une atteinte à un intérêt juridiquement protégé. C'est le cas ici.

En l'espèce on est en présence d'un dommage réparable.

b. Chose

Pour engager la responsabilité du fait des choses, il faut évidemment qu'une chose soit intervenue dans la réalisation du dommage.
La loi ne donne pas de définition de la chose et la jurisprudence l'a définie de la manière la plus large (Cass. Req. 6 mars 1928 ; *DP.*, 1928, 1, 97, note Josserand).
Il peut s'agir d'une chose meuble ou immeuble à la condition qu'elle ne relève pas d'un régime spécial (animaux, bâtiments en ruine, véhicules terrestres à moteur, aéronefs...).
Les choses sans maître ou abandonnées ne relèvent pas non plus de la responsabilité du fait des choses. Il en est de même du corps humain.
Ici on est bien en présence d'une chose qui ne relève pas d'un régime spécial.

c. Fait de la chose

La chose doit avoir eu un rôle causal dans la réalisation du dommage. Pour apprécier cette condition, il faut distinguer selon que la chose était en mouvement et entrée en contact avec la victime des autres situations.
Si la chose était en mouvement et qu'elle est entrée en contact avec la victime alors le rôle causal de la chose est présumé. Cette présomption est simple (Cass. civ., 19 février 1941 ; *GAJC*, n° 209).
Lorsqu'une de ces conditions fait défaut, le rôle causal de la chose n'est pas présumé. Le demandeur devra alors apporter cette preuve en démontrant l'anormalité de la chose dans sa position ou son comportement (Cass. civ. 2, 24 février 2005 ; pourvoi n° 03-13536).
Il faudra alors vérifier si la chose était en position anormale. Si tel est le cas, on retrouve une présomption simple de causalité.

En l'espèce, il y a bien eu contact mais la porte vitrée n'était pas en mouvement. Il faut donc démontrer son anormalité.
Il s'agit d'une porte coulissante automatique qui aurait dû s'ouvrir seule à l'arrivée de Monsieur Padbol. Tel n'a pas été le cas ; elle n'a pas fonctionné normalement.

Le rôle causal de la chose est donc démontré (voir Cass. civ. 1, 4 janvier 2006; pourvoi n° n° 04-17653).

d. Garde de la chose

La responsabilité du fait des choses pèse sur le gardien de la chose.
Si le propriétaire d'une chose est présumé en être le gardien (voir Cass. civ. 2, 16 mai 1984 – *Cf. Focus*), il peut démontrer que tel n'était pas le cas en prouvant le transfert de la garde, c'est-à-dire le transfert de l'usage, du contrôle et de la direction de la chose (Cass. ch. Réunies, 2 décembre 1941, FRANCK).
Si le jeune enfant peut être gardien (Cass. ass. plén., 9 mai 1984, GABILLET, pourvoi n° 80-14994), tel n'est pas le cas du préposé (Cass. civ., 27 avril 1929, *DP*, 1929, 1, 129, note Ripert; Cass. civ. 2, 1er avril 1998, pourvoi n° 96-17903 – *Cf. Focus*).
En l'espèce, le propriétaire de la chose ne sera pas en mesure de démontrer l'existence d'un transfert de garde.
Les conditions de la responsabilité du fait des choses étant réunies, sa responsabilité sera engagée.

▶ Remarque

Les conditions de la responsabilité étant réunies, il faudrait vérifier l'existence de causes d'exonération. Elles feront l'objet d'une fiche spécifique (*Cf.* P2-T9).

Réponse en fait

Monsieur Padbol peut engager la responsabilité du propriétaire du magasin dans le but d'obtenir la réparation de son dommage.

Pour aller plus loin

- J.-S BORGHETTI, « La responsabilité du fait des choses, un régime qui a fait son temps », *RTD civ.*, 2010, p. 1 et s.
- Ph. BRUN, « De l'intemporalité du principe de la responsabilité du fait des choses »,*RTD civ.*, 2010, p. 487 et s.

1. Textes

Article 1384 ancien du Code civil

« On est responsable non seulement du dommage que l'on cause par son propre fait, mais encore de celui qui est causé par le fait des personnes dont on doit répondre, ou des choses que l'on a sous sa garde.

Toutefois, celui qui détient, à un titre quelconque, tout ou partie de l'immeuble ou des biens mobiliers dans lesquels un incendie a pris naissance ne sera responsable, vis-à-vis des tiers, des dommages causés par cet incendie que s'il est prouvé qu'il doit être attribué à sa faute ou à la faute des personnes dont il est responsable.

Cette disposition ne s'applique pas aux rapports entre propriétaires et locataires, qui demeurent régis par les articles 1733 et 1734 du Code civil.

Le père et la mère, en tant qu'ils exercent l'autorité parentale, sont solidairement responsables du dommage causé par leurs enfants mineurs habitant avec eux.

Les maîtres et les commettants, du dommage causé par leurs domestiques et préposés dans les fonctions auxquelles ils les ont employés ;

Les instituteurs et les artisans, du dommage causé par leurs élèves et apprentis pendant le temps qu'ils sont sous leur surveillance.

La responsabilité ci-dessus a lieu, à moins que les père et mère et les artisans ne prouvent qu'ils n'ont pu empêcher le fait qui donne lieu à cette responsabilité.

En ce qui concerne les instituteurs, les fautes, imprudences ou négligences invoquées contre eux comme ayant causé le fait dommageable, devront être prouvées, conformément au droit commun, par le demandeur, à l'instance. »

Article 1242 du Code civil

« On est responsable non seulement du dommage que l'on cause par son propre fait, mais encore de celui qui est causé par le fait des personnes dont on doit répondre, ou des choses que l'on a sous sa garde.

Toutefois, celui qui détient, à un titre quelconque, tout ou partie de l'immeuble ou des biens mobiliers dans lesquels un incendie a pris naissance ne sera responsable, vis-à-vis des tiers, des dommages causés par cet incendie que s'il est prouvé qu'il doit être attribué à sa faute ou à la faute des personnes dont il est responsable.

Cette disposition ne s'applique pas aux rapports entre propriétaires et locataires, qui demeurent régis par les articles 1733 et 1734 du Code civil.

Le père et la mère, en tant qu'ils exercent l'autorité parentale, sont solidairement responsables du dommage causé par leurs enfants mineurs habitant avec eux.

Les maîtres et les commettants, du dommage causé par leurs domestiques et préposés dans les fonctions auxquelles ils les ont employés ;

Les instituteurs et les artisans, du dommage causé par leurs élèves et apprentis pendant le temps qu'ils sont sous leur surveillance.

La responsabilité ci-dessus a lieu, à moins que les père et mère et les artisans ne prouvent qu'ils n'ont pu empêcher le fait qui donne lieu à cette responsabilité.

En ce qui concerne les instituteurs, les fautes, imprudences ou négligences invoquées contre eux comme ayant causé le fait dommageable, devront être prouvées, conformément au droit commun, par le demandeur, à l'instance. »

2. Jurisprudence

Cass. ch. réunies, 13 février 1930, JAND'HEUR (*Bull.* n° 34)

Statuant sur le moyen du pourvoi :

Vu l'article 1384, alinéa 1er, du Code civil ;

Attendu que **la présomption de responsabilité établie par cet article à l'encontre de celui qui a sous sa garde la chose inanimée qui a causé un dommage à autrui ne peut être détruite que par la preuve d'un cas fortuit ou de force majeure ou d'une cause étrangère qui ne lui soit pas imputable ; qu'il ne suffit pas de prouver qu'il n'a commis aucune faute ou que la cause du fait dommageable est demeurée inconnue** ;

Attendu que, le 22 avril 1926, un camion automobile appartenant à la Société "Aux Galeries Belfortaises" a renversé et blessé la mineure Lise X... ; que l'arrêt attaqué a refusé d'appliquer le texte susvisé par le motif que l'accident causé par une automobile en mouvement sous l'impulsion et la direction de l'homme ne constituait pas, alors qu'aucune preuve n'existe qu'il soit dû à un vice propre de la voiture, le fait de la chose que l'on a sous sa garde dans les termes de l'article 1384, alinéa 1er, et que, dès lors, la victime était tenue, pour obtenir réparation du préjudice, d'établir à la charge du conducteur une faute qui lui fût imputable ;

Mais attendu que la loi, pour l'application de la présomption qu'elle édicte, ne distingue pas suivant que la chose qui a causé le dommage était ou non actionnée par la main de l'homme ; qu'il n'est pas nécessaire qu'elle ait un vice inhérent à sa nature et susceptible de causer le dommage, l'article 1384 rattachant la responsabilité à la garde de la chose, non à la chose elle-même ;

D'où il suit qu'en statuant comme il l'a fait l'arrêt attaqué a interverti l'ordre légal de la preuve et violé le texte de loi susvisé ;

Par ces motifs, CASSE

Cass. ch. Réunies, 2 décembre 1941, FRANCK (*Bull.* n° 292)

Sur le moyen unique pris en sa première branche :

Attendu qu'il résulte des énonciations de l'arrêt attaqué que, dans la nuit du 24 au 25 décembre 1929, une voiture automobile, appartenant au docteur Y..., et que celui-ci avait confiée à son fils Claude, alors mineur, a été soustraite frauduleusement par un individu demeuré inconnu, dans une rue de Nancy où Claude Y... l'avait laissée en stationnement ;

Qu'au cours de la même nuit, cette voiture, sous la conduite du voleur, a, dans les environs de Nancy, renversé et blessé mortellement le facteur X... ;

Que les consorts X..., se fondant sur les dispositions de l'article 1384, alinéa 1er, du Code civil, ont demandé au docteur Y... réparation du préjudice résultant pour eux de la mort de X... ;

Attendu que, pour rejeter la demande des consorts X..., l'arrêt déclare qu'au moment où l'accident s'est produit, Y..., dépossédé de sa voiture par l'effet du vol, se trouvait dans l'impossibilité d'exercer sur ladite voiture aucune surveillance ;

Qu'en l'état de cette constatation, de laquelle il résulte que Y..., **privé de l'usage, de la direction et du contrôle de sa voiture, n'en avait plus la garde et n'était plus dès lors soumis à la présomption de responsabilité édictée par l'article 1384,** alinéa 1er, **du Code civil,** la cour d'appel, en statuant ainsi qu'elle l'a fait, n'a point violé le texte précité ; (...)

Par ces motifs :

Déclare le moyen mal fondé dans sa première branche (...)

Cass. ass. plén., 9 mai 1984, GABILLET (pourvoi n° 80-14994)

(...)

Sur le moyen unique :

Attendu, selon l'arrêt attaqué (Agen, 12 mai 1980), que le 30 juin 1975, l'enfant Éric X..., alors âgé de 3 ans, en tombant d'une balançoire improvisée constituée par une planche qui se rompit, éborgna son camarade Philippe Y... avec un bâton qu'il tenait à la main ; que Monsieur Lucien Y..., agissant en qualité d'administrateur légal des biens de son fils, assigna ses parents, les époux X..., en tant qu'exerçant leur droit de garde, en responsabilité de l'accident ainsi survenu ; Attendu que les époux X... font grief à l'arrêt d'avoir déclaré Éric X... responsable sur le fondement de l'article 1384, alinéa 1er, du Code civil, alors, selon le moyen, que l'imputation d'une responsabilité présumée implique la faculté de discernement ; que la Cour d'appel a donc violé par fausse application l'alinéa 1er de l'article 1384 du Code civil ; Mais attendu qu'en retenant que le jeune Éric **avait l'usage, la direction et le contrôle du bâton, la Cour d'appel qui n'avait pas, malgré le très jeune âge de ce mineur**, à rechercher si celui-ci avait un discernement, a légalement justifié sa décision ; PAR CES MOTIFS :

REJETTE le pourvoi formé contre l'arrêt rendu le 12 mai 1980 par la Cour d'appel d'Agen ;

Cass. civ. 2, 16 mai 1984 (pourvoi n° 82-16872)

Sur le moyen unique pris en sa premiere branche : vu l'article 1384, paragraphe 1, du Code civil ;

Attendu selon l'arrêt confirmatif attaque que x... Ruiz qui effectuait des achats aux établissements Quercy, a été blessée au pied par un éclat provenant de la chute d'une bouteille qui avait basculé du plan incline de la caisse enregistreuse ;

Qu'elle a assigné ces établissements en réparation de son préjudice, et que la caisse primaire d'assurance maladie de montpellier-lodeve est intervenue a l'instance ;

Attendu que pour débouter Mme Y... de sa demande par application de l'article 1384, paragraphe 1, du Code civil en déclarant qu'elle n'établissait pas que la société avait la garde de la bouteille instrument du dommage, l'arrêt se borne a énoncer que cette bouteille avait été appréhendée par un tiers non identifie et présentée a la caisse avec l'intention d'en payer le prix, et que cette circonstance qui n'était pas démentie par la victime, n'apparaissait pas contestable ;

Qu'en statuant ainsi, alors que **la société propriétaire du magasin était présumée demeurer gardien de la bouteille, la cour d'appel qui n'a pas caractérise le transfert de la garde**, n'a pas légalement justifié sa décision ;

Par ces motifs, et sans qu'il y ait lieu de statuer sur les autres branches du moyen ; casse et annule l'arrêt rendu le 11 mai 1982, entre les parties, par la cour d'appel de Montpellier ; remet, en conséquence, la cause et les parties au même et semblable état où elles étaient avant ledit arrêt et, pour être fait droit, les renvoie devant la cour d'appel de Nîmes, a ce désignée par délibération spéciale prise en la chambre du conseil ;

Cass. civ. 2, 1er avril 1998 (pourvoi n° 96-17903)

Sur le moyen unique pris en ses deux premières branches :

Vu l'article 1384, alinéas 1 et 5, du Code civil :

Attendu, selon l'arrêt attaqué, rendu sur renvoi après cassation, qu'à la suite d'une collision dont Monsieur D... a été déclaré responsable, la fourgonnette de Monsieur Z..., assuré à la MAAF, confiée par lui à Monsieur Jean-Claude X... et conduite par Monsieur Christian X..., a causé des dégâts matériel à la voiture de Monsieur Pierre C..., assuré au Groupe des assurances mutuelles de France (GAMF) ;

Attendu que, pour condamner solidairement Monsieur Z..., la MAAF et Monsieur Christian X... à réparer ce préjudice, l'arrêt énonce que Monsieur Z..., qui ne démontre pas que Monsieur Jean-Claude X... aurait agi au mépris d'une interdiction formelle d'utilisation de sa fourgonnette et aurait abusé de ses fonctions, est tenu envers Monsieur Pierre C... "en tant que commettant de Monsieur Jean-Claude X..." qui, lui-même n'avait pas perdu la garde du véhicule en en confiant le volant à son frère Christian ;

Qu'en statuant ainsi, **la cour d'appel, qui a considéré que Monsieur Jean-Claude X... était à la fois préposé de Monsieur Z... et gardien de la fourgonnette, alors que ces deux qualités sont incompatibles**, a violé le texte susvisé ;

PAR CES MOTIFS et sans qu'il y ait lieu de statuer sur la troisième branche du moyen : CASSE ET ANNULE, mais seulement en ce qu'il a condamné Monsieur A... et la MAAF à payer à Monsieur Pierre C... la somme de 39 500 francs en réparation de son préjudice matériel et en ce qu'il les a condamnés à garantir à concurrence de moitié les consorts C… et le GAMF de toutes les condamnations qui ont été ou seront prononcées à leur encontre au profit des consorts G…, l'arrêt rendu le 20 mai 1996, entre les parties, par la cour d'appel de Douai ;remet, en conséquence, quant à ce, la cause et les parties dans l'état où elles se trouvaient avant ledit arrêt et, pour être fait droit, les renvoie devant la cour d'appel d'Amiens ; Laisse à chaque partie la charge de ses propres dépens ;

Cass. civ. 2, 24 février 2005 (pourvoi n° 03-13536)

Sur le moyen unique, pris en sa première branche :

Vu l'article 1384, alinéa 1er, du Code civil ;

Attendu, selon l'arrêt attaqué, que Mlle X… a heurté une baie vitrée coulissante qui ouvrait, de l'intérieur d'un appartement, sur une terrasse ; que la vitre s'est brisée et a blessé Mlle X… ; que cette dernière a assigné Madame Y…, propriétaire de l'appartement et son assureur, la compagnie GAN, en présence de la Caisse primaire d'assurance maladie de la Haute-Garonne, en réparation de son préjudice, sur le fondement de l'article 1384, alinéa 1er, du Code civil ;

Attendu que pour débouter Mlle X… de ses demandes, l'arrêt retient que cette dernière s'est levée, a pivoté à 90, s'est dirigée vers la terrasse, sans s'apercevoir que la porte vitrée coulissante était pratiquement fermée, qu'elle a percuté la porte vitrée qui s'est brisée ; que la victime indique qu'elle avait pu croire que la baie vitrée était ouverte compte tenu de sa transparence et du fait qu'elle donnait sur une terrasse, alors que c'était l'été ; qu'il n'est pas allégué un mauvais état de la baie vitrée, que, par ailleurs, le fait qu'elle ait été fermée, même si l'on se trouvait en période estivale, ne peut être assimilé à une position anormale ; que la chose n'a eu aucun rôle actif dans la production du dommage et que celui-ci trouve sa cause exclusive dans le mouvement inconsidéré de la victime ;

Qu'en statuant ainsi, alors qu'il résultait de ses propres constatations que **la porte vitrée, qui s'était brisée, était fragile, ce dont il résultait que la chose, en raison de son anormalité, avait été l'instrument du dommage**, la cour d'appel a violé le texte susvisé ;

PAR CES MOTIFS ; CASSE ET ANNULE, dans toutes ses dispositions, l'arrêt rendu le 25 juin 2002, entre les parties, par la cour d'appel de Toulouse ; remet, en conséquence, la cause et les parties dans l'état où elles se trouvaient avant ledit arrêt et, pour être fait droit, les renvoie devant la cour d'appel de Bordeaux ;

Condamne la compagnie GAN Assurances et Madame Y… aux dépens ;

Cass. civ. 1, 4 janvier 2006 (pourvoi n° n° 04-17653)

Sur le moyen unique :

Attendu, selon l'arrêt attaqué (Reims, 2 juin 2004) que Mlle X…, en voulant pénétrer dans une pharmacie exploitée par la société Pharmacie Rivière Mougeville et associés (la Pharmacie Rivière), s'est blessée en heurtant la porte vitrée de l'officine, dont le système d'ouverture automatique n'a pas fonctionné ; qu'elle a assigné la Pharmacie

Rivière devant le tribunal de grande instance, en responsabilité et indemnisation sur le fondement de l'article 1384, alinéa 1er, du Code civil ;

Attendu que la Pharmacie Rivière fait grief à l'arrêt de l'avoir déclarée entièrement responsable des conséquences dommageables de l'accident advenu à Mlle X..., alors, selon le moyen :

1. qu'une chose inerte ne peut être l'instrument d'un dommage si elle n'occupe pas une position anormale ou n'est pas en mauvais état ; qu'en estimant que la porte d'entrée de la Pharmacie Rivière avait eu un comportement anormal et avait été l'instrument du dommage subi par Mlle X..., du simple fait qu'elle était restée fermée lorsque celle-ci s'en était approchée, en raison du fait qu'elle était verrouillée, circonstance impropre à caractériser une position anormale ou un dysfonctionnement, la cour d'appel a violé l'article 1384, alinéa 1er, du Code civil ;

2. que tout jugement ou arrêt doit être motivé, à peine de nullité ; que la contradiction de motifs équivaut à un défaut de motifs ;

qu'en affirmant, d'une part, que Mlle X... s'était heurtée très violemment à la porte de la pharmacie alors qu'elle s'avançait "d'un pas alerte" vers celle-ci et, d'autre part, que sa vitesse de déplacement n'était pas excessive, la cour d'appel a statué par des motifs contradictoires, en violation de l'article 455 du nouveau Code de procédure civile ;

3. que le gardien de la chose instrument du dommage est exonéré en tout ou partie de sa responsabilité s'il prouve que la faute de la victime a contribué au dommage ; que constitue une faute, le fait, pour un piéton, de s'abstenir volontairement de s'arrêter devant une porte à ouverture automatique dont il a perçu la présence, afin de s'assurer de son ouverture, dès lors qu'une telle porte peut être légitimement verrouillée ; qu'en décidant néanmoins que Mlle X... n'avait pas commis de faute en ne s'arrêtant pas devant la porte fermée de la pharmacie, dans l'attente du déclenchement de l'ouverture, la cour d'appel a violé l'article 1384, alinéa 1er, du Code civil ;

Mais attendu que l'arrêt retient que la Pharmacie Rivière ne conteste pas que la porte est demeurée fermée lorsque Mlle X... s'en est approchée ; que, par ailleurs, elle ne formule aucune dénégation expresse sur le fait invoqué par la victime selon lequel l'un des pharmaciens lui avait affirmé que la porte avait été fermée à clef et qu'un rideau métallique aurait dû être tiré depuis 20 heures ; que Mlle X... n'est pas plus contredite quand elle affirme qu'alors qu'elle se trouvait dans les horaires d'ouverture de la pharmacie, et que d'autres clients se trouvaient à l'intérieur de celle-ci, aucun signal ni témoin quelconque n'indiquait que les portes étaient closes ; qu'il résulte de ce qui précède que la porte d'accès, dont rien n'indiquait qu'elle était fermée et qui aurait donc dû s'ouvrir comme à l'habitude en raison de l'approche d'une cliente, est demeurée fermée ; que l'arrêt retient encore que, compte tenu de l'absence de fonctionnement du système d'ouverture automatique, tout client qui voulait entrer dans la pharmacie devait se heurter à la porte, sauf à manifester une extrême prudence en s'arrêtant dans l'attente du déclenchement de l'ouverture, comportement dont les usagers ne sont plus coutumiers du fait de la généralisation de ce type d'ouverture et de la relative rareté des incidents de fonctionnement; qu'ainsi le comportement de la victime n'était pas imprévisible pour la Pharmacie Rivière; que, par ailleurs, aucun des éléments produits ne permet d'établir que Mlle X... se serait précipitée sur la porte, le "pas alerte" qu'elle mentionne dans ses écritures n'étant pas nécessairement lié à un élan excessif ou une Marche très rapide; que la Pharmacie Rivière ne démontre donc pas que Mlle X... aurait eu un comportement fautif susceptible de lui attribuer une part de responsabilité des dommages subis;

Que de ces constatations et énonciations, la cour d'appel a pu déduire, par une décision motivée et exempte de contradiction, que **la porte automatique de la pharmacie avait eu un comportement anormal, de sorte qu'elle avait été l'instrument du dommage** subi par Mlle X... , et qu'il y avait lieu de déclarer la Pharmacie Rivière entièrement responsable de ce dommage, sur le fondement des dispositions de l'article 1384, alinéa 1er, du Code civil;

D'où il suit que le moyen n'est pas fondé;

PAR CES MOTIFS: REJETTE le pourvoi;

Thème 5

La responsabilité du fait des animaux et la responsabilité du fait des bâtiments en ruine

Exercices

Énoncé du cas

a. Cas 1

Marie est une très bonne cavalière. Pour s'adonner à sa passion et participer à de nombreux concours, elle a fait l'acquisition d'un magnifique cheval âgé de 5 ans nommé Mystic.

N'ayant pas le temps de s'en occuper pendant la semaine, elle l'a mis en pension dans une écurie à proximité de chez elle avec pour consigne de le sortir régulièrement de son boxe pour le mettre au près.

Si Mystic est un bon cheval de concours, il a très mauvais caractère. À l'occasion d'une des sorties, il a échappé au palefrenier et est allé galoper dans le parc municipal. Il a détruit arbustes et parterres de fleurs. Le maire et très en colère et demande à Marie de rembourser les dégâts.

Marie vous demande si elle doit effectivement le faire car la somme en jeu est élevée.

b. Cas 2

Marie souhaiterait d'autant plus éviter de la payer qu'elle a eu d'importants frais de vétérinaire à régler.

La course folle de Mystic s'est arrêtée quand il a été blessé par une gouttière qui s'est détachée d'un hangar agricole laissé à l'abandon.

Que conseillez-vous à Marie ?

Corrigé

I. Cas 1

Question de fait

Le maire peut-il demander à Marie de réparer les dégâts ?

Question de droit

La responsabilité civile de Marie est-elle engagée sur le fondement de l'article 1243 du Code civil ?

Réponse en droit

Lorsqu'un animal a causé un dommage la responsabilité du fait des choses est exclu au profit de la responsabilité spéciale du fait des animaux de l'article 1243 du Code civil.

a. Un dommage

La première condition de toute responsabilité est l'existence d'un dommage réparable. Plusieurs types de dommages sont réparables :

- le dommage corporel qui est une atteinte à l'intégrité physique
- le dommage matériel qui est une atteinte au patrimoine
- la dommage moral qui est une atteinte aux sentiments.

Pour être réparable, le préjudice doit revêtir certains caractères. Il doit être :

- personnel : le demandeur doit avoir personnellement subi le dommage
- certain : le dommage doit être évaluable. Il peut s'agir d'une perte ou d'un manque à gagner. Il peut être actuel ou futur.
- direct : il doit être la suite directe de l'accident
- légitime : le dommage doit être constitué par une atteinte à un intérêt juridiquement protégé.

En l'espèce, le dommage est matériel et réside dans l'atteinte au jardin ; il s'agit bien d'un dommage réparable.

b. Un animal

Ce type de responsabilité vise tous les animaux quelle que soit l'espèce.
Il doit s'agir d'un animal approprié. Le gibier est exclu sauf faute du propriétaire des terres (Cass. civ. 2, 1er juin 1972 – *Cf. Focus*).
Ici on a bien un animal.

c. Un gardien

La responsabilité du fait des animaux est fondée sur la garde de l'animal, c'est-à-dire en un pouvoir de de direction, de contrôle et d'usage (Cass. civ. 2, 17 mars 1965 – *Cf. Focus*).

Il n'est pas nécessaire que le gardien ait commis une faute (Cass. civ. 2, 2 avril 1997 – *Cf. Focus*)
Elle pèse avant tout sur le propriétaire, néanmoins celui-ci peut démontrer qu'il n'avait plus la garde de son animal au moment de la réalisation du dommage.
En l'espèce, Marie, propriétaire du cheval, l'avait confié à une écurie et il était entre les mains du palefrenier au moment de la réalisation d dommage.
On pourrait donc conclure que Marie avait transféré la garde de son cheval reportant alors la responsabilité du fait des animaux sur le gardien de celui-ci.
Néanmoins, il ressort de l'arrêt de la deuxième chambre civile de la Cour de cassation en date du 5 avril 2010 (*Cf. Focus*) que l'on ne peut raisonner de la sorte puisque, dans

une situation similaire, la Cour de cassation a souligné que ne peut être gardien celui dont le rôle est limité à l'entretien courant de l'animal au sens de la nourriture, des soins quotidiens et des promenades car alors le cheval n'est pas confié en permanence excluant ainsi la qualité de gardien.
Ainsi, on ne peut pas considérer que Marie avait transféré la garde de son cheval.

d. Un rôle causal de l'animal

Pour finir, le dommage a bien été causé par le cheval.
Elle est donc responsable des dommages causés par lui.

▶ Remarque

Les conditions de la responsabilité étant réunies, il faudrait vérifier l'existence de causes d'exonération.
Elles feront l'objet d'une fiche spécifique (*Cf.* P2-T9).

II. Cas 2

Question de fait

Marie peut-elle solliciter le remboursement des frais vétérinaires engagés?

Question de droit

La responsabilité du fait des bâtiments en ruine permettrait-elle à Marie d'être indemnisée du préjudice subi?

Réponse en droit

La responsabilité du fait des bâtiments en ruine est prévue à l'article 1244 du Code civil.
Il s'agit d'une responsabilité spéciale du fait des choses qui fait peser sur le propriétaire d'un bâtiment la responsabilité des dommages causés par un défaut d'entretien ou la ruine d'un bâtiment.
Elle répond à des conditions spécifiques.

a. Un dommage

La première condition de toute responsabilité est l'existence d'un dommage réparable.
Plusieurs types de dommages sont réparables:
- le dommage corporel qui est une atteinte à l'intégrité physique
- le dommage matériel qui est une atteinte au patrimoine
- la dommage moral qui est une atteinte aux sentiments.

Pour être réparable le préjudice, doit revêtir certains caractères. Il doit être:
- personnel: le demandeur doit avoir personnellement subi le dommage

- certain : le dommage doit être évaluable. Il peut s'agir d'une perte ou d'un manque à gagner. Il peut être actuel ou futur.
- direct : il doit être la suite directe de l'accident
- légitime : le dommage doit être constitué par une atteinte à un intérêt juridiquement protégé.

En l'espèce, le dommage est matériel car Marie a engagé des frais ; il s'agit bien d'un dommage réparable.

b. Un bâtiment

Il doit s'agir d'une construction. Les immeubles « naturels » relèvent de la responsabilité du fait des choses.
En l'espèce on est bien en présence d'un bâtiment puisqu'il s'agit d'un hangar agricole.

c. La ruine du bâtiment

L'exigence de ruine implique qu'il est nécessaire qu'un élément à l'origine indissociable du bâtiment s'en détache et qu'il y ait ainsi chute de matériaux.
Cette ruine doit en outre être causée par un défaut d'entretien ou un vice de construction. Dans le cas contraire c'est la responsabilité du fait des choses qui sera engagée.

Ici, un élément du bâtiment s'est détaché (la gouttière) et raison d'un manque d'entretien.

▶ **Remarque**

Depuis l'arrêt rendu par la deuxième chambre civile de la Cour de cassation le 23 mars 2000 (*Cf. Focus*), la victime peut, si les conditions de l'article 1244 du Code civil ne sont pas remplies, décider d'agir sur le fondement de la responsabilité du fait des choses à l'encontre du gardien non propriétaire.

d. Un propriétaire

La responsabilité pèse sur le propriétaire de l'immeuble.
Il n'est pas nécessaire de démontrer qu'il a commis une faute (Cass., civ. 3, 4 juin 1973 – *Cf. Focus*)
Marie peut donc se retourner contre lui afin de voir son dommage réparé.

▶ **Remarque**

La victime du dommage a également la possibilité d'agir contre le propriétaire du bâtiment sur le fondement de l'article 1242 alinéa 1er du Code civil à condition qu'il en soit également le gardien.

Exercices

En conséquence :

- dans l'hypothèse où le propriétaire n'est pas le gardien de l'immeuble, Marie peut préférer agir sur le fondement de la responsabilité du fait des choses puisqu'en cas de contact et de mouvement de la chose ayant causé le dommage son rôle causal est présumé
- il en est de même si le propriétaire est également le gardien.

On peut donc s'interroger sur l'utilité de la responsabilité du fait des bâtiments en ruine, les dommages causés pouvant également être réparés sur le fondement de la responsabilité du fait des choses qui est plus facile à mettre en œuvre.

▶ Remarque

Les conditions de la responsabilité étant réunies, il faudrait vérifier l'existence de causes d'exonération.

Elles feront l'objet d'une fiche spécifique (*Cf.* P2-T9).

Réponse en fait

Marie va pouvoir obtenir l'indemnisation de son préjudice.

Pour aller plus loin

- F. FOURNEL, « L'animal : une chose comme une autre en matière de responsabilité civile », *AJ fam.*, 2012, p.81.
- C. DESNOYER, « La jurisprudence relative à l'articulation des articles 1386 et 1384, alinéa 1er, du Code civil », *RTD civ.*, 2012, p.461.

FOCUS

1. Textes

Article 1385 ancien du Code civil

« Le propriétaire d'un animal, ou celui qui s'en sert, pendant qu'il est à son usage, est responsable du dommage que l'animal a causé, soit que l'animal fût sous sa garde, soit qu'il fût égaré ou échappé. »

Article 1243 du Code civil

« Le propriétaire d'un animal, ou celui qui s'en sert, pendant qu'il est à son usage, est responsable du dommage que l'animal a causé, soit que l'animal fût sous sa garde, soit qu'il fût égaré ou échappé. »

Article 1386 ancien du Code civil

« Le propriétaire d'un bâtiment est responsable du dommage causé par sa ruine, lorsqu'elle est arrivée par une suite du défaut d'entretien ou par le vice de sa construction. »

Article 1244 du Code civil

« Le propriétaire d'un bâtiment est responsable du dommage causé par sa ruine, lorsqu'elle est arrivée par une suite du défaut d'entretien ou par le vice de sa construction. »

2. Jurisprudence

Cass. civ. 2, 17 mars 1965 (pourvoi nº 62-11860)

Sur le premier moyen :

Vu l'article 1385 du Code civil ;

Attendu que la responsabilité édictée par ce texte à l'encontre du propriétaire de l'animal ou de celui qui s'en sert, est fondée sur l'obligation de garde, corrélative aux pouvoirs de direction, de contrôle et d'usage qui la caractérisent ;

Attendu que, selon les motifs de l'arrêt confirmatif attaque, Y..., marchand de bestiaux, étant venu examiner une vache que X..., son propriétaire, voulait vendre, entoura son poignet de la chaîne par laquelle l'animal était attache ; que, la vache ayant tire sur la chaîne, Y... fut projeté a terre et blesse ; qu'il a assigne X... en réparation du dommage par lui subi ;

Attendu que la cour d'appel relève que Y... s'était rendu dans la pâture de X... et, pendant que celui-ci s'occupait d'un autre animal, s'était approche de la vache qu'il désirait acheter et avait saisi la chaîne qui retenait la bête a un pieu ;

Attendu que, des lors que Y... avait pris l'initiative de procéder lui-même a l'examen dans l'exercice normal de sa profession et hors de l'assistance de X..., et était, à cet effet, entre en contact avec l'animal, il avait **pris l'usage, la direction et le contrôle de**

Focus

celui-ci et en avait, en conséquence, acquis la garde ; qu'en décidant autrement, les juges du fond n'ont pas tiré de leurs constatations les conclusions juridiques qu'elles comportaient ; en quoi, leur décision manque de base légale ;

Par ces motifs et sans qu'il y ait lieu d'examiner le second moyen ; casse et annule l'arrêt rendu entre les parties par la cour d'appel d'Angers, le 20 mars 1962 ; remet, en conséquence, la cause et les parties au même et semblable état ou elles étaient avant ledit arrêt, et, pour être fait droit, les renvoie devant la cour d'appel de Rennes

Cass. civ. 2, 1er juin 1972 (pourvoi n° 71-12493)

Sur le moyen unique : attendu, selon l'arrêt infirmatif attaque, que, de nuit, sur une route, X..., circulant au volant de son automobile, dans laquelle son épouse et son fils avaient pris place, heurta un sanglier qui, sortant de la propriété de y..., traversait la chaussée ; que déséquilibrée par le choc, la voiture s'immobilisa dans le fossé ; que le véhicule fut endommage et ses occupants blesses ; que les époux X..., le mari tant en son nom personnel qu'au nom de son fils mineur, ont assigne Y... en réparation de leurs préjudices ;

Attendu qu'il est fait grief a l'arrêt d'avoir, non sans méconnaître les écritures des époux X... ni se contredire, rejeté la demande, tout en constatant que des sangliers se trouvaient en permanence sur le fonds y... et que la clôture était en mauvais état, sans rechercher si ce gibier était en nombre excessif, ni quelles mesures le propriétaire avait prises pour l'éliminer de ses terres ;

Mais attendu qu'après avoir observe que la présence en nombre limite de sangliers sur un territoire échappe au contrôle du propriétaire des terres parcourues par ces animaux, non tenu d'en poursuivre la destruction en tout temps, et qu'il n'y aurait obligation de clore que si ledit propriétaire, ou le titulaire du droit de chasse, en maintenait un nombre excessif sur un territoire trop exigu, l'arrêt constate que tel n'était pas le cas en l'espèce, où il n'était pas allégué qu'en eussent été identifiées des bandes importantes sur le domaine ;

Que l'arrêt ajoute que ce gibier, migrateur par nature, se déplace principalement la nuit, sans qu'il soit possible de contrôler ses allees et venues, et que la bête n'avait pas été poursuivie par des chiens, ni effrayée par quoi que ce fut ayant une action de chasse pour origine ;

Attendu que **de ces constatations et énonciations, d'où il résulte qu'il n'était pas démontre que le gibier ait été en nombre excessif sur le fonds de y..., la cour d'appel a pu, sans se contredire ni encourir aucune des autres critiques du pourvoi, déduire que ledit Y... n'avait commis aucune faute en rapport avec le dommage** ;

D'où il suit que le moyen n'est pas fonde ;

PAR CES MOTIFS : REJETTE le pourvoi forme contre l'arrêt rendu le 28 mai 1971, par la cour d'appel de Paris.

Cass., civ. 3, 4 juin 1973 (pourvoi n° 71-14373)

(...)

Sur le troisième moyen, pris en ses deux branches :

Attendu que le pourvoi fait également grief à la cour d'appel d'avoir condamné la compagnie " l'abeille ", assureur de la copropriété, a garantir le syndicat des copropriétaires des condamnations prononcées à son encontre, alors, selon le moyen, que, d'une part, c'est par suite d'une contradiction flagrante que l'arrêt attaque, après avoir formellement retenu l'existence d'un défaut d'entretien pour affirmer la responsabilité des copropriétaires sur la base de l'article 1386 du Code civil, a ensuite denié l'existence d'un tel défaut d'entretien pour faire application de la police d'assurance, dont les termes, qui ont été dénaturés par les juges d'appel, exigeaient bien le bon entretien de l'immeuble, et que, d'autre part, le projet de réfection du mur ne pouvait rien changer au défaut d'entretien, dès lors qu'il était démontre par les faits que ce projet était notoirement tardif, si bien qu'en fournissant cet unique motif, la cour d'appel a, en fait, prive sa décision de toute base légale ;

Mais attendu que **l'article 1386 du Code civil n'exige pas de la victime la preuve d'une faute du propriétaire de l'immeuble**, mais seulement que celle-ci établisse que la ruine de cet immeuble a eu pour cause le vice de construction ou le défaut d'entretien ;

Attendu que les juges du second degré ont relevé que les copropriétaires, qui avaient fait procéder au ravalement de l'immeuble, avaient charge l'entrepreneur d'établir un devis en vue de la remise en état du mur séparatif ;

Attendu que la cour d'appel, qui n'a pas dénaturé les termes de la police d'assurances et qui ne s'est pas contredite, a estime que le syndicat des copropriétaires s'était conforme aux conditions générales de la police, qui prescrivent a l'assure de veiller, en bon père de famille, a la préservation et a la sécurité de l'immeuble, et a, ainsi, légalement justifie sa décision ;

D'où il suit que le troisième moyen ne peut être accueilli ;

(...)

PAR CES MOTIFS : REJETTE

Cass. civ. 2, 2 avril 1997 (pourvoi n° 95-20735)

Vu l'article 1385 du Code civil ;

Attendu que le propriétaire d'un animal, ou celui qui s'en sert, pendant qu'il est à son usage, est responsable du dommage que l'animal a causé, soit que l'animal fût sous sa garde, soit qu'il fût égaré ou échappé ;

Attendu, selon le jugement attaqué que, le 31 août 1993, un choc s'est produit entre le véhicule conduit par Mlle Y... et le chien de Monsieur X... ; que Mlle Y... a assigné ce dernier en réparation de son préjudice matériel ;

Attendu que, pour débouter Mlle Y... de sa demande, le jugement, **après avoir énoncé qu'il appartient à celui qui invoque un dommage de rapporter la preuve d'une faute ayant causé ce dommage, retient que Mlle Y... ne rapporte pas la preuve d'une telle faute; Qu'en statuant ainsi, le Tribunal a inversé la charge de la preuve et a violé le texte susvisé;**

PAR CES MOTIFS: CASSE ET ANNULE, dans toutes ses dispositions, le jugement rendu le 9 septembre 1994, entre les parties, par le tribunal d'instance de Muret; remet, en conséquence, la cause et les parties dans l'état où elles se trouvaient avant ledit jugement et, pour être fait droit, les renvoie devant le tribunal d'instance de Castres.

Cass. civ. 2, 15 avril 2010 (pourvoi no 09-13370)

Sur le moyen unique du pourvoi principal:

Attendu, selon l'arrêt attaqué (Lyon, 8 janvier 2009), que Catherine X..., décédée en 2002, avait confié, pour une période déterminée, une jument lui appartenant à Monsieur et Madame Y..., eux-mêmes propriétaires de chevaux et d'écuries; que Catherine X... était assurée auprès de la société Axa France IARD (l'assureur); qu'au cours d'une sortie de la jument, le 15 novembre 2000, alors que Madame Y... la tenait au bout d'une longe et marchait à ses côtés, l'animal s'est brusquement retourné et l'a blessée; qu'après avoir versé à la victime plusieurs provisions, l'assureur a refusé par la suite de prendre en charge les conséquences de l'accident au motif que Catherine X... n'avait plus la garde de sa jument; que Madame Y... a fait assigner l'assureur devant un tribunal de grande instance en indemnisation de son préjudice;

Attendu que l'assureur fait grief à l'arrêt de dire que la garde de l'animal est restée à la propriétaire de celui-ci, alors, selon le moyen:

1. que le fait pour le propriétaire d'un animal de le confier à un tiers qui accepte, même bénévolement, pendant un temps déterminé, emporte transfert des pouvoirs d'usage, de contrôle et de direction sur cet animal; qu'en décidant le contraire, après avoir cependant constaté que Catherine X... avait confié sa jument à des amis pendant son absence pour cette raison que le rôle du gardien était limité à l'entretien courant de l'animal au sens de la nourriture, des soins quotidiens et des promenades, la cour d'appel n'a pas tiré les conséquences légales de ses propres constatations et a violé l'article 1385 du Code civil;
2. que le propriétaire d'un animal qui le confie à un tiers pour en assurer l'entretien courant pendant son absence transfère les pouvoirs d'usage, de contrôle et de direction sur ledit animal dans les limites de la mission confiée; qu'ayant constaté que Catherine X... avait confié sa jument à Madame Y... pendant son absence pour assurer l'entretien courant de l'animal, ce qui incluait des promenades, et que l'accident dont Madame Y... avait été victime était survenu au cours d'une promenade, la cour d'appel n'a toujours pas tiré les conséquences légales de ses propres constatation en déniant à Madame Y... la qualité de gardien au moment de l'accident et a violé l'article 1385 du Code civil;

3. que se détermine par un motif inintelligible et, partant, prive son arrêt de motif en violation de l'article 455 du code de procédure civile, la cour d'appel qui, pour rechercher la qualité de gardien d'un animal confié par son propriétaire, se détermine sur la base de cette affirmation que le propriétaire "conservait le contrôle du devenir de l'animal" ;

Mais attendu qu'après avoir énoncé que l'article 1385 du Code civil fonde une responsabilité sur l'obligation de garde, corrélative aux pouvoirs de direction, de contrôle et d'usage de l'animal, l'arrêt retient que, selon Catherine X..., la jument avait été confiée durant son absence à une amie, Madame Y... qui, si elle avait le devoir de promener l'animal, n'avait pas reçu sur celui-ci de pouvoir de contrôle ou de direction, qu'il ne rentrait pas dans ses attributions limitées de prendre toutes initiatives sur le sort de l'animal en cas de blessures ou sur la monte du cheval par un tiers, que **son rôle était limité à l'entretien courant de l'animal au sens de la nourriture, des soins quotidiens et des promenades, qu'elle ne s'était donc pas vu confier en permanence le cheval ;**

Que par ces seuls motifs, la cour d'appel a exactement décidé que la garde de l'animal était restée à la propriétaire ;

D'où il suit que le moyen n'est pas fondé ;

Et attendu que, par suite du rejet du pourvoi principal, le pourvoi incident éventuel est devenu sans objet ;

PAR CES MOTIFS : REJETTE le pourvoi ;

Cass. civ. 2, 17 octobre 1990 (pourvoi n° 89-14124)

Sur le moyen unique :

Vu l'article 1386 du Code civil ;

Attendu, selon l'arrêt confirmatif attaqué, que la porte d'un hangar appartenant à Monsieur Y... et à Madame X... est tombée alors que Monsieur A... tentait de l'ouvrir, et l'a blessé ; que, pour obtenir l'indemnisation de son préjudice, Monsieur A... a assigné les propriétaires du hangar, son locataire, Monsieur Z... ainsi que la Caisse primaire d'assurance maladie de Dunkerque et la Caisse mutuelle complémentaire de l'automobile, du cycle et du motocycle ;

Attendu que, pour déclarer Monsieur Y... et Madame X... responsables de cet accident, l'arrêt se borne à relever qu'un vice de construction affectait le système de fermeture de cette porte ;

Qu'en se déterminant de la sorte **sans rechercher si la porte, élément du bâtiment, était en ruine**, la cour d'appel a privé sa décision de base légale ;

PAR CES MOTIFS : CASSE ET ANNULE, dans toutes ses dispositions, l'arrêt rendu le 3 février 1989, entre les parties, par la cour d'appel de Douai ; remet, en conséquence, la cause et les parties dans l'état où elles se trouvaient avant ledit arrêt et, pour être fait droit, les renvoie devant la cour d'appel de Paris

Focus

Cass. civ. 2, 23 mars 2000 (pourvoi n° 97-19991)

Sur le moyen unique, pris en sa première branche :

Vu les articles 1386 et 1384, alinéa 1er, du Code civil ;

Attendu que **le premier de ces textes n'exclut pas que les dispositions du second soient invoquées à l'encontre du gardien non propriétaire** ;

Attendu, selon l'arrêt attaqué, que l'effondrement de la toiture d'une grange, sur laquelle Monsieur X... était titulaire d'un droit d'usage, a endommagé l'immeuble contigu de Madame Y... ; que celle-ci a assigné Monsieur X... en responsabilité et indemnisation de son préjudice ;

Attendu que, pour rejeter la demande fondée sur l'article 1384, alinéa 1er, du Code civil, l'arrêt énonce que l'application des règles particulières découlant de l'article 1386 du Code civil interdit à Madame Y... d'invoquer, à titre subsidiaire, la disposition générale de l'article 1384, alinéa 1er, du même Code, relative à la responsabilité du fait de la chose immobilière que Monsieur X... aurait eue sous sa garde ;

Qu'en statuant ainsi, alors que Monsieur X... n'était pas propriétaire du bâtiment, la cour d'appel a violé, par fausse application, le premier des textes susvisés ;

PAR CES MOTIFS, et sans qu'il y ait lieu de statuer sur les deuxième et troisième branches du moyen :

CASSE ET ANNULE, dans toutes ses dispositions, l'arrêt rendu le 4 septembre 1997, entre les parties, par la cour d'appel de Limoges ; remet, en conséquence, la cause et les parties dans l'état où elles se trouvaient avant ledit arrêt et, pour être fait droit, les renvoie devant la cour d'appel de Poitiers.

Thème 6

La responsabilité des commettants du fait de leurs préposés

Exercice

Énoncé du cas

Antoine est footballeur professionnel. Il a disputé avec son club plusieurs matches dans le cadre de la Coupe de France. La compétition a bien marché et le club a eu des résultats honorables.

Néanmoins, Antoine est amer car, à l'occasion d'un match à domicile très disputé, il s'est mis à jouer de manière agressive. Il a même été exclu par carton rouge après avoir effectué un tacle déloyal sur un attaquant adverse. Le joueur est blessé à la cheville droite et l'on ne sait pas s'il pourra rejouer cette saison.

À la suite de cet incident, une bagarre de vestiaire a eu lieu entre les deux équipes et Antoine a cassé deux dents au gardien de l'autre équipe en le frappant violement au visage. Il n'a pas pu travailler pendant dix jours.

Antoine s'inquiète des conséquences juridiques de son geste pour lui et pour son club.

Qu'en pensez-vous ?

NB : Vous n'envisagerez que la question de la responsabilité civile d'Antoine et du club.

Corrigé

Question de fait

Quelles peuvent être les conséquences juridiques pour Antoine et son club des deux gestes commis par Antoine ?

Question de droit

Antoine et le club engagent-ils leur responsabilité civile sur le fondement de la responsabilité des commettants du faire de leur préposé ?

Réponse en droit

I. La responsabilité du Club

Antoine étant un joueur de football professionnel, il agit en qualité de salarié. Ainsi, il faut dans un premier temps envisager la responsabilité de son employeur et vérifier si les conditions de la responsabilité des commettants du fait de leurs préposés sont réunies. Nous envisagerons ensuite la question de la responsabilité personnelle du préposé.

La responsabilité des commettants du fait de leurs préposés

Cette responsabilité est prévue à l'article 1242 du Code civil et nécessite que plusieurs conditions soient réunies.

a. Dommage

Il convient de commencer par le dommage. C'est parce qu'il y a un dommage que la victime cherche à engager la responsabilité de son auteur.
Plusieurs types de dommages sont réparables :
- le dommage corporel qui est une atteinte à l'intégrité physique
- le dommage matériel qui est une atteinte au patrimoine
- la dommage moral qui est une atteinte aux sentiments.

Ici, les deux victimes ont subi un préjudice corporel puisqu'elles ont été blessées. On peut imaginer qu'il s'accompagne également d'un préjudice matériel et moral, mais cela n'est pas discuté ici.

Pour être réparable, le préjudice doit revêtir certains caractères. Il doit être :
- personnel : le demandeur doit avoir personnellement subi le dommage. C'est le cas ici.
- certain : le dommage doit être évaluable. Il peut s'agir d'une perte ou d'un manque à gagner. Il peut être actuel ou futur. C'est le cas ici.
- direct : il doit être la suite directe de l'accident
- légitime : le dommage doit être constitué par une atteinte à un intérêt juridiquement protégé. C'est le cas ici.

En l'espèce, on est en présence d'un dommage réparable.

b. Lien de préposition

Le lien de préposition est le droit de donner au préposé des ordres ou des instructions sur la manière de remplir les fonctions auxquelles il est employé (Cass. civ. 4 mai 1937 ; *Cf. Focus*).
Antoine étant salarié, il existe un lien de subordination entre lui et le club qui est à lui seul constitutif d'un lien de préposition.
La condition est donc remplie.

c. Fait du préposé

Bien que le texte n'apporte aucune précision sur la nature du fait commis par le préposé, il faut préciser que ce fait doit être de nature à engager la responsabilité du préposé.
Il s'agit en général d'une faute de nature à engager sa responsabilité personnelle, car les qualités de gardien et de préposé sont incompatibles.
En l'espèce, le salarié a bien commis des fautes consistant ici :
- en une violation des règles du jeu puisqu'il s'agit d'un tacle déloyal
- en une infraction pénale s'agissant de la bagarre.

d. Absence d'abus de fonctions

Pour que la responsabilité du commettant soit engagée, le préposé ne doit pas avoir abusé de ses fonctions.

L'abus de fonctions est constitué dès lors que trois conditions cumulatives sont remplies (voir Cass., ass. plén., 19 mai 1988; *Cf. Focus*):

- le préposé a agi hors des fonctions auxquelles il était employé: il s'agit d'une condition objective qui nécessite d'apprécier si le préposé se trouvait sur son lieu de travail, pendant ses horaires de travail avec les moyens employés pour son travail. Cette condition est appréciée strictement (voir Cass. civ. 2, 17 mars 2011; *Cf. Focus*). Si l'on peut constater l'un de ces élément, la condition n'est pas remplie et le préposé n'est pas considéré comme ayant commis un abus de fonctions
- le préposé a agi sans autorisation: le préposé n'abuse de ses fonctions que s'il a agi sans autorisation du commettant
- le préposé a agi à des fins étrangères à ses attributions: le préposé a agi dans son intérêt personnel et non dans celui du commettant.

En l'espèce, le préposé a bien agi dans le cadre de ses fonctions puisqu'il a agi sur son lieu de travail et durant ses heures de travail.

Il n'y a donc pas d'abus de fonctions, la responsabilité du commettant peut être engagée. Le Club peut être condamné à indemniser les victimes.

II. La responsabilité d'Antoine

La responsabilité des commettants du fait de leurs préposés est une « responsabilité garantie » qui offre aux victimes un débiteur d'indemnisation en général plus solvable que l'auteur du dommage lui-même. La victime a donc potentiellement le choix d'agir contre le préposé lui-même plutôt que contre le commettant ou alors agir contre les deux. Néanmoins, cette dualité de débiteurs d'indemnisation a été remise en cause par la jurisprudence qui offre dans une large mesure une immunité au préposé.

En effet, depuis l'arrêt COSTEDOAT rendu par l'assemblée plénière de la Cour de cassation le 25 février 2000, le salarié bénéficie d'une immunité. Dans cette décision le juge du droit a en effet énoncé que: « n'engage pas sa responsabilité à l'égard des tiers le préposé qui agit sans excéder les limites de la mission qui lui a été impartie par son commettant. »

Ainsi, le préposé qui cause un dommage dans le cadre de sa mission ne peut voir sa responsabilité personnelle engagée.

Par la suite, la Cour de cassation a précisé la motion de limites de la mission.

Un préposé excède les limites de sa mission lorsqu'il commet une infraction pénale ou une faute intentionnelle (Cass., ass. plén., 14 décembre 2001, COUSIN; Cass. civ. 2, 20 décembre 2007 – *Cf. Focus*).

En l'espèce, le préposé a commis deux fautes ; un tacle déloyal qui constitue à tout le moins une faute intentionnelle et qui pourrait être qualifiée de faute pénale et des coups et blessures volontaires qui constituent une infraction pénale également (voir l'article L. 222-11 du Code pénal).

Ainsi, si la qualification pénale ou intentionnelle des fautes d'Antoine sont retenues, il faudra considérer qu'il a excédé les limites de sa mission et qu'en conséquence son immunité disparait.
La victime pourra alors agir contre lui en démontrant son absence d'immunité et que les conditions de la responsabilité du fait personnel sont réunies (*Cf.* P2-T3).

▶ Remarque

Les conditions de la responsabilité étant réunies, il faudrait vérifier l'existence de causes d'exonération.
Elles feront l'objet d'une fiche spécifique (*Cf.* P2-T9).

Réponse en fait

Les victimes peuvent agir à la fois contre le club et contre Antoine pour demander la réparation de leur préjudice.

Pour aller plus loin

- G. DURRY, « Plaidoyer pour une révision de la jurisprudence Costedoat (ou : une hérésie facile à abjurer) », *Ruptures, mouvements et continuité du droit, Autour de Michèle Gobert*, Economica, 2004, p. 549.
- G. VINEY, « La responsabilité personnelle du préposé », *Études à la mémoire de C. Lapoyade-Deschamps*, PU Bordeaux, 2003, p. 83.

FOCUS

1. Textes

Article 1384 ancien du Code civil

« On est responsable non seulement du dommage que l'on cause par son propre fait, mais encore de celui qui est causé par le fait des personnes dont on doit répondre, ou des choses que l'on a sous sa garde.

Toutefois, celui qui détient, à un titre quelconque, tout ou partie de l'immeuble ou des biens mobiliers dans lesquels un incendie a pris naissance ne sera responsable, vis-à-vis des tiers, des dommages causés par cet incendie que s'il est prouvé qu'il doit être attribué à sa faute ou à la faute des personnes dont il est responsable.

Cette disposition ne s'applique pas aux rapports entre propriétaires et locataires, qui demeurent régis par les articles 1733 et 1734 du Code civil.

Le père et la mère, en tant qu'ils exercent l'autorité parentale, sont solidairement responsables du dommage causé par leurs enfants mineurs habitant avec eux.

Les maîtres et les commettants, du dommage causé par leurs domestiques et préposés dans les fonctions auxquelles ils les ont employés;

Les instituteurs et les artisans, du dommage causé par leurs élèves et apprentis pendant le temps qu'ils sont sous leur surveillance.

La responsabilité ci-dessus a lieu, à moins que les père et mère et les artisans ne prouvent qu'ils n'ont pu empêcher le fait qui donne lieu à cette responsabilité.

En ce qui concerne les instituteurs, les fautes, imprudences ou négligences invoquées contre eux comme ayant causé le fait dommageable, devront être prouvées, conformément au droit commun, par le demandeur, à l'instance. »

Article 1242 du Code civil

« On est responsable non seulement du dommage que l'on cause par son propre fait, mais encore de celui qui est causé par le fait des personnes dont on doit répondre, ou des choses que l'on a sous sa garde.

Toutefois, celui qui détient, à un titre quelconque, tout ou partie de l'immeuble ou des biens mobiliers dans lesquels un incendie a pris naissance ne sera responsable, vis-à-vis des tiers, des dommages causés par cet incendie que s'il est prouvé qu'il doit être attribué à sa faute ou à la faute des personnes dont il est responsable.

Cette disposition ne s'applique pas aux rapports entre propriétaires et locataires, qui demeurent régis par les articles 1733 et 1734 du Code civil.

Le père et la mère, en tant qu'ils exercent l'autorité parentale, sont solidairement responsables du dommage causé par leurs enfants mineurs habitant avec eux.

Les maîtres et les commettants, du dommage causé par leurs domestiques et préposés dans les fonctions auxquelles ils les ont employés;

Les instituteurs et les artisans, du dommage causé par leurs élèves et apprentis pendant le temps qu'ils sont sous leur surveillance.

La responsabilité ci-dessus a lieu, à moins que les père et mère et les artisans ne prouvent qu'ils n'ont pu empêcher le fait qui donne lieu à cette responsabilité.

En ce qui concerne les instituteurs, les fautes, imprudences ou négligences invoquées contre eux comme ayant causé le fait dommageable, devront être prouvées, conformément au droit commun, par le demandeur, à l'instance. »

Article L. 222-11 du Code pénal

« Les violences ayant entraîné une incapacité totale de travail pendant plus de huit jours sont punies de trois ans d'emprisonnement et de 45 000 euros d'amende. »

2. Jurisprudence

Cass. civ. 4 mai 1937 (*Bull.* n° 204)

Sur le moyen unique :

Vu l'article 1384, paragraphe 1er et 3 du Code civil ;

Attendu que la responsabilité des faits du préposé, mise par l'article 1384, alinéa 3 du Code civil à la charge du maître ou du commettant, suppose que ce dernier a eu le droit de donner au préposé des ordres ou des instructions sur la manière de remplir les fonctions auxquelles il est employé ; que c'est ce droit qui fonde l'autorité et la subordination sans lesquelles il n'existe pas de véritable commettant ; que si, pour un temps ou une opération déterminés, un commettant met son préposé habituel à la disposition d'une autre personne, la responsabilité ne se déplace, pour incomber à cette personne, que si, au moment de l'accident, le préposé qui en est l'auteur, se trouve soumis, en vertu d'une convention ou de la loi à son autorité ou à sa direction ;

Attendu qu'il résulte des qualités et des motifs de l'arrêt attaqué que X..., transporté avec d'autres membres d'une société de tir dont il faisait partie, dans l'automobile de la société Zuber-Rieder, conduite par Z..., chauffeur de cette dernière, a été victime, en cours de route, d'un accident mortel occasionné par l'imprudence et la maladresse de Z... ;

Attendu que la veuve X... a actionné en dommages-intérêts Z..., en vertu des articles 1382 et 1383 du Code civil, ainsi que la société Zuber-Rieder prise tant comme transporteur en vertu de l'article 1147 du Code civil que comme civilement responsable du fait de son préposé ;

Attendu que par arrêt du 25 février 1931, confirmant par adoption de motifs un jugement du 21 février 1930, la Cour d'appel de Besançon a déclaré Z... entièrement responsable de l'accident et l'a condamné à réparer le préjudice causé à la dame X..., mais a mis la société Zuber-Rieder hors de cause, motif pris, d'une part, de ce que la victime étant transportée à titre gratuit, la société ne se trouvait pas avoir assumé les obligations d'un contrat de transport et d'autre part, de ce que Z... n'étant pas son préposé au moment de l'accident, elle n'avait pas à supporter la responsabilité de ses fautes ;

Attendu que le pourvoi fait uniquement grief à cette décision d'avoir violé les dispositions de l'article 1384, paragraphe 3 du Code civil en contestant l'existence d'un lien de préposition entre la société Zuber-Rieder et son chauffeur ;

Attendu que l'arrêt attaqué s'est fondé d'une part, sur ce que le Directeur de la société Zuber-Rieder avait simplement mis sa voiture et son chauffeur à la disposition de la société de tir, sans prendre part personnellement au transport, et d'autre part, sur ce que Z... avait été nourri ce jour-là par la société de tir ;

Mais attendu que le caractère bénévole du transport n'impliquerait pas nécessairement que Z..., préposé de la société Zuber-Rieder, ait été, de ce fait, soumis à l'autorité et à la direction de la société de tir ou de ses membres pour la conduite de la voiture ;

Que d'autre part le commettant ne cesse pas d'exercer son pouvoir de direction sur son chauffeur du seul fait qu'il ne participe pas au transport ; qu'enfin le repas offert à Z... n'est pas plus démonstratif ;

Attendu, il est vrai, que l'arrêt déclare en outre que le Directeur de la société Zuber-Rieder ne pouvait donner à Z... ni ordres ni instructions, mais que cette assertion se trouve infirmée par le fait qu'il lui a donné l'ordre d'effectuer le transport incriminé et qu'enfin la Cour de Besançon n'a visé aucune circonstance de nature à établir qu'à l'occasion dudit transport Z... eut cessé d'être juridiquement sous l'autorité de la société Zuber-Rieder ;

D'où il suit qu'en statuant comme elle l'a fait, la Cour d'appel a violé le texte visé au moyen ;

Par ces motifs, Casse et annule, mais seulement en ce qu'il a mis la société Zuber-Rieder hors de cause.

Cass., ass. plén., 19 mai 1988 (pourvoi n° 87-82654)

Sur le moyen unique, pris en ses deux branches :

Attendu, selon l'arrêt attaqué (Lyon, 24 mars 1987), rendu sur renvoi après cassation, que Monsieur Y..., inspecteur départemental de la compagnie d'assurances " La Cité ", qui l'avait chargé de rechercher, par prospection à domicile, la conclusion de contrats de capitalisation par des particuliers, a fait souscrire à Madame X... différents titres, et a détourné partiellement à son profit les sommes versées par celle-ci en contrepartie de la remise des titres ; qu'il a, sur l'action publique, été condamné par une décision correctionnelle .

Attendu que la compagnie " La Cité " fait grief à l'arrêt de l'avoir, sur l'action civile, déclarée civilement responsable de son préposé Y..., alors que, d'une part, en se bornant à relever que " La Cité " avait tiré profit des souscriptions, la cour d'appel n'aurait pas caractérisé en quoi cette société devrait répondre des détournements opérés par son préposé, privant ainsi sa décision de base légale, et alors que, d'autre part, Monsieur Y... n'aurait pas agi pour le compte et dans l'intérêt de la société " La Cité ", mais utilisé ses fonctions à des fins étrangères à celles que son employeur lui avait assignées, de sorte que la cour d'appel aurait violé l'article 1384, alinéa 5, du Code civil, et l'article 593 du Code de procédure pénale .

Mais attendu que **le commettant ne s'exonère de sa responsabilité que si son préposé a agi hors des fonctions auxquelles il était employé, sans autorisation, et à des fins étrangères à ses attributions.**

Et attendu que l'arrêt relève que Monsieur Y..., en faisant souscrire à Madame X... des contrats de capitalisation, était dans l'exercice de ses fonctions et avait agi avec autorisation conformément à ses attributions ; que Madame X... avait la certitude qu'il agissait pour le compte de " La Cité ", laquelle avait, au surplus, régulièrement enregistré les souscriptions et en avait tiré profit .

Que de ces énonciations, d'où il résulte que Monsieur Y..., en détournant des fonds qui lui avaient été remis dans l'exercice de ses fonctions, ne s'était pas placé hors de celles-ci, la cour d'appel a exactement déduit que la société " La Cité " ne s'exonérait pas de sa responsabilité civile .

D'où il suit que le moyen n'est pas fondé .

Par ces motifs ; REJETTE le pourvoi .

Cass., ass. plén., 25 février 2000, COSTEDOAT (pourvoi n° 97-17378)

(...)

Mais sur le moyen unique du pourvoi n° 97-17.378, pris en sa première branche :

Vu les articles 1382 et 1384, alinéa 5, du Code civil ;

Attendu que **n'engage pas sa responsabilité à l'égard des tiers le préposé qui agit sans excéder les limites de la mission qui lui a été impartie par son commettant** ;

Attendu que, pour retenir la responsabilité de Monsieur Y..., l'arrêt énonce qu'il aurait dû, en raison des conditions météorologiques, s'abstenir de procéder ce jour-là à des épandages de produits toxiques ;

Qu'en statuant ainsi, alors qu'il n'était pas prétendu que Monsieur Y... eût excédé les limites de la mission dont l'avait chargé la société Gyrafrance, la cour d'appel a violé les textes susvisés ;

PAR CES MOTIFS :

CASSE ET ANNULE, en ses seules dispositions concernant la responsabilité de Monsieur Y..., l'arrêt rendu le 26 mars 1997, entre les parties, par la cour d'appel d'Aix-en-Provence ; remet, en conséquence, la cause et les parties dans l'état où elles se trouvaient avant ledit arrêt et, pour être fait droit, les renvoie devant la cour d'appel de Montpellier.

Cass., ass. plén., 14 décembre 2001, COUSIN (pourvoi n° 00-82066)

Sur le moyen unique :

Attendu, selon l'arrêt attaqué (Paris, 1er mars 2000), que Monsieur X..., comptable salarié de la société Virydis, a été définitivement condamné des chefs de faux, usage de faux et escroqueries, pour avoir fait obtenir frauduleusement à cette société des subventions destinées à financer de faux contrats de qualification ; que, statuant à son égard sur les intérêts civils, l'arrêt l'a condamné à payer des dommages-intérêts aux parties civiles ;

Attendu que Monsieur X... fait grief à l'arrêt d'avoir ainsi statué, alors, selon le moyen, que ne saurait engager sa responsabilité à l'égard des tiers le préposé qui a agi sans excéder les limites de la mission qui lui avait été assignée par son commettant, de sorte que la cour d'appel, qui a ainsi condamné Monsieur X... à indemniser les parties civiles du préjudice qu'elles avaient subi à raison d'infractions pour lesquelles sa responsabilité pénale avait été retenue sans aucunement rechercher, nonobstant les conclusions dont elle était saisie, si ces infractions ne résultaient pas uniquement de l'exécution des instructions qu'il avait reçues et s'inscrivaient par conséquent dans la mission qui lui était impartie par son employeur, la société Virydis, seule bénéficiaire desdites infractions, n'a pas légalement justifié sa décision au regard du principe précité ;

Mais attendu que **le préposé condamné pénalement pour avoir intentionnellement commis, fût-ce sur l'ordre du commettant, une infraction ayant porté préjudice à un tiers, engage sa responsabilité civile à l'égard de celui-ci ;** que dès lors, en statuant comme elle l'a fait, la cour d'appel a légalement justifié sa décision ;

Par ces motifs : REJETTE le pourvoi.

Cass. civ. 2, 8 avril 2004 (pourvoi n° 03-11653)

Sur le moyen unique :

Vu l'article 1384, alinéa 5, du Code civil ;

Attendu, selon ce texte, que les commettants sont responsables du dommage causé par leurs préposés dans les fonctions auxquelles ils les ont employés et ne s'exonèrent de cette responsabilité que si le préposé a agi hors des fonctions auxquelles il était employé, sans autorisation et à des fins étrangères à ses attributions ; **qu'au cours d'une compétition sportive, engage la responsabilité de son employeur le préposé joueur professionnel salarié qui cause un dommage à un autre participant par sa faute caractérisée par une violation des règles du jeu ;**

Attendu, selon l'arrêt attaqué, qu'au cours d'un match de football organisé dans le cadre du championnat de France de première division, Monsieur X..., joueur professionnel salarié de l'Olympique de Marseille a blessé Monsieur Y..., joueur professionnel salarié du Football Club de Nantes ; que la Caisse primaire d'assurance maladie de Nantes (CPAM) ayant versé à Monsieur Y... des prestations au titre de cet accident du travail, a assigné en remboursement Monsieur X... et la société anonyme à objet sportif Olympique de Marseille (société OM) sur le fondement des articles L. 454-1 du Code de la sécurité sociale et 1384, alinéa 5, du Code civil; qu'un jugement a débouté la CPAM de sa demande;

Attendu que pour déclarer la société OM responsable du dommage causé par son préposé et la condamner à rembourser une somme à la CPAM, l'arrêt retient que "la question tenant à savoir si le geste accompli par Monsieur X... peut être qualifié de "brutalité volontaire" excédant les instructions et missions normalement imparties à un joueur de football ou s'il constitue un "tacle imprudent et maladroit" ayant la nature d'une faute contre le jeu qui n'excède pas les instructions données ou les missions dévolues à un joueur de football, apparaît sans intérêt; qu'en effet, la société OM ne discutant pas au principal "de la nature et de la portée du geste" de son préposé, la cour d'appel, qui, tenue par les articles 4 et 5 du nouveau Code de procédure civile, ne peut que condamner cette société "sur le simple constat de l'implication de Monsieur X... dans l'accident en tant qu'auteur exclusif des lésions commises par fait d'imprudence, n'a pas lieu de trancher la discussion qui lui est soumise sous cet angle";

Qu'en statuant ainsi, alors qu'elle relevait que Monsieur X..., joueur salarié de la société OM, avait commis l'action dommageable au cours d'une compétition sportive, sans rechercher si le tacle ayant provoqué les blessures avait constitué une faute caractérisée par une violation des règles du jeu, la cour d'appel n'a pas donné de base légale à sa décision au regard du texte précité;

PAR CES MOTIFS: CASSE ET ANNULE, dans toutes ses dispositions, l'arrêt rendu le 4 décembre 2002, entre les parties, par la cour d'appel de Rennes; remet, en conséquence, la cause et les parties dans l'état où elles se trouvaient avant ledit arrêt et, pour être fait droit, les renvoie devant la cour d'appel d'Angers;

Cass. civ. 2, 20 décembre 2007 (pourvoi n° 07-13403)

Sur le moyen unique:

Attendu, selon l'arrêt attaqué (Aix-en-Provence, 30 janvier 2007), que le véhicule appartenant à un client ayant été endommagé alors qu'il était conduit par Monsieur X..., voiturier de l'établissement, la société Le Roquebrune (la société), qui exploitait le restaurant du même nom, a indemnisé l'assureur du véhicule; que la société a assigné Monsieur X... en remboursement de la somme versée, devant un tribunal de grande instance qui s'est déclaré incompétent au profit de la juridiction prud'homale;

Attendu que la société fait grief à l'arrêt de rejeter son contredit, alors, selon le moyen, qu'après avoir indemnisé la victime d'un dommage résultant d'une faute de son préposé, le commettant dispose d'un recours subrogatoire de nature délictuelle contre celui-ci, relevant de la compétence non pas du juge prud'homal mais du juge civil; qu'en retenant cependant, pour se déclarer incompétente au profit de la juridiction prud'homale, que l'appréciation du bien-fondé du recours de la société Roquebrune contre son salarié suppose l'examen de la faute de Monsieur X... dans l'exécution de son contrat de travail et non l'examen de la faute que la victime pouvait invoquer à l'encontre de Monsieur X... pour obtenir réparation de son dommage, la cour d'appel a méconnu la nature délictuelle du recours du commettant, subrogé dans les droits de la victime, violant ainsi l'article 1384, alinéa 5, du Code civil ;

Mais attendu que **le commettant ne disposant d'aucune action récursoire contre son salarié devant la juridiction de droit commun dès lors qu'il ne peut se prévaloir d'une subrogation dans les droits de la victime, laquelle ne dispose d'aucune action contre le préposé qui a agi dans les limites de la mission qui lui était impartie, hors le cas où le préjudice de la victime résulte d'une infraction pénale ou d'une faute intentionnelle,** la cour d'appel, qui a constaté que l'accident s'était produit dans l'exercice par le salarié de ses obligations professionnelles, a exactement décidé que l'examen du litige nécessitait l'appréciation de l'existence d'une faute dans l'exécution du contrat de travail et relevait de la compétence d'attribution de la juridiction prud'homale ;

D'où il suit que le moyen n'est pas fondé ;

PAR CES MOTIFS : REJETTE le pourvoi ;

Cass. civ. 2, 17 mars 2011 (pourvoi n° 10-14468)

Attendu, selon l'arrêt attaqué (Saint-Denis de la Réunion, 25 septembre 2009), que Monsieur X..., professeur de musique employé par l'Institut de rééducation des jeunes sourds et aveugles de Marseille (IRSAM), a été condamné par une cour d'assises pour avoir commis sur plusieurs de ses élèves des viols et agressions sexuelles, avec la circonstance aggravante que ces actes avaient été commis par une personne ayant autorité sur les victimes ; que plusieurs victimes ont saisi une commission d'indemnisation des victimes d'infraction aux fins d'obtenir la réparation de leur préjudice moral ; qu'après les avoir indemnisées, le Fonds de garantie des assurances obligatoires de dommages (le Fonds) a assigné en remboursement l'association de patronage de l'IRSAM (l'association) et son assureur la société Groupama assurances Océan Indien (l'assureur) ;

Sur le premier moyen du pourvoi principal et sur le moyen unique du pourvoi incident de l'association, réunis :

Attendu que l'assureur et l'association font grief à l'arrêt de les condamner in solidum à payer au Fonds la somme de 53 500 euros outre intérêts au taux légal à compter de l'assignation, alors, selon le moyen :

1. que le commettant, responsable du dommage causé par son préposé dans les fonctions auxquelles il l'a employé, s'exonère de sa responsabilité lorsque son préposé a agi hors des fonctions auxquelles il était employé, sans autorisation et à des fins étrangères à ses attributions ; que Monsieur X..., professeur de musique au Centre de rééducation des jeunes aveugles et des jeunes sourds de la Ressource, a été définitivement condamné pour avoir commis des viols et des agressions sexuelles sur des mineurs du centre ; que pour déclarer l'IRSAM civilement responsable de son préposé et le condamner, in solidum avec l'assureur au paiement des sommes allouées aux victimes, l'arrêt retient

que Monsieur X... était, lors des faits ayant entraîné le dommage, sur le temps et le lieu de son travail et dans l'exercice de ses fonctions, ayant trouvé dans son emploi l'occasion et les moyens de sa faute ; qu'en statuant ainsi, cependant que le préposé qui prend l'initiative personnelle de commettre des atteintes sexuelles sur mineurs sans rapport avec sa mission éducative, agit en dehors de ses fonctions d'enseignant, sans autorisation et à des fins étrangères à ses attributions, la cour d'appel a violé l'article 1384, alinéa 5, du Code civil ;

2. que le commettant, responsable du dommage causé par son préposé dans les fonctions auxquelles il l'a employé, s'exonère de sa responsabilité lorsque son préposé a agi hors des fonctions auxquelles il était employé, sans autorisation et à des fins étrangères à ses attributions ; que pour déclarer l'IRSAM civilement responsable de son préposé et le condamner, in solidum avec l'assureur au paiement des sommes allouées aux victimes, l'arrêt retient que les viols et agressions sexuelles ayant été commis dans l'enceinte de l'établissement et dans le cadre des cours que Monsieur X... était amené à donner aux victimes, ce dernier était, lors des faits ayant entraîné le dommage, sur le temps et le lieu de son travail et dans l'exercice de ses fonctions, ayant trouvé dans son emploi l'occasion et les moyens de sa faute ; qu'en statuant par ces seuls motifs insuffisants à caractériser le lien entre les atteintes sexuelles sur mineurs et la mission éducative du préposé, la cour d'appel n'a pas donné de base légale à sa décision au regard de l'article 1384, alinéa 5, du Code civil ;

Mais attendu que, sous le couvert des griefs non fondés de violation de l'article 1384, alinéa 5, du Code civil et de défaut de base légale au regard de ce texte, le moyen ne tend qu'à remettre en discussion devant la Cour de cassation l'appréciation souveraine de la valeur et de la portée des éléments de preuve par la cour d'appel, qui, par un arrêt motivé, relevant **que Monsieur X..., usant du cadre de l'exécution de son emploi de professeur de musique pour abuser d'élèves placés sous son autorité, avait pratiqué les viols et agressions sexuelles dont il avait été reconnu coupable dans l'enceinte de l'établissement et pendant les cours qu'il devait y donner, en a exactement déduit que ce préposé, qui avait ainsi trouvé dans l'exercice de sa profession sur son lieu de travail et pendant son temps de travail les moyens de sa faute et l'occasion de la commettre, fût-ce sans autorisation et à des fins étrangères à ses attributions, n'avait pas agi en dehors de ses fonctions, et que l'association, son commettant, était responsable des dommages qu'il avait ainsi causés ;**

D'où il suit que le moyen, qui manque en fait en sa seconde branche, n'est pas fondé pour le surplus ;

Sur le second moyen du pourvoi principal, tel que reproduit en annexe : (...)

PAR CES MOTIFS : REJETTE les pourvois principal et incident ;

Cass. civ. 2, 12 mai 2011 (pourvoi n° 10-20590)

Sur le moyen unique, pris en sa seconde branche :

Vu l'article 1384, alinéa 5, du Code civil, ensemble l'article 706-11 du code de procédure pénale ;

Attendu que **le commettant ne s'exonère de sa responsabilité de plein droit que si son préposé a agi hors des fonctions auxquelles il était employé, sans autorisation et à des fins étrangères à ses attributions ;**

Attendu, selon l'arrêt attaqué, que Monsieur X... a été victime de violences lors de son expulsion de la discothèque exploitée par la société 8x10, par trois "videurs" employés de cette société ; que ceux-ci ont été condamnés par le juge correctionnel au paiement d'une certaine somme en réparation du préjudice subi par Monsieur X... ; que ce dernier ayant été indemnisé par le Fonds de garantie des victimes d'actes de terrorisme et d'autres infractions (le Fonds) celui-ci a, au titre de son recours subrogatoire, réclamé à la société, en sa qualité de commettant des auteurs des violences, le remboursement de la somme versée ;

Attendu que pour débouter le Fonds de sa demande, l'arrêt énonce qu'une faute constitutive d'une infraction pénale volontaire, autre que de négligence ou d'inattention de nature quasi-délictuelle, ne peut entrer dans le cadre de l'obligation qui revient à l'employeur d'assumer les conséquences civiles des fautes commises par ses employés ou salariés ;

Qu'en statuant ainsi, par des motifs impropres à établir l'existence des conditions d'exonération de l'employeur, la cour d'appel a violé les textes susvisés ;

PAR CES MOTIFS, et sans qu'il y ait lieu de statuer sur la première branche du moyen :

CASSE ET ANNULE, dans toutes ses dispositions, l'arrêt rendu le 12 mai 2010, entre les parties, par la cour d'appel de Riom ; remet, en conséquence, la cause et les parties dans l'état où elles se trouvaient avant ledit arrêt et, pour être fait droit, les renvoie devant la cour d'appel de Bourges ;

Thème 7

La responsabilité des parents du fait de leur enfant mineur

Exercice

Énoncé du cas

Jeune avocat vous recevez une nouvelle cliente, Madame Lavue, qui vous raconte les difficultés qu'elle rencontre avec sa fille Natacha alors âgée de 15 ans.

Natacha est née lorsque Madame Lavue était encore adolescente, son père n'étant alors pas plus âgé.

N'ayant jamais vécu ensemble, le juge avait fixé la résidence de l'enfant au domicile de la mère ; le père bénéficiant d'un droit de visite et d'hébergement.

Une nuit alors qu'elle dormait chez son père, Natacha est sortie par la fenêtre de sa chambre et a commis divers cambriolages.

Les objets volés ont été revendus et l'argent dépensé. Pourtant, le butin s'élevait à 30 000 €.

Madame Lavue s'inquiète d'avoir à indemniser les victimes de sa fille alors même qu'elle a commis les faits alors qu'elle dormait chez son père. Elle pense que c'est au père de Natacha d'assumer les actes de leur fille puisqu'elle était sous sa responsabilité au moment des faits.

Éclairez Madame Lavue sur sa situation ainsi que sur celle du père de Natacha.

Corrigé

Question de fait

Qui du père ou de la mère de Natacha devra indemniser les victimes des cambriolages ? Et Natacha ?

Question de droit

La responsabilité civile de des parents et de Natacha peut-elle être engagée ?

Réponse en droit

Lorsqu'un mineur a causé un dommage, on peut envisager d'engager la responsabilité de ses parents sur le fondement des articles 1242 alinéa 4 du Code civil et 1240 du Code civil ainsi que celle de l'enfant sur le fondement de l'article 1240 du Code civil.

La première condition de toute responsabilité est l'existence d'un dommage réparable. Plusieurs types de dommages sont réparables :

- le dommage corporel qui est une atteinte à l'intégrité physique
- le dommage matériel qui est une atteinte au patrimoine
- la dommage moral qui est une atteinte aux sentiments.

Pour être réparable le préjudice doit revêtir certains caractères. Il doit être :

- personnel : le demandeur doit avoir personnellement subi le dommage
- certain : le dommage doit être évaluable. Il peut s'agir d'une perte ou d'un manque à gagner. Il peut être actuel ou futur.
- direct : il doit être la suite directe de l'accident
- légitime : le dommage doit être constitué par une atteinte à un intérêt juridiquement protégé.

En l'espèce, le dommage est matériel (objets volés) et éventuellement moral ; il s'agit bien d'un dommage réparable.

I. La responsabilité des parents du fait de leur enfant

Pour engager la responsabilité des parents du fait de leur enfant, plusieurs conditions doivent être réunies.

a. Des parents

Le cas de responsabilité pour autrui visé à l'article 1242 alinéa 4 du Code civil ne concerne que les parents dont la filiation a été établie et qui sont donc titulaires de l'autorité parentale.

Les autres membres de la famille ne peuvent voir leur responsabilité engagée sur ce fondement.

En outre, le principe est celui de l'exercice en commun de l'autorité parentale (voir les articles 372 et s. du Code civil).

En l'absence de décision contraire, l'autorité parentale est exercée en commun par le père et la mère de Natacha.

b. Un enfant mineur

L'enfant doit être mineur au moment des faits ayant causé le dommage.

La responsabilité des parents du fait de leur enfant ne s'applique pas aux enfants majeurs ni aux mineurs émancipés (article 413-7 du Code civil).

En l'espèce Natacha a 15 ans, elle est mineure et non émancipée. La condition est remplie.

c. Un enfant habitant avec ses parents

Il s'agit ici de l'exigence de cohabitation. L'enfant mineur doit cohabiter avec le ou les parents dont on cherche à engager la responsabilité.

Se pose la question de savoir si la cohabitation doit être entendue comme une notion matérielle ou juridique. Depuis l'arrêt SAMDA (Cass. civ. 2, 19 février 1997, *Cf. Focus*), on considère qu'il s'agit d'une notion juridique. La condition de cohabitation est remplie envers le parent au domicile duquel la résidence de l'enfant est fixée, peu importe qu'il ait été effectivement sous la surveillance de l'autre parent au moment de la réalisation

Exercice

du dommage. En conséquence, la résidence de Natacha ayant été fixée chez sa mère, la condition de cohabitation est uniquement remplie chez Madame Lavue et non pas chez le père (voir Cass. civ. 2, 20 janvier 2000; *Cf.* focus et Cass. crim., 6 novembre 2012; *Cf. Focus*).
Il en est de même si l'enfant est confié à un établissement scolaire même en tant qu'interne (Cass. civ. 2, 16 novembre 2000 – *Cf. Focus*).
Ainsi, sur ce fondement, seule la responsabilité de Madame Lavue reste envisageable.

d. Un fait de l'enfant

Depuis l'arrêt 9 mai 1984, FULLENWARTH rendu par l'assemblée plénière de la Cour de cassation le 9 mai 1984, la faute de l'enfant n'est plus exigée. Cette solution a été confirmée par la suite (Cass. ass. plén., 13 déc. 2002; *Cf. Focus*).
Un simple fait dommageable de l'enfant suffit à engager la responsabilité de ses parents. Il peut s'agir du fait personnel de l'enfant, ou d'un dommage causé par une chose (voir Cass., ass. plén., 9 mai 1984, GABILLET; *Cf. Focus*).
En l'espèce, Natacha est bien à l'origine du dommage.

Les conditions de la responsabilité des parents du fait de leur enfant mineur sont réunies ici mais uniquement chez la mère, la condition de cohabitation faisant défaut chez le père.

Madame Lavue pourra être condamnée à indemniser les victimes de sa fille.

Il faut maintenant se poser la question de la responsabilité du père sur le fondement de l'article 1240 du Code civil.

II. La responsabilité du père sur le fondement de l'article 1240 du Code civil

Il faut maintenant se poser la question de la responsabilité personnelle du père de Natacha. Pour voir son préjudice indemnisé sur le fondement de la responsabilité civile extra-contractuelle des articles 1240 et 1241 du Code civil, la victime doit démontrer l'existence d'un dommage, d'une faute et d'un lien de causalité.

a. Dommage

Il convient de commencer par le dommage. C'est parce qu'il y a un dommage que la victime cherche à engager la responsabilité de son auteur.
Il s'agit du même dommage que celui étudié à l'occasion de a responsabilité des parents. Il s'agit donc bien d'un dommage réparable.

b. Faute

Le père de Natacha a-t-il commis une faute?
La faute nécessite la réunion de deux éléments: l'un objectif, l'autre subjectif.

L'élément objectif se décompose lui-même en un élément légal et un élément matériel.

Élément légal

Il s'agit de la violation d'une norme de conduite. Un texte n'est pas nécessaire contrairement à la faute pénale. La règle violée peut être une règle de droit écrit, mais il peut également s'agir d'une règle coutumière voire d'une règle purement privée comme la violation d'une règle du jeu.
En l'espèce, il s'agit du non-respect d'un devoir de surveillance des enfants par leurs parents.

Élément matériel

Si l'intention de nuire n'est pas exigée, il est nécessaire qu'une action ait lieu, celle-ci pouvant être de nature très variée.
La violation peut consister en un acte positif, mais également en une abstention (Cass. civ. 27 février 1951, arrêt BRANLY).
L'élément objectif de la faute est apprécié *in abstracto* en fonction du comportement qu'aurait dû avoir un individu moyen (pour un jeune enfant voir Cass. civ. 2, 28 février 1996, pourvoi n° 94-13084). La faute est déduite de la simple distorsion entre le comportement présumé du modèle de référence et celui du défendeur.

En l'espèce, le père de Natacha ne l'a pas suffisamment surveillée.

L'élément subjectif

Il était traditionnellement exigé que le fautif ait eu conscience de la portée de ses actes. Ce qui excluait de la responsabilité civile les êtres privés de discernement comme les jeunes enfants et les aliénés.
Pour les jeunes enfants, la Cour de cassation a opéré un revirement de jurisprudence par deux arrêts de l'assemblée plénière rendus le 9 mai 1984, les arrêts DERGUINI et LEMAIRE (*Cf.* P2-T3).
La Cour de cassation affirme que la capacité de discernement de l'auteur est indifférente. La condition du discernement n'est plus nécessaire pour être fautif.

On peut donc en conclure que le père de Natacha a bien commis une faute.

c. Lien de causalité

Deux théories permettent d'apprécier l'existence du lien de causalité qui doit être certain.
La théorie de la causalité adéquate qui ne permet de retenir comme cause du dommage que l'évènement cause inéluctable du dommage.
La théorie de l'équivalence des conditions est plus large et admet comme cause du dommage tout évènement sans lequel le dommage ne se serait pas produit.
La Cour de cassation n'a jamais pris définitivement parti en faveur de l'une ou l'autre théorie.

Exercice

En l'espèce, la théorie de la causalité adéquate permet de retenir l'existence du lien de causalité puisque sans la faute de surveillance, le dommage ne serait pas survenu. On peut donc conclure ici que les conditions de la responsabilité du père sont bien réunies. Il faut ensuite vérifier si des causes d'exonération existent.

Les causes d'exonération de la responsabilité du fait personnel sont les suivantes ; la force majeure, les fait du tiers ou de la victime ou les faits justificatifs (*Cf.* P2-T9).

En l'espèce, aucun élément de ne permet de supposer qu'une cause d'exonération existe.

▶ Remarque

Les causes d'exonération feront l'objet d'une fiche spécifique (*Cf.* P2-T9).

La responsabilité personnelle du père est donc bien engagée.

III. La responsabilité personnelle de Natacha

Il ressort de la jurisprudence que le fait que les conditions de la responsabilité des parents du fait de leur enfant soient réunies n'empêche pas la recherche de la responsabilité personnelle du mineur (voit Cass. civ. 2, 11 septembre 2014 ; *Cf. Focus*).

Pour voir son préjudice indemnisé sur le fondement de la responsabilité civile extracontractuelle des articles 1240 et 1241 du Code civil, la victime doit démontrer l'existence d'un dommage, d'une faute et d'un lien de causalité.

a. Dommage

Il convient de commencer par le dommage. C'est parce qu'il y a un dommage que la victime cherche à engager la responsabilité de son auteur.
Il s'agit du même dommage que celui étudié à l'occasion de a responsabilité des parents.
Il s'agit donc bien d'un dommage réparable.

b. Faute

Natacha a-t-elle commis une faute ?
La faute nécessite la réunion de deux éléments : l'un objectif, l'autre subjectif.

L'élément objectif se décompose lui-même en un élément légal et un élément matériel

Élément légal

Il s'agit de la violation d'une norme de conduite. Un texte n'est pas nécessaire contrairement à la faute pénale. La règle violée peut être une règle de droit écrit, mais il peut également s'agir d'une règle coutumière voire d'une règle purement privée comme la violation d'une règle du jeu.
En l'espèce, il s'agit d'une infraction pénale.

Élément matériel

Si l'intention de nuire n'est pas exigée, il est nécessaire qu'une action ait lieu, celle-ci pouvant être de nature très variée.

La violation peut consister en un acte positif, mais également en une abstention (Cass. civ. 27 février 1951, arrêt BRANLY).

L'élément objectif de la faute est apprécié *in abstracto* en fonction du comportement qu'aurait dû avoir un individu moyen (pour un jeune enfant voir Cass. civ. 2, 28 février 1996, pourvoi n° 94-13084). La faute est déduite de la simple distorsion entre le comportement présumé du modèle de référence et celui du défendeur.

En l'espèce, l'infraction pénale a bien été commise par Natacha.

L'élément subjectif

Il était traditionnellement exigé que le fautif ait eu conscience de la portée de ses actes. Ce qui excluait de la responsabilité civile les êtres privés de discernement comme les jeunes enfants et les aliénés.

S'agissant des jeunes enfants, la Cour de cassation a opéré un revirement de jurisprudence par deux arrêts de l'assemblée plénière rendus le 9 mai 1984, les arrêts DERGUINI et LEMAIRE (*Cf. Focus*).

La Cour de cassation affirme que la capacité de discernement de l'auteur est indifférente. En l'espèce, on ignore l'âge de Natacha néanmoins la condition du discernement n'est plus nécessaire pour être fautif.

On peut donc en conclure que Natacha a commis une faute.

c. Lien de causalité

Deux théories permettent d'apprécier l'existence du lien de causalité qui doit être certain. La théorie de la causalité adéquate qui ne permet de retenir comme cause du dommage que l'évènement cause inéluctable du dommage.

La théorie de l'équivalence des conditions est plus large et admet comme cause du dommage tout évènement sans lequel le dommage ne se serait pas produit.

La Cour de cassation n'a jamais pris définitivement parti en faveur de l'une ou l'autre théorie.

En l'espèce, la théorie de la causalité adéquate permet de retenir l'existence du lien de causalité. C'est la faute de Natacha qui a causé le dommage.

On peut donc conclure ici que les conditions de la responsabilité de Natacha sont bien réunies.

Il faut ensuite vérifier si des causes d'exonération existent.

Les causes d'exonération de la responsabilité du fait personnel sont les suivantes ; la force majeure, les faits du tiers ou de la victime ou les faits justificatifs (*Cf.* P2-T9).

Exercice

En l'espèce, aucun élément de ne permet de supposer qu'une cause d'exonération existe.

▶ Remarque

Les causes d'exonération feront l'objet d'une fiche spécifique (*Cf.* P2-T9).

La responsabilité civile de Natacha est donc bien engagée.

▶ Remarque

Pour un même dommage on vient de conclure que la responsabilité civile délictuelle de trois personnes peut être engagée.

Laquelle choisir?

En premier lieu, ces trois responsabilités ne s'excluent pas l'une l'autre, ainsi, la victime peut décider d'agir contre les trois personnes responsables de son dommage.

Néanmoins, la responsabilité de la mère de Natacha étant une responsabilité de plein droit ne nécessitant la démonstration d'aucune faute, elle semble être le fondement le plus sûr.

En outre, quel que soit la responsabilité engagée, la victime a droit à la réparation de son entier dommage, mais de son seul dommage. Multiplier les actions n'augmentera pas son indemnisation.

Réponse en fait

Le dommage de la victime devra être réparé.

Pour aller plus loin

- A. PONSEILLE, « Le sort de la condition de cohabitation dans la responsabilité civile des père et mère du fait dommageable de leur enfant mineur », *RTD civ.*, 2003, p.645
- P. REYNAUD, « Responsabilité des père et mère et résidence alternée », *AJ fam.*, 2002, 133.

FOCUS

1. Textes

Article 372 alinéa 1er du Code civil

« Les père et mère exercent en commun l'autorité parentale. »

Article 373 du Code civil

« Est privé de l'exercice de l'autorité parentale le père ou la mère qui est hors d'état de manifester sa volonté, en raison de son incapacité, de son absence ou de toute autre cause. »

Article 373-1 du Code civil

« Si l'un des père et mère décède ou se trouve privé de l'exercice de l'autorité parentale, l'autre exerce seul cette autorité. »

Article 373-2 alinéa 1er du Code civil

« La séparation des parents est sans incidence sur les règles de dévolution de l'exercice de l'autorité parentale. »

Article 373-2-1 alinéa 1er du Code civil

« Si l'intérêt de l'enfant le commande, le juge peut confier l'exercice de l'autorité parentale à l'un des deux parents. »

Article 413-7 du Code civil

« Le mineur émancipé cesse d'être sous l'autorité de ses père et mère.

Ceux-ci ne sont pas responsables de plein droit, en leur seule qualité de père ou de mère, du dommage qu'il pourra causer à autrui postérieurement à son émancipation. »

Article 1384 ancien du Code civil

« On est responsable non seulement du dommage que l'on cause par son propre fait, mais encore de celui qui est causé par le fait des personnes dont on doit répondre, ou des choses que l'on a sous sa garde.

Toutefois, celui qui détient, à un titre quelconque, tout ou partie de l'immeuble ou des biens mobiliers dans lesquels un incendie a pris naissance ne sera responsable, vis-à-vis des tiers, des dommages causés par cet incendie que s'il est prouvé qu'il doit être attribué à sa faute ou à la faute des personnes dont il est responsable.

Cette disposition ne s'applique pas aux rapports entre propriétaires et locataires, qui demeurent régis par les articles 1733 et 1734 du Code civil.

Le père et la mère, en tant qu'ils exercent l'autorité parentale, sont solidairement responsables du dommage causé par leurs enfants mineurs habitant avec eux.

Les maîtres et les commettants, du dommage causé par leurs domestiques et préposés dans les fonctions auxquelles ils les ont employés ;

Les instituteurs et les artisans, du dommage causé par leurs élèves et apprentis pendant le temps qu'ils sont sous leur surveillance.

La responsabilité ci-dessus a lieu, à moins que les père et mère et les artisans ne prouvent qu'ils n'ont pu empêcher le fait qui donne lieu à cette responsabilité.

En ce qui concerne les instituteurs, les fautes, imprudences ou négligences invoquées contre eux comme ayant causé le fait dommageable, devront être prouvées, conformément au droit commun, par le demandeur, à l'instance. »

Article 1242 du Code civil

« On est responsable non seulement du dommage que l'on cause par son propre fait, mais encore de celui qui est causé par le fait des personnes dont on doit répondre, ou des choses que l'on a sous sa garde.

Toutefois, celui qui détient, à un titre quelconque, tout ou partie de l'immeuble ou des biens mobiliers dans lesquels un incendie a pris naissance ne sera responsable, vis-à-vis des tiers, des dommages causés par cet incendie que s'il est prouvé qu'il doit être attribué à sa faute ou à la faute des personnes dont il est responsable.

Cette disposition ne s'applique pas aux rapports entre propriétaires et locataires, qui demeurent régis par les articles 1733 et 1734 du Code civil.

Le père et la mère, en tant qu'ils exercent l'autorité parentale, sont solidairement responsables du dommage causé par leurs enfants mineurs habitant avec eux.

Les maîtres et les commettants, du dommage causé par leurs domestiques et préposés dans les fonctions auxquelles ils les ont employés ;

Les instituteurs et les artisans, du dommage causé par leurs élèves et apprentis pendant le temps qu'ils sont sous leur surveillance.

La responsabilité ci-dessus a lieu, à moins que les père et mère et les artisans ne prouvent qu'ils n'ont pu empêcher le fait qui donne lieu à cette responsabilité.

En ce qui concerne les instituteurs, les fautes, imprudences ou négligences invoquées contre eux comme ayant causé le fait dommageable, devront être prouvées, conformément au droit commun, par le demandeur, à l'instance. »

2. Jurisprudence

Cass. civ. 2, 18 mars 1981 (pourvoi n° 79-14.036)

Sur le premier moyen, pris en sa première branche :

Vu l'article 1384, alinéas 4 et 5 du Code civil, ensemble les articles 455 et 458 du nouveau code de procédure civile ;

Attendu, selon l'arrêt infirmatif attaque, que Jean X... a souscrit auprès de la compagnie la foncière le 28 juillet 1971 un contrat d'assurances, aux termes duquel "la garantie comprend les dommages résultant de l'utilisation à l'insu du souscripteur par des personnes dont il est civilement responsable de véhicules a moteur n'appartenant ni au souscripteur ni à l'utilisateur, lorsque ces dommages ne sont pas couverts par l'assurance obligatoire du véhicule" ; que le 31 octobre 1974, la juridiction pénale a déclaré le mineur Patrick X..., fils de Jean X..., responsable d'un accident de la circulation survenu le 31 janvier précédent, a déclaré son employeur, propriétaire du véhicule, civilement responsable de ce dernier, et a retenu, en outre, a la charge de l'employeur le fait d'avoir utilisé ce véhicule sans assurance ; que Jean X..., ayant indemnisé la victime, a assigné en garantie la compagnie la foncière ;

Attendu que pour condamner la compagnie la foncière à rembourser à son assure Jean X... les sommes versées par ce dernier a la victime d'un accident cause par son fils mineur, l'arrêt énonce que le fils était mineur et sous la garde de son père chez lequel il habitait, que personne n'a prétendu que le père n'avait pu empêcher le fait dommageable et que toutes les conditions de la responsabilité du père étaient donc réunies, que l'arrêt ajoute que celles de la responsabilité de l'employeur étaient réunies, elles aussi, mais que cela ne suffisait pas a écarter la responsabilité civile du père ; qu'en statuant ainsi, alors que **les différentes responsabilités du fait d'autrui ne sont pas cumulatives mais alternatives**, la cour d'appel n'a pas légalement justifie sa décision ;

PAR CES MOTIFS : CASSE ET ANNULE sans qu'il y ait lieu de statuer sur la seconde branche du premier moyen et sur le second moyen, l'arrêt rendu entre les parties le 4 avril 1979 par la cour d'appel de Paris ; remet, en conséquence, la cause et les parties au même et semblable état où elles étaient avant ledit arrêt et, pour être fait droit, les renvoie devant la cour d'appel d'Angers.

Cass., ass. plén., 9 mai 1984, GABILLET (pourvoi n° 80-14994)

(...)

Sur le moyen unique :

Attendu, selon l'arrêt attaqué (Agen, 12 mai 1980), que le 30 juin 1975, l'enfant Éric X..., alors âgé de 3 ans, en tombant d'une balançoire improvisée constituée par une planche qui se rompit, éborgna son camarade Philippe Y... avec un bâton qu'il tenait à la main ; que Monsieur Lucien Y..., agissant en qualité d'administrateur légal des biens de son fils, assigna ses parents, les époux X..., en tant qu'exerçant leur droit de garde, en responsabilité de l'accident ainsi survenu ; Attendu que les époux X... font grief à l'arrêt d'avoir déclaré Éric X... responsable sur le fondement de l'article 1384, alinéa 1er, du Code civil, alors, selon le moyen, que l'imputation d'une responsabilité présumée implique la faculté de discernement ; que la Cour d'appel a donc violé par fausse application l'alinéa 1er de l'article 1384 du Code civil ; Mais attendu qu'en retenant que le jeune Éric avait l'usage, la direction et le contrôle du bâton, la Cour d'appel qui **n'avait pas, malgré le**

très jeune âge de ce mineur, à rechercher si celui-ci avait un discernement, a légalement justifié sa décision ; PAR CES MOTIFS :

REJETTE le pourvoi formé contre l'arrêt rendu le 12 mai 1980 par la Cour d'appel d'Agen ;

Cass., ass. plén., 9 mai 1984, FULLENWARTH (pourvoi n° 79-16612)

(...)

Sur le moyen unique ;

Attendu, selon l'arrêt attaqué (Metz, 25 septembre 1979), que le 4 août 1975, Pascal Y..., alors âgé de 7 ans, décocha une flèche avec un arc qu'il avait confectionné en direction de son camarade David X... et l'éborgna ; que Monsieur Guillaume X..., père de la victime, assigné en dommages-intérêts Monsieur Raymond Y..., en sa qualité de civilement responsable de son fils Pascal sur le fondement de l'article 1384 alinéa 4 du Code civil ; Attendu que Monsieur Raymond Y... fait grief à l'arrêt de l'avoir déclaré entièrement responsable des conséquences de l'accident, alors, selon le moyen, que la Cour d'appel n'a pas recherché si Pascal Y... présentait un discernement suffisant pour que l'acte puisse lui être imputé à faute, qu'elle a entaché sa décision d'un défaut de base légale et ainsi violé les articles 1382 et 1384 alinéa 4 du Code civil ; Mais attendu que, **pour que soit présumée, sur le fondement de l'article 1384 alinéa 4 du Code civil, la responsabilité des père et mère d'un mineur habitant avec eux, il suffit que celui-ci ait commis un acte qui soit la cause directe du dommage invoqué par la victime** ; que par ce motif de pur droit, substitué à celui critiqué par le moyen, l'arrêt se trouve légalement justifié ;

PAR CES MOTIFS :

REJETTE le pourvoi formé contre l'arrêt rendu le 25 septembre 1979 par la Cour d'appel de Metz ;

Cass. civ. 2, 19 février 1997, BERTRAND (pourvoi n° 94-21111)

Attendu, selon l'arrêt attaqué (Bordeaux, 4 octobre 1994), qu'une collision est survenue le 24 mai 1989 entre une bicyclette conduite par Sébastien X..., âgé de 12 ans, et la motocyclette de Monsieur Domingues ; que celui-ci, blessé, a demandé réparation de son préjudice à Monsieur Jean-Claude X..., père de l'enfant, comme civilement responsable de celui-ci, et à son assureur, l'UAP ; que le Fonds de garantie automobile (FGA) est intervenu à l'instance ;

Sur le premier moyen : (sans intérêt) ;

Sur le deuxième moyen :

Attendu qu'il est fait grief à l'arrêt d'avoir retenu la responsabilité de Monsieur X..., alors, selon le moyen, que la présomption de responsabilité des parents d'un enfant mineur prévue à l'article 1384, alinéa 4, du Code civil, peut être écartée non seulement en cas de force majeure ou de faute de la victime mais encore lorsque les parents rapportent la preuve de n'avoir pas commis de faute dans la surveillance ou l'éducation de l'enfant ; qu'en refusant de rechercher si Monsieur X... justifiait n'avoir pas commis de défaut de surveillance au motif que seule la force majeure ou la faute de la victime pouvait l'exonérer de la responsabilité de plein droit qui pesait sur lui, la cour d'appel a violé l'article 1384, alinéa 4, du Code civil ;

Mais attendu que, l'arrêt ayant exactement énoncé que **seule la force majeure ou la faute de la victime pouvait exonérer Monsieur X... de la responsabilité de plein droit encourue du fait des dommages causés par son fils mineur habitant avec lui, la cour d'appel n'avait pas à rechercher l'existence d'un défaut de surveillance du père** ;

D'où il suit que le moyen n'est pas fondé ;

Sur le troisième moyen : (sans intérêt) ;

PAR CES MOTIFS : REJETTE le pourvoi.

Cass. civ. 2, 19 février 1997, SAMDA (pourvoi n° 93-14646)

Donne acte à la SAMDA de son désistement de pourvoi, en tant que dirigé contre la MACIF, Monsieur Dumont, la compagnie Abeille assurances, la compagnie Lloyd Continental, la compagnie AMU, les consorts Bouamama et Monsieur Garnier ;

Donne défaut contre Madame Y... ;

Sur le moyen unique, pris en ses deuxième et troisième branches :

Attendu, selon l'arrêt attaqué, que Christian X..., âgé de 16 ans, ayant causé des dommages à une automobile qu'il avait volée, Monsieur Dumont, son propriétaire, a assigné en réparation Madame Y..., divorcée X..., ayant la garde de Christian et son assureur la MAAF ; que, Madame Y... a appelé en intervention Monsieur X..., qui, lors des faits, hébergeait le mineur en vertu de son droit de visite, et son assureur, la SAMDA ;

Attendu qu'il est fait grief à l'arrêt d'avoir retenu la responsabilité de Monsieur X... sur le fondement de l'article 1382 du Code civil, alors, selon le moyen, d'une part, que pour se prononcer sur la faute de surveillance qui a été imputée à Monsieur X..., la cour d'appel devait s'expliquer, comme elle y était invitée par celui-ci, sur le fait que le mineur, âgé de 16 ans au moment du dommage, ne pouvait faire l'objet d'une surveillance constante de son père, auquel le mineur avait expliqué l'irrégularité de son emploi du temps par l'absence de ses professeurs à la fin de l'année scolaire ; qu'en se fondant uniquement, sans procéder à cette recherche, sur la connaissance qu'avait Monsieur X... de la fréquentation " plus ou moins régulière " du collège par son fils, la cour d'appel a, en tout état de cause, privé sa décision de toute base légale au regard de l'article 1382 du Code civil ; d'autre part, que la cour d'appel, qui a reproché à Monsieur X... d'avoir omis de s'assurer auprès du collège, de l'emploi du temps de son fils, devait nécessairement rechercher si l'irrégularité de l'emploi du temps scolaire du mineur ne traduisait pas une faute d'éducation de la mère chargée de la garde du mineur et à laquelle, seule, les éventuelles absences du mineur auraient pu être signalées ; que, faute d'avoir procédé à cette recherche, la cour d'appel a, plus subsidiairement encore, privé sa décision de toute base légale au regard de l'article 1382 du Code civil ;

Mais attendu que, par motifs adoptés, l'arrêt retient que Monsieur X... avait connaissance des absences plus ou moins régulières de son fils au collège, et que le vol ayant eu lieu un mardi, jour où Christian devait aller normalement au collège, il **appartenait au père, sur lequel pèse le devoir de surveillance de son fils lors de l'exercice du droit de visite et d'hébergement, de s'assurer auprès du collège de l'emploi du temps du collégien**;

Que de ces seules constatations et énonciations, la cour d'appel, sans avoir à procéder à d'autres recherches a exactement déduit que Monsieur X... avait commis **une faute de surveillance** et légalement justifié sa décision de ce chef;

Mais sur le moyen unique, pris en sa première branche:

Vu l'article 1384, alinéa 4, du Code civil;

Attendu que, pour mettre Madame Y... hors de cause, l'arrêt énonce, par motifs propres et adoptés, que le jour des faits, l'enfant était en résidence chez son père et qu'il ne cohabitait pas avec sa mère;

Qu'en statuant ainsi, alors que **l'exercice d'un droit de visite et d'hébergement ne fait pas cesser la cohabitation du mineur avec celui des parents qui exerce sur lui le droit de garde**, la cour d'appel a violé le texte susvisé;

PAR CES MOTIFS: CASSE ET ANNULE, mais seulement en ce qu'il a mis Madame Y... hors de cause, l'arrêt rendu le 9 mars 1993, entre les parties, par la cour d'appel de Chambéry; remet, en conséquence, quant à ce, la cause et les parties dans l'état où elles se trouvaient avant ledit arrêt et, pour être fait droit, les renvoie devant la cour d'appel de Grenoble.

Cass. civ. 2, 20 janvier 2000 (pourvoi n° 98-14479)

Sur le moyen unique:

Attendu, selon l'arrêt attaqué (Besançon, 11 février 1998), que trois enfants mineurs, Ludovic et Hervé Y... et Emmanuelle Z..., ont incendié le bâtiment agricole des époux A... ; que ceux-ci, et leur assureur partiellement subrogé dans leurs droits, la société UAP, ont assigné en responsabilité et indemnisation des préjudices notamment Madame X..., mère de Ludovic et d'Hervé Y..., et Madame Z..., mère d'Emmanuelle, ainsi que leur assureur commun, la société Azur assurances;

Attendu que Madame X..., Madame Z... et la société Azur Assurances font grief à l'arrêt d'avoir accueilli la demande, alors, selon le moyen, qu'il résulte de l'article 1384, alinéas 4 et 7, du Code civil que les père et mère, en tant qu'ils exercent le droit de garde, sont solidairement responsables du dommage causé par leur enfant mineur habitant avec eux, à moins qu'ils ne prouvent qu'ils n'ont pu empêcher le fait qui donne lieu à cette responsabilité; que doivent être exonérés de leur responsabilité les père et mère qui, ayant confié leur enfant à un tiers, n'en avaient plus la garde matérielle et directe au moment du dommage; que pour retenir la responsabilité de Madame X... séparée Y... et Madame Z... du fait de leurs enfants mineurs, la cour d'appel a énoncé que la distance entre la résidence pour quelques jours des enfants et la résidence des parents Y... ou Z...

n'a pas fait cesser la cohabitation des uns avec les autres ; qu'en se déterminant ainsi quand il résultait de ses propres énonciations qu'au moment du fait dommageable, les parents avaient transféré la garde de leurs enfants à un tiers, la cour d'appel a violé l'article 1384, alinéas 4 et 7, du Code civil ;

Mais attendu que **la cohabitation de l'enfant avec ses père et mère visée par l'article 1384, alinéa 4, du Code civil résulte de la résidence habituelle de l'enfant au domicile des parents ou de l'un deux** ;

Et attendu que l'arrêt retient que les parents divorcés de Ludovic et d'Hervé Y... avaient sur eux l'autorité parentale conjointe, qu'au moment des faits ils se trouvaient chez leur grand-mère paternelle, Madame Andrée Y..., chez qui leur père, exerçant son droit de visite et d'hébergement les avait placés depuis 10 jours et que celle-ci s'était vue également confier la garde d'Emmanuelle Z... ;

Qu'en l'état de ces constatations et énonciations, c'est à bon droit que la cour d'appel a estimé que ni ce changement de résidence pour quelques jours, ni les distances entre la résidence de Madame Andrée Y... et celles de Madame X... et de Madame Z... n'avaient fait cesser la cohabitation entre les enfants et leurs mères ;

D'où il suit que le moyen n'est pas fondé ;

PAR CES MOTIFS : REJETTE le pourvoi.

Cass. ass. plén., 13 déc. 2002 (pourvoi n° 00-13787)

Sur le moyen unique, pris en sa quatrième branche qui est préalable :

Vu l'article 1384, alinéas 1er, 4 et 7, du Code civil ;

Attendu que, **pour que la responsabilité de plein droit des père et mère exerçant l'autorité parentale sur un mineur habitant avec eux puisse être recherchée, il suffit que le dommage invoqué par la victime ait été directement causé par le fait, même non fautif, du mineur ; que seule la cause étrangère ou la faute de la victime peut exonérer les père et mère de cette responsabilité** ;

Attendu, selon l'arrêt attaqué, qu'au cours d'une partie de ballon improvisée entre adolescents, Vincent X... a été blessé, au moment où il se relevait, par la chute de Maxime Y..., porteur du ballon, elle-même provoquée par le plaquage de Jérôme Z... ; que les époux X... et leur fils Vincent, devenu majeur et assisté de son père en qualité de curateur (les consorts X...), ont demandé réparation de leurs préjudices aux époux Z... et aux époux Y..., tant comme civilement responsables que comme représentants légaux de leurs fils mineurs Jérôme et Maxime, ainsi qu'à leurs assureurs, les compagnies UAP et AXA, en présence de la Caisse primaire d'assurance maladie de Maubeuge ; qu'en cause d'appel, Jérôme Z... et Maxime Y..., devenus majeurs, sont intervenus à l'instance, de même que la compagnie AXA, aux droits de l'UAP, ainsi que l'Union des mutuelles accidents élèves auprès de laquelle les époux X... avaient souscrit un contrat d'assurance ;

Attendu que, pour rejeter les demandes des consorts X... et de leur assureur, l'arrêt retient qu'aucune faute n'est établie à l'encontre de Jérôme Z... et de Maxime Y... ; qu'en statuant ainsi, la cour d'appel a violé le texte susvisé ;

PAR CES MOTIFS, et sans qu'il y ait lieu de statuer sur les autres griefs:

CASSE ET ANNULE, dans toutes ses dispositions, l'arrêt rendu le 16 décembre 1999, entre les parties, par la cour d'appel de Douai; remet, en conséquence, la cause et les parties dans l'état où elles se trouvaient avant ledit arrêt et, pour être fait droit, les renvoie devant la cour d'appel de Paris;

Cass. crim., 6 novembre 2012 (pourvoi n° 11-86857)

(...)

Vu l'article 1384, alinéa 4, du Code civil;

Attendu qu'en cas de divorce, **la responsabilité de plein droit prévue par le quatrième alinéa de ce texte incombe au seul parent chez lequel la résidence habituelle de l'enfant a été fixée, quand bien même l'autre parent, bénéficiaire d'un droit de visite et d'hébergement, exercerait conjointement l'autorité parentale**;

Attendu qu'il résulte de l'arrêt attaqué que Florian X..., mineur de 13 ans, dont les parents ont divorcé, a provoqué l'incendie et la destruction totale d'un gymnase en mettant le feu à une bâche; que le tribunal pour enfants l'a définitivement reconnu coupable d'incendie volontaire;

Attendu que, pour confirmer le jugement ayant condamné le mineur, solidairement avec son père et sa mère, à des réparations civiles, l'arrêt, après avoir énoncé que le jugement de divorce a fixé la résidence de l'enfant au domicile de sa mère, attribué un droit de visite et d'hébergement au père et conservé à chacun des parents l'exercice conjoint de l'autorité parentale, retient que la résidence habituelle de l'enfant chez un de ses deux parents ne fait pas obstacle à ce que l'autre exerce la plénitude de son pouvoir de surveillance et de contrôle de l'éducation, de sorte que la responsabilité civile des deux parents, titulaires de l'autorité parentale conjointe, est engagée;

Mais attendu qu'en se déterminant ainsi, alors que la responsabilité du parent chez lequel la résidence habituelle de l'enfant n'a pas été fixée ne peut, sans faute de sa part, être engagée, la cour d'appel a méconnu le texte susvisé et le principe ci-dessus énoncé;

D'où il suit que la cassation est encourue de ce chef; que, n'impliquant pas qu'il soit à nouveau statué sur le fond, elle aura lieu sans renvoi, ainsi que le permet l'article L. 411-3 du code de l'organisation judiciaire;

Par ces motifs, sans qu'il soit besoin d'examiner le second moyen de cassation proposé: CASSE et ANNULE, l'arrêt susvisé de la cour d'appel de Rouen, en date du 20 juillet 2011, en ses seules dispositions ayant déclaré Monsieur Loïc X... civilement responsable de son fils mineur et l'ayant condamné in solidum à indemniser la partie civile, toutes autres dispositions étant expressément maintenues; (...)

Cass. civ. 2, 11 septembre 2014 (pourvoi n° 13-16897)

Sur le moyen unique pris en sa première branche :

Attendu, selon l'arrêt attaqué (Rouen, 16 janvier 2013), que par jugement du 18 février 1993, un tribunal pour enfants a déclaré Sébastien X..., mineur de quinze ans, coupable de blessures volontaires ayant entraîné une incapacité temporaire totale de plus de huit jours, commises sur la personne de Hicham Y... ; que, statuant sur les intérêts civils, le tribunal a condamné Sébastien X... et ses parents in solidum à verser aux époux Y..., représentants légaux de leur fils mineur Hicham, une indemnité provisionnelle de 3 000 francs (457, 35 euros) et ordonné une expertise médicale de ce dernier ; que, le Fonds de garantie des victimes des actes de terrorisme et autres infractions (FGTI), après avoir indemnisé la victime, a exercé son recours subrogatoire à l'encontre de Monsieur Sébastien X... et de ses père et mère ;

Attendu que Monsieur Sébastien X... fait grief à l'arrêt de le condamner in solidum avec Monsieur Alain X... et Madame Catherine Z... épouse X..., ces deux derniers étant condamnés solidairement, à verser au Fonds de garantie des victimes des actes de terrorisme et d'autres infractions la somme de 56 380, 41 euros et de les condamner solidairement à verser à ce dernier la somme de 1 200 euros sur le fondement de l'article 700 du code de procédure civile, alors, selon le moyen, que n'est pas tenu à indemnisation à l'égard de la victime l'enfant mineur dont les parents sont solidairement responsables ; qu'en l'espèce, pour condamner Monsieur Sébastien X..., in solidum avec ses parents, à verser une somme au Fonds de garantie des victimes des actes de terrorisme et d'autres infractions, subrogée dans les droits de la victime, la cour d'appel a affirmé que sa minorité au moment des faits ne faisait pas obstacle à sa condamnation à indemniser la victime pour le dommage qu'elle avait subi à la suite de la faute qu'il avait commise ; qu'en statuant ainsi, quand la responsabilité des parents du fait de leur enfant mineur fait obstacle à ce que celui-ci soit personnellement tenu à indemniser la victime, la cour d'appel a violé les articles 1382 et 1384, alinéa 4, du Code civil ;

Mais attendu que **la condamnation des père et mère sur le fondement de l'article 1384, alinéa 4, du Code civil ne fait pas obstacle à la condamnation personnelle du mineur sur le fondement de l'article 1382 du Code civil ;**

Et attendu que l'arrêt retient à bon droit que la minorité de Monsieur X... ne fait pas obstacle à sa condamnation à indemniser la victime pour le dommage qu'elle a subi à la suite de sa faute et qu'il doit l'être **in solidum** avec ses parents lesquels, seuls, sont tenus solidairement ;

D'où il suit que le moyen n'est pas fondé ;

Et attendu que la seconde branche du moyen n'est pas de nature à permettre l'admission du pourvoi ;

PAR CES MOTIFS : REJETTE le pourvoi ;

Thème 8

La responsabilité générale du fait d'autrui

Exercice

Énoncé du cas

Monsieur Durand est très inquiet. Il dirige un centre éducatif fermé pour mineurs. Or le week-end dernier, l'un des pensionnaires qui avait été autorisé à séjourner le samedi et le dimanche chez ses grands-parents en a profité pour voler une voiture et l'a utilisée pour « foncer » dans l'enceinte de son ancien collège. Les dégâts sont très importants et il demande dans quelle mesure la responsabilité du centre peut être engagée.

Le même week-end, le football club de la commune, également dirigé par Monsieur Durand était en déplacement pour une compétition. Deux joueurs de son club ont agressé un adversaire durant le match. Il a perdu connaissance et a dû être hospitalisé.

Il se demande également quelles peuvent être les répercussions de cette histoire pour le club.

Corrigé

Attention

Depuis l'arrêt de BLIECK rendu par l'assemblée plénière de la Cour de cassation le 29 mars 1991, on parle de « responsabilité générale du fait d'autrui ».

Or, il n'existe pas à proprement parler de principe général de responsabilité pour autrui et ce type de responsabilité ne vise que deux cas de figures dont il sera traité dans la résolution du cas pratique :

- la responsabilité des personnes ayant la garde d'individus nécessitant une surveillance particulière ayant accepté la charge d'organiser et de contrôler, à titre permanent leur mode de vie (arrêt BLIECK – *Cf. Focus*)
- la responsabilité des associations sportives (Cass. civ. 2, 22 mai 1995 – *Cf. Focus*) ou de loisirs (Cass. civ. 2, 12 décembre 2002 – *Cf. Focus*) ayant pour mission d'organiser, de diriger et de contrôler l'activité de leurs membres

Question de fait

La responsabilité du centre pour mineurs ainsi que celle du football club peut-elle être engagée ?

Question de droit

La responsabilité du centre pour mineurs ainsi que celle du football club peut-elle être engagée sur le fondement de l'article 1242 alinéa 1er du Code civil ?

Réponse en droit

Bien que l'on évoque la responsabilité générale du fait d'autrui, seuls deux cas de figure sont visés, la responsabilité des personnes ayant la garde d'individus nécessitant une surveillance particulière et la responsabilité des associations sportives, et ils répondent tous deux à des conditions différents.
Il faut alors les traiter séparément.

I. La responsabilité du centre pour mineurs

La responsabilité générale du fait d'autrui est de nature délictuelle, elle est donc exclue dès lors que l'auteur du dommage est accueilli par l'établissement en vertu d'un contrat. La responsabilité est alors contractuelle (voir Cass. civ. 1, 15 décembre 2011 (*Cf. Focus*) pour une personne accueillie dans une maison de retraite et Cass. civ. 2, 12 mai 2005 (*Cf. Focus*) pour un mineur handicapé accueilli dans un centre spécialisé à la demande de ses parents.

La première condition de toute responsabilité est l'existence d'un dommage réparable. Plusieurs types de dommages sont réparables :

- le dommage corporel qui est une atteinte à l'intégrité physique ;
- le dommage matériel qui est une atteinte au patrimoine ;
- la dommage moral qui est une atteinte aux sentiments.

Pour être réparable le préjudice doit revêtir certains caractères. Il doit être :

- personnel : le demandeur doit avoir personnellement subi le dommage (*Cf.* P2-T2).
- certain : le dommage doit être évaluable. Il peut s'agir d'une perte ou d'un manque à gagner. Il peut être actuel ou futur.
- direct : il doit être la suite directe de l'accident
- légitime : le dommage doit être constitué par une atteinte à un intérêt juridiquement protégé.

En l'espèce, le dommage est matériel (destruction du collège) et éventuellement moral ; il s'agit bien d'un dommage réparable.

a. Le gardien de l'auteur du dommage

Il s'agit de la personne exerçant un pouvoir d'organisation, de contrôle et de direction sur l'activité ou le mode de vie de l'auteur du fait dommageable (Cass., ass. plén., 29 mars 1991, BLIECK - *Cf. Focus*).

En l'espèce, tel est bien le cas puisque le mineur ayant causé le dommage a été placé dans un centre éducatif fermé qui contrôle son mode de vie.
La question peut se poser lorsque le gardien a la qualité de tuteur. La Cour de cassation retient des solutions différentes selon qu'il s'agit de la tutelle d'un majeur ou d'un mineur.

S'il s'agit de la tutelle d'un mineur, la Cour de cassation considère que celui-ci a accepté, en qualité de tuteur, la garde du mineur et la charge d'organiser et de contrôler à titre permanent son mode de vie. Sa responsabilité peut être engagée sur le fondement de l'article 1242 alinéa 1er du Code civil (Cass. crim., 28 mars 2000 – *Cf. Focus*).

Tel n'est en revanche pas le cas dans la tutelle du majeur (Cass. civ. 2, 25 février 1998 - *Cf. Focus*). La différence de solutions s'explique par le fait que le tuteur du mineur contrôle de manière permanente le mode de vie de celui-ci, ce qui n'est pas le cas du tuteur du majeur.

En revanche, il est précisé qu'au moment de la réalisation du dommage le mineur n'était pas sous la surveillance du centre, mais avait été confié à ses grands-parents. Cela a-t-il une incidence ?

La Cour de cassation a précisé que si l'auteur du dommage était placé de manière permanente sous la garde de celui dont on cherche à engager la responsabilité, sa responsabilité peut être engagée même s'il n'était pas sous sa surveillance effective au moment de la réalisation du dommage (Cass. crim., 26 mars 1997 ; Cass. civ. 2, 6 juin 2002, Cass. civ. 2, 22 mai 2003 – *Cf. Focus*).

Le fait que le mineur se soit trouvé sous la garde de ses grands-parents au moment de la réalisation du dommage n'a donc aucune incidence et ne permet pas de dégager le gardien de sa responsabilité.

Il n'est pas nécessaire que le gardien de l'auteur du dommage ait commis une faute. La responsabilité générale du fait d'autrui est une responsabilité sans faute (Cass. crim. 26 mars 1997 – *Cf. Focus*).

b. L'auteur du dommage nécessitant une surveillance particulière

La mise en œuvre de la responsabilité générale du fait d'autrui est limité aux hypothèses dans lesquelles l'auteur du dommage est une personne qui, au regard de sa situation ou de son état, nécessite une surveillance particulière (mineur, handicapé mental – *Cf. Focus*).

Il doit être relevé que la Cour de cassation ne s'est pas prononcée sur l'exigence de faute de l'auteur du dommage. En conséquence, on ne peut affirmer ou infirmer qu'il s'agit d'une condition de la responsabilité générale du fait d'autrui des personnes ayant la garde d'individus nécessitant une surveillance particulière. Néanmoins, au vu de la jurisprudence, il ne faut pas de doute que lorsque l'auteur du dommage a commis une faute, la responsabilité de son gardien peut être engagée sur le fondement de l'article 1242 alinéa 1er du Code civil.

En l'espèce, le mineur a commis une faute (*Cf.* P2-T3).

Les conditions de la responsabilité générale du fait d'autrui des personnes ayant la garde d'individus nécessitant une surveillance particulière sont remplies.

II. La responsabilité du club de football

La première condition de toute responsabilité est l'existence d'un dommage réparable.
Plusieurs types de dommages sont réparables :
- le dommage corporel qui est une atteinte à l'intégrité physique
- le dommage matériel qui est une atteinte au patrimoine
- la dommage moral qui est une atteinte aux sentiments.

Pour être réparable le préjudice doit revêtir certains caractères. Il doit être :
- personnel : le demandeur doit avoir personnellement subi le dommage (*Cf.* P2-T2).
- certain : le dommage doit être évaluable. Il peut s'agir d'une perte ou d'un manque à gagner. Il peut être actuel ou futur (Cass., civ. 3, 2 juin 2016, *Cf. Focus*).
- direct : il doit être la suite directe de l'accident
- légitime : le dommage doit être constitué par une atteinte à un intérêt juridiquement protégé.

En l'espèce, le dommage est corporel, éventuellement matériel (frais médicaux, perte de revenus) et moral (douleur) ; il s'agit bien d'un dommage réparable.

Les associations sportives contrôlent l'activité de leurs membres dans le cadre de leurs activités. En conséquence, le principe de responsabilité générale du fait d'autrui posé par l'arrêt BIECK (*Cf. Focus*) leur est applicable.

a. Contexte de la réalisation du dommage

Cette responsabilité peut être mise en œuvre que l'on soit dans le cadre de compétitions (Cass. civ. 2, 22 mai 1995 – *Cf. Focus*) ou alors pendant un entrainement (Cass. civ. 2, 21 octobre 2004 – *Cf. Focus*).

b. Exigence de faute de l'auteur du dommage

La Cour de cassation exige que le membre de l'association ait commis une faute consistant en une violation des règles du jeu (Cass. civ. 2, 21 octobre 2004 – *Cf. Focus).*
En l'espèce, il est établi que le joueur a commis une faute de jeu.

Les conditions de la responsabilité générale du fait d'autrui des personnes contrôlant l'activité d'autrui sont remplies.

▶ **Remarque**

Les conditions de la responsabilité étant réunies, il faudrait vérifier l'existence de causes d'exonération. Elles feront l'objet d'une fiche spécifique (*Cf.* P2-T9).

Réponse en fait

La responsabilité du centre pour mineurs comme celle du club de football est engagée.
Ils devront réparer le dommage causé par les personnes dont ils avaient la garde ;

Exercice

Pour aller plus loin

- J.-P. GRIDEL, « Glose d'un article imaginaire inséré dans le Code civil en suite de l'arrêt Blieck : "chacun doit répondre, de plein droit, du dommage causé par celui dont il avait mission de régler le mode de vie ou de contrôler l'activité" », in *Mélanges P. DRAI*, Dalloz, 2000, p. 609.
- R. SAVATIER, « La responsabilité générale du fait des choses que l'on a sous sa garde a-t-elle pour pendant une responsabilité générale du fait des personnes dont on doit répondre ? », *DH*,1933. Chron., p. 81.

1. Textes

Article 1384 ancien du Code civil

« On est responsable non seulement du dommage que l'on cause par son propre fait, mais encore de celui qui est causé par le fait des personnes dont on doit répondre, ou des choses que l'on a sous sa garde.

Toutefois, celui qui détient, à un titre quelconque, tout ou partie de l'immeuble ou des biens mobiliers dans lesquels un incendie a pris naissance ne sera responsable, vis-à-vis des tiers, des dommages causés par cet incendie que s'il est prouvé qu'il doit être attribué à sa faute ou à la faute des personnes dont il est responsable.

Cette disposition ne s'applique pas aux rapports entre propriétaires et locataires, qui demeurent régis par les articles 1733 et 1734 du Code civil.

Le père et la mère, en tant qu'ils exercent l'autorité parentale, sont solidairement responsables du dommage causé par leurs enfants mineurs habitant avec eux.

Les maîtres et les commettants, du dommage causé par leurs domestiques et préposés dans les fonctions auxquelles ils les ont employés ;

Les instituteurs et les artisans, du dommage causé par leurs élèves et apprentis pendant le temps qu'ils sont sous leur surveillance.

La responsabilité ci-dessus a lieu, à moins que les père et mère et les artisans ne prouvent qu'ils n'ont pu empêcher le fait qui donne lieu à cette responsabilité.

En ce qui concerne les instituteurs, les fautes, imprudences ou négligences invoquées contre eux comme ayant causé le fait dommageable, devront être prouvées, conformément au droit commun, par le demandeur, à l'instance. »

Article 1242 du Code civil

« On est responsable non seulement du dommage que l'on cause par son propre fait, mais encore de celui qui est causé par le fait des personnes dont on doit répondre, ou des choses que l'on a sous sa garde.

Toutefois, celui qui détient, à un titre quelconque, tout ou partie de l'immeuble ou des biens mobiliers dans lesquels un incendie a pris naissance ne sera responsable, vis-à-vis des tiers, des dommages causés par cet incendie que s'il est prouvé qu'il doit être attribué à sa faute ou à la faute des personnes dont il est responsable.

Cette disposition ne s'applique pas aux rapports entre propriétaires et locataires, qui demeurent régis par les articles 1733 et 1734 du Code civil.

Le père et la mère, en tant qu'ils exercent l'autorité parentale, sont solidairement responsables du dommage causé par leurs enfants mineurs habitant avec eux.

Les maîtres et les commettants, du dommage causé par leurs domestiques et préposés dans les fonctions auxquelles ils les ont employés ;

Les instituteurs et les artisans, du dommage causé par leurs élèves et apprentis pendant le temps qu'ils sont sous leur surveillance.

FOCUS

La responsabilité ci-dessus a lieu, à moins que les père et mère et les artisans ne prouvent qu'ils n'ont pu empêcher le fait qui donne lieu à cette responsabilité.

En ce qui concerne les instituteurs, les fautes, imprudences ou négligences invoquées contre eux comme ayant causé le fait dommageable, devront être prouvées, conformément au droit commun, par le demandeur, à l'instance. »

2. Jurisprudence

Cass., ass. plén., 29 mars 1991, BLIECK (pourvoi n° 89-15231)

Sur le moyen unique:

Attendu, selon l'arrêt confirmatif attaqué (Limoges, 23 mars 1989), que X..., handicapé mental, placé au Centre d'aide par le travail de Sornac, a mis le feu à une forêt appartenant aux consorts X... ; que ceux-ci ont demandé à l'Association des centres éducatifs du Limousin, qui gère le centre de Sornac, et à son assureur, la réparation de leur préjudice;

Attendu qu'il est fait grief à l'arrêt d'avoir condamné ces derniers à des dommages-intérêts par application de l'article 1384, alinéa 1er, du Code civil, alors qu'il n'y aurait de responsabilité du fait d'autrui que dans les cas prévus par la loi et que la cour d'appel n'aurait pas constaté à quel titre l'association devrait répondre du fait des personnes qui lui sont confiées;

Mais attendu que l'arrêt relève que le centre géré par l'association était destiné à recevoir des personnes handicapées mentales encadrées dans un milieu protégé, et que X... était soumis à un régime comportant une totale liberté de circulation dans la journée;

Qu'en l'état de ces constatations, d'où il résulte que **l'association avait accepté la charge d'organiser et de contrôler, à titre permanent, le mode de vie de ce handicapé, la cour d'appel a décidé, à bon droit, qu'elle devait répondre de celui-ci au sens de l'article 1384,** alinéa 1er**, du Code civil, et qu'elle était tenue de réparer les dommages qu'il avait causés**; d'où il suit que le moyen n'est pas fondé;

PAR CES MOTIFS: REJETTE le pourvoi

Cass. civ. 2, 22 mai 1995 (pourvoi n° 92-21871)

Sur le moyen unique :

Attendu, selon l'arrêt attaqué, qu'au cours d'un match de rugby, une bagarre a mis aux prises les joueurs des deux équipes appartenant à des associations sportives différentes ; que Monsieur X..., membre de l'Union sportive de Monteux, a été mortellement blessé ; qu'une information pénale a été clôturée par une ordonnance de non-lieu ; que les consorts X... ont demandé à l'équipe adverse, l'Union sportive du personnel électricité gaz de Marseille (Uspeg), la réparation de leur préjudice ;

Attendu qu'il est fait grief à l'arrêt attaqué d'avoir retenu la responsabilité de l'Uspeg alors que, selon le moyen, " d'une part, le préposé est celui qui agit pour le compte d'une autre personne, le commettant, lequel exerce à son égard un pouvoir de direction, de surveillance et de contrôle ; que les joueurs de rugby sont des amateurs ; qu'ils ne sont donc pas rémunérés en contrepartie de leur activité sportive ni soumis à aucune contrainte d'entraînement ou de participation aux rencontres ; qu'en retenant cependant l'existence d'un lien de préposition entre le club et les joueurs amateurs qui en sont membres, la cour d'appel a violé les articles 1384, alinéa 5, du Code civil, 101 et 107 du règlement de la Fédération française de rugby ; d'autre part, le rapport de subordination d'où découle la responsabilité des commettants suppose de la part de ceux-ci le pouvoir de donner des ordres à leurs préposés ; que ce lien de subordination n'est pas caractérisé dès l'instant où aucun pouvoir de contrôle et de direction ne peut ainsi être exercé ; que, lors d'un match de championnat, les joueurs présents sur le terrain sont sous la seule autorité de l'arbitre ; qu'il résulte des constatations mêmes de l'arrêt attaqué que la bagarre qui aurait entraîné la mort de Dominique X... s'est déclenchée " au cours du match " (arrêt p. 9, alinéa 3) ; qu'à cet instant, seul l'arbitre, à l'exclusion des clubs sportifs, exerçait un pouvoir de contrôle et de direction sur les joueurs ; qu'en déclarant cependant un club responsable des conséquences dommageables d'une bagarre survenue pendant un match, la cour d'appel a violé les articles 1384, alinéa 5, du Code civil et 206 du règlement de la Fédération française de rugby ; enfin, la responsabilité du commettant ne peut être engagée que si la preuve d'une faute commise par l'un de ses préposés est rapportée ; que l'auteur de la faute doit être identifié afin que le commettant puisse exercer le recours qui lui est reconnu contre son préposé fautif ; que la cour d'appel n'a pas identifié les joueurs qui auraient frappé Monsieur X... ; qu'en retenant cependant la responsabilité de l'association sportive pour des fautes commises par plusieurs de ses préposés non identifiés, la cour d'appel a violé l'article 1384, alinéa 5, du Code civil " ;

Mais attendu que les associations sportives, ayant pour mission d'organiser, de diriger et de contrôler l'activité de leurs membres au cours des compétitions sportives auxquelles ils participent, sont responsables, au sens de l'article 1384, alinéa 1er, **du Code civil, des dommages qu'ils causent à cette occasion ;**

Thème 8

Et attendu que l'arrêt retient que les joueurs de l'Uspeg participaient à une compétition sportive et que ce sont des joueurs de cette association qui ont exercé sur Monsieur X... des violences ;

Que, par ces seuls motifs, l'arrêt se trouve légalement justifié ;

PAR CES MOTIFS : REJETTE le pourvoi.

Cass. crim. 26 mars 1997 (pourvoi n° 95-83956)

(...)

Attendu qu'il résulte de l'arrêt attaqué que, par jugement devenu définitif sur l'action publique, Y..., Z... et A... ont été déclarés coupables, notamment, d'avoir frauduleusement soustrait un véhicule appartenant à la société Vascart-Lamoureux ; que ce vol a été commis alors que, étant mineurs, les prévenus se trouvaient confiés au X... en exécution de décisions prises par le juge des enfants sur le fondement des articles 375 et suivants du Code civil ; que la victime s'est constituée partie civile devant la juridiction répressive et a demandé, avec son assureur, réparation du préjudice subi ;

Attendu que, pour confirmer la décision des premiers juges ayant déclaré le X... civilement responsable, l'arrêt attaqué énonce que, détenant la garde des 3 mineurs, il avait pour mission de contrôler et d'organiser, à titre permanent, leur mode de vie et « qu'il est donc tenu au sens de l'article 1384, alinéa 1er, du Code civil, sans qu'il y ait besoin de caractériser une faute » de sa part ; qu'ils ajoutent, par motifs propres et adoptés, que la circonstance qu'Y... se soit trouvé chez sa mère au moment des faits est sans incidence sur la responsabilité du demandeur, dès lors que le retour du mineur dans sa famille ne résultait d'aucune décision judiciaire, ni d'aucun accord passé entre l'établissement gardien et la mère de l'enfant ;

Attendu qu'en prononçant ainsi la cour d'appel a fait l'exacte application de la loi ;

Qu'en effet un établissement d'éducation est responsable, au sens de l'article 1384, alinéa 1er, du Code civil, du dommage causé à autrui par les mineurs qui lui sont confiés par le juge des enfants dès lors qu'aucune décision judiciaire n'a suspendu ou interrompu cette mission ;

Qu'en outre **les personnes tenues de répondre du fait d'autrui, au sens du même texte, ne peuvent s'exonérer de la responsabilité de plein droit qui en résulte en démontrant qu'elles n'ont commis aucune faute** ;

D'où il suit que les moyens doivent être écartés ;

Et attendu que l'arrêt est régulier en la forme ;

REJETTE le pourvoi.

Cass. civ. 2, 25 février 1998 (pourvoi n° 95-20419)

Attendu, selon l'arrêt attaqué (Nancy, 23 mai 1995), que X..., majeur handicapé placé sous l'administration légale de son père, X..., et demi-pensionnaire à l'Institut médico-pédagogique géré par l'association Aide aux enfants infirmes (AEIM), était reconduit à proximité du domicile de ses parents par le car de ramassage scolaire de cet établissement ; qu'après être descendu du véhicule X... est entré par effraction dans le domicile de Madame Y... et y a allumé un incendie, qui a détruit l'immeuble ; que Madame Y..., indemnisée partiellement par son assureur, a, avec la compagnie PFA, assigné en réparation l'AEIM et son assureur, la compagnie Abeille Paix, ainsi que Monsieur X... et son assureur, le GAN, Monsieur X... étant pris tant en son nom personnel qu'en sa qualité d'administrateur légal de X... ;

Sur le premier moyen :

Attendu qu'il est fait grief à l'arrêt d'avoir rejeté ces demandes, en tant que dirigées contre l'AEIM et la Compagnie Abeille Paix, alors, selon le moyen, que les établissements d'enseignement spécialisés pour les handicapés mentaux ont sur ceux-ci un pouvoir général de direction et de contrôle et sont en conséquence responsables des actes de leurs élèves ; que X..., atteint de débilité, était scolarisé en tant que demi-pensionnaire dans un établissement de l'AEIM au moment où il a incendié la maison de Madame Y... ; qu'en décidant que cette association ne pouvait pas être responsable des actes de son élève la cour d'appel a violé l'article 1384, paragraphe 1, du Code civil ;

Mais attendu que l'arrêt retient qu'après être descendu du car X... ne se trouvait plus sous l'autorité de l'association, laquelle n'avait plus, à partir de ce moment, la surveillance et l'organisation des conditions de vie de l'handicapé ;

Qu'en l'état de ces constatations et énonciations la cour d'appel a décidé, à bon droit, que la responsabilité de l'AEIM n'était pas engagée sur le fondement de l'article 1384, alinéa 1, du Code civil ;

D'où il suit que le moyen n'est pas fondé ;

Sur le second moyen :

Attendu qu'il est fait grief à l'arrêt d'avoir rejeté ces demandes, en tant que dirigées contre Monsieur X..., du fait de sa qualité d'administrateur légal de son fils, et contre le GAN, alors, selon le moyen, que l'administrateur légal d'un incapable majeur est responsable de la personne de l'incapable et possède un pouvoir de direction sur celui-ci ; qu'il doit par conséquent répondre des actes du majeur incapable ; que Monsieur X... était l'administrateur légal de son fils X... lorsque celui-ci a mis le feu à la maison de Madame Y... ; qu'en jugeant que la responsabilité de Monsieur X... ne pouvait pas être engagée du fait de son fils la cour d'appel a violé les articles 497 et 1384 du Code civil ;

Mais attendu que, s'il résulte de l'article 490 du Code civil que la mesure édictée en faveur d'un majeur, dont les facultés mentales sont altérées, concerne non seulement la gestion de ses biens mais aussi la protection de sa personne, il ne s'ensuit pas que son tuteur ou l'administrateur légal sous contrôle judiciaire

du juge des tutelles est responsable des agissements de la personne protégée sur le fondement de l'article 1384, alinéa 1er**, du même Code**;

Et attendu que, par motifs propres et adoptés, l'arrêt qui a écarté l'existence d'une faute de Monsieur X..., retient, à bon droit, que la responsabilité de ce dernier ne saurait être engagée du seul fait de sa qualité d'administrateur légal;

Que, par ce seul motif, l'arrêt est légalement justifié;

PAR CES MOTIFS: REJETTE le pourvoi.

Cass. crim. 28 mars 2000 (pourvoi n° 99-84075)

Sur le moyen unique de cassation, pris de la violation des articles 404, 1384, alinéa 1er, du Code civil et 591 du Code de procédure pénale:

« en ce que l'arrêt attaqué a dit que Z... est civilement responsable de Y... concernant les conséquences dommageables des faits commis par celui-ci;

« aux motifs que, au moment des faits, Y... venait de perdre sa mère et se trouvait vivre chez son beau-père, Z..., qui avait accepté d'être désigné tuteur de l'enfant par le conseil de famille; en effet, le père de Y..., après avoir été incarcéré, se trouvait être sans domicile connu; la seule personne susceptible de s'occuper de l'enfant était en conséquence son beau-père avec lequel il résidait déjà au moment du décès de sa mère; il apparaît que cette situation de fait et de droit entraînait par elle-même que Z... avait accepté d'assurer la direction matérielle et morale du mineur, dont il assurait également la surveillance en ayant, par la décision du conseil de famille, la garde; il avait ainsi la charge d'organiser et de contrôler à titre permanent le mode de vie de ce mineur; aux termes de l'article 1384, alinéa 1er, du Code civil: « on est responsable non seulement du dommage que l'on cause par son propre fait, mais encore de celui qui est causé par le fait des personnes dont on doit répondre », que ce principe général peut servir de fondement à une décision de condamnation au titre de la responsabilité du fait d'autrui; il apparaît, dès lors, que Z..., en sa qualité de tuteur de l'enfant, en ayant la garde, répondait du mineur et devait se voir appliquer la présomption de responsabilité visée à l'alinéa 1er de l'article 1384 du Code civil; qu'en effet, n'étant pas le père de l'enfant, il ne pouvait se voir appliquer l'alinéa 4 du même article, comme l'a décidé le tribunal pour enfants; que cependant, le tribunal pour enfants aurait dû, comme cela était demandé par A... et la X..., examiner l'application de l'alinéa 1er, qui ne constitue nullement une introduction des cas de responsabilité posés dans les alinéas suivants mais pose bien le principe général d'une responsabilité du fait d'autrui qui peut être, pour les raisons expliquées ci-dessus, appliqué à Z... ;

« alors que le tuteur d'un mineur, désigné par le conseil de famille, n'est pas responsable des agissements de la personne protégée sur le fondement de l'article 1384, alinéa 1er, du Code civil; qu'en l'espèce, c'est à tort que la cour d'appel a déclaré Z..., en sa qualité de tuteur de l'enfant, en ayant la garde, civilement responsable des conséquences dommageables commises par celui-ci »;

Attendu qu'il résulte de l'arrêt attaqué que Y..., âgé de 14 ans, a blessé mortellement un camarade en jouant avec une carabine, alors qu'il habitait avec son beau-père, Z..., tuteur désigné par le conseil de famille;

Attendu que, pour déclarer Z..., assuré auprès de la X..., civilement responsable de Y... sur le fondement de l'article 1384, alinéa 1er, du Code civil, la cour d'appel relève qu'il avait accepté, en qualité de tuteur, la garde du mineur et la charge d'organiser et de contrôler à titre permanent son mode de vie;

Attendu que, par ces motifs, la juridiction du second degré a justifié sa décision;

D'où il suit que le moyen doit être écarté;

Et attendu que l'arrêt est régulier en la forme;

REJETTE le pourvoi.

Cass. civ. 2, 16 novembre 2000 (pourvoi n° 99-13023)

Attendu, selon l'arrêt confirmatif attaqué (Douai, 7 janvier 1999), que Renaud Y..., âgé de 17 ans, qui venait de réintégrer l'internat du lycée agricole d'Haussy après un stage chez ses parents, a provoqué l'incendie des bâtiments en jetant, pour la cacher, une cigarette allumée dans un local de rangement de couvertures; que la société Groupama assurances, assureur du lycée, l'ayant indemnisé et subrogée dans ses droits, a exercé une action récursoire en responsabilité et indemnisation du préjudice contre les parents de Renaud Y..., pris tant comme civilement responsables que comme représentants légaux de celui-ci, et leur assureur, Azur assurances;

Sur le moyen unique, pris en ses trois premières branches:

Attendu que les époux Z... et leur assureur font grief à l'arrêt d'avoir accueilli les demandes à leur encontre, alors, selon le moyen:

1. que le juge doit, en toutes circonstances, faire observer et observer lui-même le principe du contradictoire; qu'en substituant comme fondement de l'appréciation de la cohabitation la circonstance que le mineur pensionnaire dans un établissement effectuait des stages chez ses parents agriculteurs, de sorte que l'internat ne constituait qu'une modalité d'éducation ne mettant pas fin à la cohabitation, quand les parties avaient uniquement discuté du point de savoir à quelle date précise l'on devait considérer que la cohabitation physique de Renaud Y... avec ses parents, en raison de son stage agricole d'une semaine chez eux, avait cessé pour être remplacée par le régime d'internat, exclusif de toute cohabitation, la cour d'appel a violé l'article 16 du nouveau Code de procédure civile;

2. que la responsabilité des parents sur le fondement de l'article 1384, alinéa 4, est subordonnée à une communauté habituelle de résidence avec leur enfant; que, dès lors, en retenant la responsabilité des parents pour un fait commis par leur enfant pensionnaire dans un internat sur le fondement d'un stage effectué chez ses parents qui aurait transformé son internat en modalité d'éducation ne mettant pas fin à la communauté habituelle de résidence, la cour d'appel a violé l'article 1384, alinéa 4, du Code civil;

3. que les père et mère sont responsables des dommages causés par leurs enfants mineurs habitant avec eux ; qu'en statuant de la sorte, sans s'expliquer sur les circonstances qui lui permettaient de considérer que le stage que Renaud Y... venait d'effectuer chez ses parents transformait son internat en une modalité d'exercice de sa scolarité qui n'interrompait pas la cohabitation chez ses parents, la cour d'appel n'a pas donné de base légale à sa décision au regard de l'article 1384, alinéa 4, du Code civil ;

Mais attendu que **c'est à bon droit, sans violer le principe de la contradiction, que la cour d'appel a énoncé que le régime de l'internat, ne constituant qu'une modalité d'exercice de la scolarité, n'avait pas interrompu la cohabitation entre Renaud Y... et ses parents ;**

D'où il suit que le moyen n'est pas fondé ;

(...)

PAR CES MOTIFS : REJETTE le pourvoi ;

Cass. civ. 2, 6 juin 2002 (pourvoi n° 00-15606)

Voir également Cass. civ. 2, 6 juin 2002 (pourvois n°s 00-12014 ; 00-18286, 00-19694, 00-19922)

Sur le moyen unique :

Vu l'article 1384, alinéa 1er, du Code civil ;

Attendu qu'une association chargée par décision d'un juge des enfants d'organiser et de contrôler à titre permanent le mode de vie d'un mineur demeure, en application du texte susvisé, responsable de plein droit du fait dommageable commis par ce mineur, même lorsque celui-ci habite avec ses parents, dès lors qu'aucune décision judiciaire n'a suspendu ou interrompu cette mission éducative ;

Attendu, selon l'arrêt attaqué, que le mineur Franck A..., âgé de seize ans, placé par un juge des enfants dans un foyer éducatif géré par l'Association de la région havraise pour l'enfance et l'adolescence en difficultés (l'Association) a, lors d'un séjour de fin de semaine au domicile de ses parents, commis un incendie volontaire qui a détruit le fonds de commerce de Madame X... ; qu'il a été pénalement condamné du chef de ce délit ; que Madame X... et son assureur la compagnie Assurances générales de France (compagnie AGF) ont assigné en réparation l'Association et son assureur la compagnie Axa ; qu'un jugement a accueilli leurs demandes ;

Attendu que pour débouter Madame X... et la compagnie AGF de leurs demandes, l'arrêt retient qu'il est établi que les parents A... bénéficiaient d'un droit de visite et d'hébergement de fin de semaine à exercer selon le rythme d'une semaine sur deux, que selon les pièces du dossier pénal, le jeune Franck A... a déclaré être rentré chez lui " après les faits ", que selon la notice de renseignements, ce mineur était placé et revenait chez ses parents en fin de semaine, qu'enfin le mineur a déclaré à un psychologue qu'il avait mis le feu " au cours d'un week-end chez lui " ; que dans ces conditions, il est établi que Franck A... était en séjour régulier et autorisé chez ses parents lors de la fin de semaine où il a provoqué l'incendie, de sorte que l'Association ne peut être déclarée civilement responsable de ses agissements ;

Qu'en statuant ainsi, la cour d'appel a violé le texte susvisé ;

Par ces motifs : CASSE ET ANNULE, dans toutes ses dispositions, l'arrêt rendu le 15 mars 2000, entre les parties, par la cour d'appel de Rouen ; remet, en conséquence, la cause et les parties dans l'état où elles se trouvaient avant ledit arrêt et, pour être fait droit, les renvoie devant la cour d'appel de Caen.

Cass. civ. 2, 12 décembre 2002 (pourvoi n° 00-13.553)

Sur le moyen unique :

Attendu, selon l'arrêt attaqué (Versailles, 15 octobre 1999), que Mlle X..., qui participait à un défilé de majorettes organisé par l'association Saint-Louis de Poissy (l'association) a été blessée par le bâton manipulé par une autre majorette, Madame Le Y... ; que Mlle X... a assigné en responsabilité et dommages-intérêts Madame Le Y... et la société Assurances générales de France sur le fondement de l'article 1384, alinéa 1er, du Code civil, ainsi que l'association et son assureur, la compagnie Axa assurances (Axa), sur le fondement des articles 1382 et 1384, alinéas 1 et 5, du Code civil ;

Attendu que l'association et la compagnie Axa font grief à l'arrêt de les avoir condamnées, solidairement avec Madame Le Y..., à réparer le préjudice subi par Mlle X... alors, selon le moyen, que seules les personnes ayant mission de régler le mode de vie d'autrui ou de contrôler l'activité potentiellement dangereuse à laquelle il se livre répondent, de plein droit, des dommages qu'il peut causer par son fait ; que tel n'est pas le cas d'une association communale chargée d'organiser un défilé de majorettes, les exercices d'adresse auxquels celles-ci se livrent ne présentant de danger objectif ni pour les participantes, ni pour le public, et cette association n'exerçant de surcroît aucun contrôle sur la réalisation des exercices préparés et répétés à l'avance par un corps constitué, se bornant à donner à l'ensemble des instructions de Marche ;

d'où il suit qu'en déclarant l'association, même en l'absence de toute faute de sa part, responsable de plein droit du dommage causé par la chute d'un bâton échappé à la maîtrise d'une participante, la cour d'appel a violé l'article 1384, alinéa 1er, du Code civil ;

Mais attendu que l'arrêt, confirmatif sur ce point, relève, par motifs propres et adoptés, que le dommage a été causé par un membre de l'association, à l'occasion du défilé de majorettes organisée par celle-ci, laquelle avait pour mission d'organiser, de diriger et de contrôler l'activité de ses membres au cours du défilé ;

Que par ces constatations et énonciations, la **cour d'appel a pu, sans avoir à tenir compte de la dangerosité potentielle de l'activité exercée par un des membres de l'association, décider que celle-ci était tenue de plein droit de réparer, avec son assureur, le préjudice résultant du fait dommageable commis par l'un de ses membres à l'occasion de la manifestation qu'elle avait organisée** ;

PAR CES MOTIFS : REJETTE le pourvoi ;

Cass. civ. 2, 21 octobre 2004 (pourvois ns 03-17910 et 03-18942)

Sur le moyen unique du pourvoi n° E 03-17.910, pris en ses deuxième, quatrième et cinquième branches et sur le moyen unique du pourvoi n° B 03-18.942, pris en ses deuxième et quatrième branches :

Vu l'article 1384, alinéa 1er, du Code civil ;

Attendu selon ce texte, que **les associations sportives, ayant pour mission d'organiser, de diriger et de contrôler l'activité de leurs membres, sont responsables des dommages qu'ils causent à cette occasion, dès lors qu'une faute caractérisée par une violation des règles du jeu est imputable à l'un de ses membres, même non identifié** ;

Attendu selon l'arrêt confirmatif attaqué qu'à l'occasion d'une **séance d'entraînement**, Monsieur X…, membre de l'association de rugby Bleuets Labatutois (l'association), répétant une phase tactique de sortie de mêlée, est tombé en manquant un placage et s'est blessé ; qu'il a assigné en réparation l'association et ses assureurs, la compagnie La Sauvegarde, également assureur de la Fédération française de rugby (FFR), et la Caisse régionale mutuelle agricole Groupama Sud-Ouest (Crama-Groupama) ainsi que la Mutualité sociale agricole ;

Attendu que pour déclarer l'association responsable du dommage subi par Monsieur X… et la condamner solidairement avec la Crama-Groupama et La Sauvegarde à lui payer une provision indemnitaire en ordonnant par ailleurs une expertise médicale, l'arrêt énonce qu'il résulte de la déclaration signée par le responsable de l'association et des témoignages qu'au cours d'un entraînement, pendant la répétition d'une tactique jouée à la sortie de mêlée, Monsieur X… a manqué le placage de son attaquant qui l'a évité, et que, déséquilibré, il est tombé sur le dos, a ressenti une douleur aux vertèbres cervicales et n'a pu bouger ; qu'il est donc établi que la chute de Monsieur X… a été causée par l'un des membres de l'association qui a esquivé le placage dont il était l'objet ; que même si l'action de jeu au cours de laquelle Monsieur X… a été blessé était parfaitement régulière, sa chute est le fait de l'un de ses coéquipiers, membre de l'association ; que si cette action a eu lieu au cours de l'entraînement qui précède la compétition, cet entraînement, organisé par l'association, en est le soutien nécessaire et relève de sa préparation ; que c'est donc à bon droit, même en l'absence de toute faute d'un joueur de l'association, que le premier juge a retenu la responsabilité de celle-ci, dès lors qu'il est démontré par la victime qu'un des joueurs de cette association est intervenu par son fait dans la production du dommage ;

Qu'en statuant ainsi, alors qu'il ressortait de ses propres constatations qu'aucune faute caractérisée par une violation des règles du jeu n'avait été commise par un joueur quelconque au cours de la phase d'entraînement durant laquelle Monsieur X… s'était blessé, la cour d'appel a violé le texte susvisé ;

PAR CES MOTIFS, et sans qu'il y ait lieu de statuer sur les autres griefs du pourvoi :

CASSE ET ANNULE, dans toutes ses dispositions, l'arrêt rendu le 23 juin 2003, entre les parties, par la cour d'appel de Pau; remet, en conséquence, la cause et les parties dans l'état où elles se trouvaient avant ledit arrêt et, pour être fait droit, les renvoie devant la cour d'appel de Toulouse; (...)

Cass. civ. 2, 12 mai 2005 (pourvoi n° 03-17994)

Attendu, selon l'arrêt confirmatif attaqué et les productions, que le mineur Hassen X... a été confié, dans le cadre des dispositions de la loi d'orientation du 30 juin 1975 en faveur des personnes handicapées, à la demande de sa famille, à l'association Clair Soleil, gérant l'institut de rééducation Les Collines; qu'il s'est rendu coupable d'atteintes sexuelles sur d'autres mineurs pensionnaires de cet institut et a été condamné à indemniser les victimes; qu'ayant dédommagé ces dernières en exécution de décisions de la commission d'indemnisation des victimes d'infractions (CIVI), le Fonds de garantie des victimes d'actes de terrorisme et autres infractions (le Fonds) a sollicité devant le tribunal d'instance, sur le fondement de l'article 1384, alinéa 1er, du Code civil, subsidiairement de l'article 1382 dudit Code, la condamnation de l'association Clair Soleil et de son assureur, la MAIF, à lui rembourser, par subrogation dans le droit des victimes, les indemnités ainsi versées;

Sur le premier moyen:

Attendu que le Fonds fait grief à l'arrêt de l'avoir débouté de ses demandes, alors, selon le moyen:

1. Qu'une association qui accepte, à titre onéreux, la mission d'organiser et de contrôler, de façon permanente, le mode de vie d'un mineur handicapé, doit répondre des dommages causés par celui-ci aux autres pensionnaires de l'établissement, peu important que l'auteur du dommage ait été placé dans l'établissement sur décision judiciaire ou à la demande de ses parents de sorte qu'en décidant le contraire, la cour d'appel a violé par refus d'application l'article 1384, alinéa 1er, du Code civil;

2. Que la responsabilité n'est contractuelle qu'à la condition qu'il existe un contrat entre la victime et l'auteur du dommage au moment où celui-ci se produit; que les juges du fond ont expressément constaté que les victimes, mineures, étaient prises en charge par l'association Clair Soleil à la demande de leurs parents, de sorte que seuls ces derniers, à l'exclusion des victimes mineures, étaient contractuellement liés au responsable; qu'en estimant néanmoins que le Fonds subrogé dans les droits des mineurs victimes ne pouvait rechercher que la responsabilité contractuelle de l'association, la cour d'appel a violé, par fausse application, l'article 1147 du Code civil;

3. Qu'une association qui accepte, à titre onéreux, la mission d'organiser et de contrôler, de façon permanente, le mode de vie d'un mineur handicapé doit répondre des dommages causés par celui-ci aux autres pensionnaires de l'établissement, peu important que les victimes aient été placées dans l'établissement sur décision judiciaire ou à la demande de leurs parents de sorte qu'en décidant le contraire, la cour d'appel a violé par refus d'application l'article 1384, alinéa 1er, du Code civil;

Mais attendu que, par motifs propres et adoptés, l'arrêt retient qu'il est hors de contestation que l'association Clair Soleil avait en charge les victimes en dehors de toute décision de l'autorité publique;

Que les mineurs, tant Hassen X... que les victimes, ont été confiés à l'Institut Les Collines, après décision d'orientation de la commission de l'éducation spéciale instaurée par la loi du 30 juin 1975, à la demande de leurs représentants légaux qui, après avoir eu connaissance du fonctionnement de l'établissement et de ses objectifs, ont sollicité l'admission de leur enfant;

Que de **ces constatations et énonciations, la cour d'appel a exactement déduit que la responsabilité de l'association ne pouvait être recherchée que sur le fondement de l'article 1147 du Code civil**;

D'où il suit que le moyen n'est pas fondé;

Mais sur le deuxième moyen:

Vu l'article 1147 du Code civil;

Attendu que pour rejeter les demandes du Fonds, l'arrêt retient, par motifs adoptés, qu'en vertu de ce texte, l'association Clair Soleil est tenue envers ses pensionnaires à une obligation de sécurité et de surveillance, en l'occurrence à une obligation de moyens; qu'à l'appui de ses prétentions, le Fonds n'a produit que le jugement du tribunal pour enfants, lequel ne permet pas de retenir une quelconque faute, négligence, omission ou abstention qui puisse être imputée à l'association Clair Soleil; que le manquement à l'obligation de surveillance et de sécurité ne saurait se déduire, en l'absence de tout autre élément d'appréciation, de la seule commission des faits délictueux quand bien même se seraient-ils produits pendant plusieurs mois; que le Fonds, qui n'a pas rapporté la preuve d'un manquement à l'origine des préjudices qu'il a indemnisés, sera donc débouté de sa demande;

Qu'en statuant ainsi, après avoir constaté que l'un des pensionnaires de l'association avait pu se livrer de façon répétée et pendant plusieurs mois à des actes d'agressions sexuelles sur d'autres pensionnaires également placés dans cet internat de rééducation, ce qui caractérisait l'organisation défectueuse du service de surveillance de l'établissement et le manquement de l'association à son obligation de sécurité, la cour d'appel a violé le texte susvisé;

PAR CES MOTIFS, et sans qu'il y ait lieu de statuer sur le troisième moyen:

CASSE ET ANNULE, dans toutes ses dispositions, l'arrêt rendu le 19 mai 2003, entre les parties, par la cour d'appel de Grenoble;

remet, en conséquence, la cause et les parties dans l'état où elles se trouvaient avant ledit arrêt et, pour être fait droit, les renvoie devant la cour d'appel de Lyon;

Condamne l'association Clair Soleil et la MAIF aux dépens;

Cass. ass. plén., 29 juin 2007 (pourvoi n° 06-18141)

Sur le moyen unique :

Vu l'article 1384, alinéa 1er, du Code civil ;

Attendu que **les associations sportives ayant pour mission d'organiser, de diriger et de contrôler l'activité de leurs membres, sont responsables des dommages qu'ils causent à cette occasion, dès lors qu'une faute caractérisée par une violation des règles du jeu est imputable à un ou plusieurs de leurs membres, même non identifiés** ;

Attendu, selon l'arrêt attaqué rendu sur renvoi après cassation (2e Civ., 13 mai 2004, *Bull.* 2004, II, n° 232) que Monsieur X..., participant à un match de rugby organisé par le comité régional de rugby du Périgord-Agenais, dont il était adhérent, et le comité régional de rugby d'Armagnac-Bigorre, a été grièvement blessé lors de la mise en place d'une mêlée ; qu'il a assigné en réparation sur le fondement de l'article 1384, alinéa 1er, du Code civil les comités et leur assureur commun, la société La Sauvegarde, en présence de la caisse primaire d'assurance maladie du Lot-et-Garonne ;

Attendu que pour déclarer les comités responsables et les condamner à indemniser Monsieur X..., l'arrêt retient qu'il suffit à la victime de rapporter la preuve du fait dommageable et qu'elle y parvient en démontrant que les blessures ont été causées par l'effondrement d'une mêlée, au cours d'un match organisé par les comités, que l'indétermination des circonstances de l'accident et l'absence de violation des règles du jeu ou de faute établie sont sans incidence sur la responsabilité des comités dès lors que ceux-ci ne prouvent l'existence ni d'une cause étrangère ni d'un fait de la victime ;

Qu'en statuant ainsi, alors qu'elle était tenue de relever l'existence d'une faute caractérisée par une violation des règles du jeu commise par un ou plusieurs joueurs, même non identifiés, la cour d'appel a violé le texte susvisé ;

PAR CES MOTIFS : CASSE ET ANNULE, en toutes ses dispositions, l'arrêt rendu le 4 juillet 2006, entre les parties, par la cour d'appel de Bordeaux ; remet, en conséquence, la cause et les parties dans l'état où elles se trouvaient avant ledit arrêt et, pour être fait droit, les renvoie devant la cour d'appel de Toulouse ;

Cass. civ. 1, 15 décembre. 2011 (pourvoi n° 10-25740)

Attendu que, selon l'arrêt attaqué, Lucien X..., pensionnaire de la maison de retraite Les Opalines, atteint de la maladie d'Alzheimer, a été frappé, au cours de déambulations nocturnes, par un autre pensionnaire, Marcel Y..., souffrant de la même maladie, et qu'il a succombé à ses blessures ; que l'arrêt attaqué (Dijon, 7 septembre 2010) a débouté les ayants-cause de Lucien X... de toutes leurs demandes à l'égard de l'EURL Les Opalines gérant l'établissement et a condamné les héritiers de Marcel Y..., entre temps décédé, in solidum avec la société GMF assurances, à les indemniser et à rembourser certaines sommes à la Caisse nationale de prévoyance et de retraite du personnel de la SNCF, la

FOCUS

société GMF étant en outre condamnée à garantir les consorts Y... des condamnations prononcées à leur encontre ;

Sur la première branche du moyen unique :

Attendu que la société GMF assurances fait grief à l'arrêt d'avoir ainsi statué, alors, selon le moyen, que la maison de retraite médicalisée accueillant des patients atteints de la maladie d'Alzheimer soumis à un régime comportant une liberté de circulation doit être considérée comme ayant accepté la charge d'organiser et de contrôler à titre permanent le mode de vie de ses pensionnaires et doit répondre des dommages qu'ils ont causés ; qu'en écartant toute responsabilité de l'EURL Les Opalines de ce chef, la cour d'appel a violé l'article 1384, alinéa 1er, du Code civil ;

Mais attendu **que Marcel Y..., auteur des coups mortels, étant hébergé à la maison de retraite Les Opalines en vertu d'un contrat, la cour d'appel a retenu à bon droit que cette dernière ne pouvait être considérée comme responsable, au titre de l'article 1384, alinéa 1er, du Code civil, des dommages causés par lui** ; que le moyen n'est pas fondé ;

Et sur les deuxième et troisième branches :

Attendu que, subsidiairement, la société GMF assurances adresse les mêmes reproches à l'arrêt, alors, selon le moyen :

1. Que la maison de retraite accueillant des patients atteints de la maladie d'Alzheimer engage sa responsabilité en cas d'organisation défectueuse du service de surveillance et de manquement à son obligation de sécurité ; que la cour d'appel, qui a constaté que Monsieur Y..., atteint de la maladie d'Alzheimer, avait séjourné dans un centre hospitalier spécialisé en psychiatrie pour un état d'agitation et des problèmes d'agressivité à la suite de violences commises sur la personne de son épouse, ce dont la maison de retraite était informée et que le directeur de celle-ci avait lui-même reconnu que les travaux pour accueillir les personnes atteintes de cette maladie n'étaient pas terminés, n'a pas tiré les conséquences légales de ses constatations et a violé l'article 1147 du Code civil ;
2. Que la maison de retraite accueillant des patients atteints de la maladie d'Alzheimer doit mettre en œuvre tous les moyens pour prévenir les risques découlant de la liberté d'aller et venir de ces patients ; que la cour d'appel, qui a constaté que la maison de retraite n'avait effectué que trois rondes sur les cinq prévues par le protocole, que l'accident était survenu dans l'heure suivant la troisième ronde, ce dont il résultait que Monsieur Y... avait pu porter des coups mortels à Monsieur X... sans que cette agression n'alertât personne, la victime ayant été découverte gisant sur le sol, a violé l'article 1147 du Code civil ;

Mais attendu qu'appréciant souverainement le rapport d'enquête de la DDASS et les circonstances de fait, la cour d'appel a constaté que si Marcel Y... avait été hospitalisé auparavant suite à des problèmes d'agressivité, il n'était pas établi qu'il eût présenté un tel comportement à l'égard des autres pensionnaires depuis son arrivée, que l'établissement était apte à recevoir des personnes atteintes des pathologies dont souffraient l'auteur et la victime et que, si un "protocole" interne prévoyait cinq rondes par nuit alors que trois seulement avaient été effectuées la nuit en question, rien n'indiquait que les faits se fussent déroulés à l'heure auxquelles elles auraient dû avoir lieu, puisque, lors de la dernière ronde entre quatre et cinq heures du matin, avant la découverte du corps de Lucien X... à six heures, ce dernier prenait une collation dans sa chambre tandis que Marcel Y... dormait dans la sienne ; qu'elle en a déduit, sans encourir aucun des griefs allégués, que l'EURL Les Opalines, tenue d'une obligation de surveiller les pensionnaires qui lui étaient confiés pour éviter qu'ils ne s'exposent à des dangers ou y exposent autrui, n'avait commis aucune faute ayant joué un rôle causal dans la survenance du dommage ;

Qu'en ses deuxième et troisième branches, le moyen n'est pas fondé ;

PAR CES MOTIFS : REJETTE le pourvoi ;

Thème 9

Les causes d'exonération

Exercice

Énoncé du cas

Présentez brièvement les différentes causes d'exonération.

Corrigé

Les diverses causes d'exonération sont les suivantes :

a. La force majeure

Pour la Cour de de cassation (Ass. plén., 14 avril 2006 – *Cf. Focus*), un évènement de force majeure est un évènement imprévisible et irrésistible.
Un évènement est irrésistible lorsque ses conséquences ne peuvent être évitées.
L'imprévisibilité de l'évènement est appréciée au jour de la réalisation du dommage. Il s'agit d'une imprévisibilité raisonnable. Un évènement est imprévisible lorsqu'il ne peut être raisonnablement anticipé soit dans son existence même, soit dans son ampleur.
Il s'agit d'une cause d'exonération totale de la responsabilité.

b. Le fait ou la faute d'un tiers

La responsabilité délictuelle se joue en général entre l'auteur du dommage et la victime, mais il se peut qu'un tiers soit intervenu.
Si ce tiers a participé par son fait ou par sa faute (sur la notion de faute – *Cf.* P2-T2) à la réalisation du dommage, cette participation va exonérer partiellement ou totalement l'auteur du dommage.
L'exonération est totale si le fait ou la faute du tiers présente les caractères de la force majeure. Sinon, l'exonération est partielle, on assiste alors à un partage de responsabilité. Les responsables sont alors tenus *in solidum* à la réparation du dommage. En conséquence, la victime peut agir en réparation contre chacun des auteurs du dommage pour la réparation de son entier préjudice. En revanche, entre les coauteurs du dommage existe un partage de responsabilité (T. confl., 14 février 2000, n° 02929 – *Cf. Focus*).

c. Le fait ou la faute de la victime

Le fait ou la faute de la victime sont une cause d'exonération totale de responsabilité s'ils présentent les caractères de la force majeure (Cass. civ., 11 février 1976 – *Cf. Focus*).

Si tel n'est pas le cas, l'exonération partielle n'est possible qu'en cas de faute de la victime (sur la notion de faute *Cf.* P2-T2).

☛ Pour aller plus loin

– J. MOURY, « Force majeure : éloge de la sobriété », *RTD civ.*, 2004, p.471.

1. Textes

(...)

2. Jurisprudence

Cass. civ., 11 février 1976 (pourvoi n° 74-13094)

Sur le premier moyen : attendu, selon l'arrêt infirmatif attaque, que sur une route, une collision se produisit entre la voiture de X..., conduite par lui, et le camion de la société entreprise Roussey, conduit par un préposé, circulant en sens inverse ; que X... fut tué et les véhicules endommagés ; que dame Étienne Z..., et son assureur, l'Union des Assurances de Paris, ont assigné la société Roussey et son assureur, la préservatrice, en réparation du préjudice subi ; que dame Y..., veuve X..., mère de la victime, est intervenue aux mêmes fins ; que la société Roussey a réclamé reconventionnellement l'indemnisation de son dommage matériel ;

Attendu qu'il est fait grief à l'arrêt d'avoir, pour dire que la responsabilité du dommage subi par les consorts X... et l'union des assurances de Paris incombait pour la partie a la société Roussey, en tant que gardienne du camion, déclare que si X... avait, en circulant à une vitesse excessive et effectuant un dépassement dangereux, commis une faute, "rien n'autorisait a dire que la voiture légère, en perte de contrôle ou désemparée, était seule à l'origine de l'accident ", alors qu'il résulterait de la déposition d'un témoin et des constatations matérielles des gendarmes qu'il y aurait eu concomitance entre le dépassement et l'arrivée du camion dans la courbe ou l'accident s'était produit, que le camion n'avait été que légèrement endommagé, tandis que la voiture était allée s'abîmer à grande vitesse contre une murette, que le camion aurait laissé un espace suffisant pour permettre le passage ;

Mais attendu que cette discussion de fait, relative à l'interprétation des indices matériels et à la portée de la déclaration d'un témoin, ne saurait être admise devant la cour de cassation ;

Mais sur le second moyen : vu l'article 1382 du Code civil ;

Attendu qu'en vertu de cet article, **l'auteur d'une faute qui a cause un dommage est tenu a entière réparation envers la victime, une faute de celle-ci pouvant seule l'exonérer en partie quand cette faute a concouru à la production du dommage ;**

Attendu que, pour n'accueillir que partiellement la demande reconventionnelle de la société Roussey, qui sollicitait la confirmation du jugement entrepris condamnant la succession de X... et son assureur a l'entière réparation de son dommage sur le fondement de l'article 1382 du Code civil, après avoir fixé la proportion dans laquelle ladite société s'exonérait de la responsabilité par elle encourue en tant que gardienne du camion, l'arrêt se borne a énoncer que ladite demande reconventionnelle était recevable à concurrence de cette proportion ;

Attendu, cependant, que l'accident avait occasionné deux dommages distincts, dont l'un avait atteint X... et l'autre la société Roussey ;

Que chaque victime ou ses ayants droit disposaient donc d'une action pour obtenir réparation du préjudice subi ;

Qu'en statuant ainsi qu'elle l'a fait, alors qu'elle avait retenu une faute à la charge de X..., sans en relever aucune à l'encontre de la société Roussey ou de son préposé, la cour d'appel n'a pas donne une base légale a sa décision ;

PAR CES MOTIFS : CASSE ET ANNULE, dans la limite du moyen ainsi admis, l'arrêt rendu entre les parties le 8 mars 1974 par la cour d'appel de Dijon ; remet, en conséquence, quant à ce, la cause et les parties au même et semblable état où elles étaient avant ledit arrêt, et, pour être fait droit, les renvoie devant la cour d'appel de Besançon.

T. confl., 14 février 2000 (n° 02929, extrait)

(...)

Considérant que **chacun des coauteurs d'un même dommage, conséquence de leurs fautes respectives, doit être condamné in solidum à la réparation de l'entier dommage, chacune de ces fautes ayant concouru à le causer tout entier, sans qu'il y ait lieu de tenir compte du partage de responsabilités entre les coauteurs, lequel n'affecte que les rapports réciproques de ces derniers, mais non le caractère et l'étendue de leur obligation à l'égard de la victime du dommage** ; (...)

Cass. ass. plén., 14 avril 2006 (pourvoi n° 04-18902)

Sur le moyen unique :

Attendu, selon l'arrêt attaqué (Paris, 29 juin 2004), que le corps sans vie de Corinne X... a été découvert, entre le quai et la voie, dans une gare desservie par la Régie autonome des transports parisiens (la RATP) ; qu'une information ouverte du chef d'homicide involontaire a révélé que l'accident, survenu lors du départ d'une rame, était passé inaperçu, aucun témoin des faits ne s'étant fait connaître ; que Monsieur X..., époux de la victime, agissant tant en son nom personnel qu'en qualité de représentant légal de ses deux enfants mineurs, a demandé que la RATP soit condamnée à réparer le préjudice causé par cet accident ;

Attendu que Monsieur X... fait grief à l'arrêt d'avoir rejeté cette demande alors, selon le moyen, qu'en application de l'article 1384, alinéa 1er du Code civil, la faute de la victime n'exonère totalement le gardien de sa responsabilité que si elle constitue un cas de force majeure ; qu'en constatant que la chute de la victime ne peut s'expliquer que par l'action volontaire de celle-ci et que la réalité de la volonté de provoquer l'accident est confortée par l'état de détresse apparent de la victime, alors qu'un tel comportement ne présentait pas les caractères de la force majeure, la cour d'appel a violé de façon flagrante les dispositions de l'article précité ;

Mais attendu que si la faute de la victime n'exonère totalement le gardien qu'à la condition de présenter les **caractères d'un événement de force majeure, cette exigence est satisfaite lorsque cette faute présente, lors de l'accident, un caractère imprévisible et irrésistible**; qu'ayant retenu que la chute de Corinne X... sur la voie ne pouvait s'expliquer que par l'action volontaire de la victime, que le comportement de celle-ci n'était pas prévisible dans la mesure où aucun des préposés de la RATP ne pouvait deviner sa volonté de se précipiter contre la rame, qu'il n'avait été constaté aucun manquement aux règles de sécurité imposées à l'exploitant du réseau et que celui-ci ne saurait se voir reprocher de ne pas prendre toutes mesures rendant impossible le passage à l'acte de personnes ayant la volonté de produire le dommage auquel elles s'exposent volontairement, la cour d'appel a décidé à bon droit que la faute commise par la victime exonérait la RATP de toute responsabilité;

D'où il suit que le moyen n'est pas fondé;

PAR CES MOTIFS : REJETTE le pourvoi;

Annexes

Projet de réforme de la responsabilité civile du 13 mars 2017

Article 1232

Les dispositions des chapitres I à IV s'appliquent sous réserve des dispositions propres aux régimes spéciaux.

CHAPITRE IER - DISPOSITIONS LIMINAIRES

Article 1233

En cas d'inexécution d'une obligation contractuelle, ni le débiteur ni le créancier ne peuvent se soustraire à l'application des dispositions propres à la responsabilité contractuelle pour opter en faveur des règles spécifiques à la responsabilité extracontractuelle.

Article 1233-1

Les préjudices résultant d'un dommage corporel sont réparés sur le fondement des règles de la responsabilité extracontractuelle, alors même qu'ils seraient causés à l'occasion de l'exécution du contrat.
Toutefois, la victime peut invoquer les stipulations expresses du contrat qui lui sont plus favorables que l'application des règles de la responsabilité extracontractuelle.

Article 1234

Lorsque l'inexécution du contrat cause un dommage à un tiers, celui-ci ne peut demander réparation de ses conséquences au débiteur que sur le fondement de la responsabilité extracontractuelle, à charge pour lui de rapporter la preuve de l'un des faits générateurs visés à la section II du chapitre II.
Toutefois, le tiers ayant un intérêt légitime à la bonne exécution d'un contrat peut également invoquer, sur le fondement de la responsabilité contractuelle, un manquement contractuel dès lors que celui-ci lui a causé un dommage. Les conditions et limites de la responsabilité qui s'appliquent dans les relations entre les contractants lui sont opposables. Toute clause qui limite la responsabilité contractuelle d'un contractant à l'égard des tiers est réputée non écrite.

CHAPITRE II – LES CONDITIONS DE LA RESPONSABILITÉ

SECTION 1 - Dispositions communes aux responsabilités contractuelle et extracontractuelle

Sous-section 1. Le préjudice réparable

Article 1235

Est réparable tout préjudice certain résultant d'un dommage et consistant en la lésion d'un intérêt licite, patrimonial ou extrapatrimonial.

Article 1236

Le préjudice futur est réparable lorsqu'il est la prolongation certaine et directe d'un état de choses actuel.

Article 1237

Les dépenses exposées par le demandeur pour prévenir la réalisation imminente d'un dommage ou pour éviter son aggravation, ainsi que pour en réduire les conséquences, constituent un préjudice réparable dès lors qu'elles ont été raisonnablement engagées.

Article 1238

Seule constitue une perte de chance réparable, la disparition actuelle et certaine d'une éventualité favorable.
Ce préjudice doit être mesuré à la chance perdue et ne peut être égal à l'avantage qu'aurait procuré cette chance si elle s'était réalisée.

Sous-section 2. Le lien de causalité

Article 1239

La responsabilité suppose l'existence d'un lien de causalité entre le fait imputé au défendeur et le dommage.
Le lien de causalité s'établit par tout moyen.

Article 1240

Lorsqu'un dommage corporel est causé par une personne indéterminée parmi des personnes identifiées agissant de concert ou exerçant une activité similaire, chacune en répond pour le tout, sauf à démontrer qu'elle ne peut l'avoir causé.
Les responsables contribuent alors entre eux à proportion de la probabilité que chacun ait causé le dommage.

SECTION 2 - Dispositions propres à la responsabilité extracontractuelle

Sous-section 1. Le fait générateur de responsabilité extracontractuelle

§1 La faute

Article 1241

On est responsable du dommage causé par sa faute.

Article 1242

Constitue une faute la violation d'une prescription légale ou le manquement au devoir général de prudence ou de diligence.

Article 1242-1

[La faute de la personne morale résulte de celle de ses organes ou d'un défaut d'organisation ou de fonctionnement.]

§2 Le fait des choses

Article 1243

On est responsable de plein droit des dommages causés par le fait des choses corporelles que l'on a sous sa garde.
Le fait de la chose est présumé dès lors que celle-ci, en mouvement, est entrée en contact avec le siège du dommage.
Dans les autres cas, il appartient à la victime de prouver le fait de la chose, en établissant soit le vice de celle-ci, soit l'anormalité de sa position, de son état ou de son comportement.
Le gardien est celui qui a l'usage, le contrôle et la direction de la chose au moment du fait dommageable. Le propriétaire est présumé gardien.

§3 Les troubles anormaux de voisinage

Article 1244

Le propriétaire, le locataire, le bénéficiaire d'un titre ayant pour objet principal de l'autoriser à occuper ou à exploiter un fonds, le maître d'ouvrage ou celui qui en exerce les pouvoirs, qui provoque un trouble excédant les inconvénients normaux de voisinage, répond de plein droit du dommage résultant de ce trouble.
Lorsqu'une activité dommageable a été autorisée par voie administrative, le juge peut cependant accorder des dommages et intérêts ou ordonner les mesures raisonnables permettant de faire cesser le trouble.

Sous-section 2. L'imputation du dommage causé par autrui

Article 1245

On est responsable du dommage causé par autrui dans les cas et aux conditions posés par les articles 1246 à 1249.
Cette responsabilité suppose la preuve d'un fait de nature à engager la responsabilité de l'auteur direct du dommage.

Article 1246

Sont responsables de plein droit du fait du mineur :
- ses parents, en tant qu'ils exercent l'autorité parentale ;
- son ou ses tuteurs, en tant qu'ils sont chargés de la personne du mineur ;
- la personne physique ou morale chargée par décision judiciaire ou administrative, d'organiser et contrôler à titre permanent le mode de vie du mineur. Dans cette hypothèse, la responsabilité des parents de ce mineur ne peut être engagée.

Article 1247

Est responsable de plein droit du fait du majeur placé sous sa surveillance la personne physique ou morale chargée, par décision judiciaire ou administrative, d'organiser et contrôler à titre permanent son mode de vie.

Article 1248

Les autres personnes qui, par contrat assument, à titre professionnel, une mission de surveillance d'autrui ou d'organisation et de contrôle de l'activité d'autrui, répondent du fait de la personne physique surveillée à moins qu'elles ne démontrent qu'elles n'ont pas commis de faute.

Article 1249

Le commettant est responsable de plein droit des dommages causés par son préposé. Est commettant celui qui a le pouvoir de donner au préposé des ordres ou des instructions en relation avec l'accomplissement de ses fonctions.
En cas de transfert du lien de préposition, cette responsabilité pèse sur le bénéficiaire du transfert.
Le commettant ou le bénéficiaire du transfert n'est pas responsable s'il prouve que le préposé a agi hors des fonctions auxquelles il était employé, sans autorisation et à des fins étrangères à ses attributions. Il ne l'est pas davantage s'il établit une collusion du préposé et de la victime.
Le préposé n'engage sa responsabilité personnelle qu'en cas de faute intentionnelle, ou lorsque, sans autorisation, il a agi à des fins étrangères à ses attributions.

SECTION 3 - Dispositions propres à la responsabilité contractuelle

Article 1250

Toute inexécution du contrat ayant causé un dommage au créancier oblige le débiteur à en répondre.

Article 1251

Sauf faute lourde ou dolosive, le débiteur n'est tenu de réparer que les conséquences de l'inexécution raisonnablement prévisibles lors de la formation du contrat.

Article 1252

La réparation du préjudice résultant du retard dans l'exécution suppose la mise en demeure préalable du débiteur. La mise en demeure n'est requise pour la réparation de tout autre préjudice que lorsqu'elle est nécessaire pour caractériser l'inexécution.

CHAPITRE III – LES CAUSES D'EXONÉRATION OU D'EXCLUSION DE LA RESPONSABILITÉ

SECTION 1 - Les causes d'exonération de responsabilité

Article 1253

Le cas fortuit, le fait du tiers ou de la victime sont totalement exonératoires s'ils revêtent les caractères de la force majeure.
En matière extracontractuelle, la force majeure est l'événement échappant au contrôle du défendeur ou de la personne dont il doit répondre, et dont ceux-ci ne pouvaient éviter ni la réalisation ni les conséquences par des mesures appropriées.

En matière contractuelle, la force majeure est définie à l'article 1218.

Article 1254

Le manquement de la victime à ses obligations contractuelles, sa faute ou celle d'une personne dont elle doit répondre sont partiellement exonératoires lorsqu'ils ont contribué à la réalisation du dommage.
En cas de dommage corporel, seule une faute lourde peut entraîner l'exonération partielle.

Article 1255

Sauf si elle revêt les caractères de la force majeure, la faute de la victime privée de discernement n'a pas d'effet exonératoire.

Article 1256

La faute ou l'inexécution contractuelle opposable à la victime directe l'est également aux victimes d'un préjudice par ricochet.

SECTION 2 – Les causes d'exclusion de responsabilité

Article 1257

Le fait dommageable ne donne pas lieu à responsabilité lorsque l'auteur se trouve dans l'une des situations prévues aux articles 122-4 à 122-7 du code pénal.

Article 1257-1

Ne donne pas non plus lieu à responsabilité le fait dommageable portant atteinte à un droit ou à un intérêt dont la victime pouvait disposer, si celle-ci y a consenti.

CHAPITRE IV – LES EFFETS DE LA RESPONSABILITÉ

SECTION 1 – Principes

Article 1258

La réparation a pour objet de replacer la victime autant qu'il est possible dans la situation où elle se serait trouvée si le fait dommageable n'avait pas eu lieu. Il ne doit en résulter pour elle ni perte ni profit.

Article 1259

La réparation peut prendre la forme d'une réparation en nature ou de dommages et intérêts, ces deux types de mesures pouvant se cumuler afin d'assurer la réparation intégrale du préjudice.

Sous-section 1. La réparation en nature

Article 1260

La réparation en nature doit être spécifiquement propre à supprimer, réduire ou compenser le dommage.

Article 1261

La réparation en nature ne peut être imposée à la victime.

Elle ne peut non plus être ordonnée en cas d'impossibilité ou de disproportion manifeste entre son coût pour le responsable et son intérêt pour la victime.

Sous les mêmes réserves, le juge peut également autoriser la victime à prendre elle-même les mesures de réparation en nature aux frais du responsable. Celui-ci peut être condamné à faire l'avance des sommes nécessaires.

Sous-section 2. Les dommages et intérêts

Article 1262

Les dommages et intérêts sont évalués au jour du jugement, en tenant compte de toutes les circonstances qui ont pu affecter la consistance et la valeur du préjudice depuis le jour de la manifestation du dommage, ainsi que de son évolution raisonnablement prévisible.
En cas d'aggravation du dommage postérieurement au jugement, la victime peut demander un complément d'indemnité pour le préjudice qui en résulte.
En cas de dommage corporel, elle peut également réclamer une indemnisation complémentaire pour tout chef de préjudice préexistant non inclus dans la demande initiale.
Chacun des chefs de préjudice est évalué distinctement.

Article 1263

Sauf en cas de dommage corporel, les dommages et intérêts sont réduits lorsque la victime n'a pas pris les mesures sûres et raisonnables, notamment au regard de ses facultés contributives, propres à éviter l'aggravation de son préjudice.

Article 1264

La victime est libre de disposer des sommes allouées.

Sous-section 3. L'incidence de la pluralité de responsables

Article 1265

Lorsque plusieurs personnes sont responsables d'un même dommage, elles sont solidairement tenues à réparation envers la victime.
Si toutes ou certaines d'entre elles ont commis une faute, elles contribuent entre elles à proportion de la gravité et du rôle causal du fait générateur qui leur est imputable.
Si aucune d'elles n'a commis de faute, elles contribuent à proportion du rôle causal du fait générateur qui leur est imputable, ou à défaut par parts égales.

Sous-section 4. La cessation de l'illicite

Article 1266

En matière extracontractuelle, indépendamment de la réparation du préjudice éventuellement subi, le juge peut prescrire les mesures raisonnables propres à prévenir le dommage ou faire cesser le trouble illicite auquel est exposé le demandeur.

Sous-section 5. L'amende civile

Article 1266-1

En matière extracontractuelle, lorsque l'auteur du dommage a délibérément commis une faute en vue d'obtenir un gain ou une économie, le juge peut le condamner, à la demande de la victime ou du ministère public et par une décision spécialement motivée, au paiement d'une amende civile.
Cette amende est proportionnée à la gravité de la faute commise, aux facultés contributives de l'auteur et aux profits qu'il en aura retirés.
L'amende ne peut être supérieure au décuple du montant du profit réalisé.
Si le responsable est une personne morale, l'amende peut être portée à 5 % du montant du chiffre d'affaires hors taxes le plus élevé réalisé en France au cours d'un des exercices clos depuis l'exercice précédant celui au cours duquel la faute a été commise.
Cette amende est affectée au financement d'un fonds d'indemnisation en lien avec la nature du dommage subi ou, à défaut, au Trésor public.
Elle n'est pas assurable.

SECTION 2 – Règles particulières à la réparation des préjudices résultant de certaines catégories de dommages

Sous-section 1. Règles particulières à la réparation des préjudices résultant d'un dommage corporel

Article 1267

Les règles de la présente sous-section sont applicables aux décisions des juridictions judiciaires et administratives, ainsi qu'aux transactions conclues entre la victime et le débiteur de l'indemnisation.

Article 1267-1

Toute stipulation contraire aux dispositions de la présente sous-section est réputée non écrite à moins qu'elle ne soit plus favorable à la victime.

Article 1268

Les préjudices doivent être appréciés sans qu'il soit tenu compte d'éventuelles prédispositions de la victime lorsque l'affection qui en est issue n'a été provoquée ou révélée que par le fait dommageable.

Article 1269

Les préjudices patrimoniaux et extrapatrimoniaux résultant d'un dommage corporel sont déterminés, poste par poste, suivant une nomenclature non limitative des postes de préjudices fixée par décret en Conseil d'État.

Article 1270

Sauf disposition particulière, le déficit fonctionnel après consolidation est mesuré selon un barème médical unique, indicatif, dont les modalités d'élaboration, de révision et de publication sont déterminées par voie règlementaire.

Article 1271

Un décret en Conseil d'État fixe les postes de préjudices extrapatrimoniaux qui peuvent être évalués selon un référentiel indicatif d'indemnisation, dont il détermine les modalités d'élaboration et de publication. Ce référentiel est réévalué tous les trois ans en fonction de l'évolution de la moyenne des indemnités accordées par les juridictions.

À cette fin, une base de données rassemble, sous le contrôle de l'État et dans des conditions définies par décret en Conseil d'État, les décisions définitives rendues par les cours d'appel en matière d'indemnisation du dommage corporel des victimes d'un accident de la circulation.

Article 1272

L'indemnisation due au titre de la perte de gains professionnels, de la perte de revenus des proches ou de l'assistance d'une tierce personne a lieu en principe sous forme d'une rente. Celle-ci est indexée sur un indice fixé par voie réglementaire et lié à l'évolution du salaire minimum.

Avec l'accord des parties, ou sur décision spécialement motivée, la rente peut être convertie en capital selon une table déterminée par voie réglementaire fondée sur un taux d'intérêt prenant en compte l'inflation prévisible et actualisée tous les trois ans suivant les dernières évaluations statistiques de l'espérance de vie publiées par l'Institut national des statistiques et des études économiques.

Lorsqu'une rente a été allouée conventionnellement ou judiciairement en réparation de préjudices futurs, le crédirentier peut, si sa situation personnelle le justifie, demander que les arrérages à échoir soient remplacés en tout ou partie par un capital, suivant la table de conversion visée à l'alinéa précédent.

Article 1273

Les sommes versées à la victime à des fins indemnitaires par les tiers payeurs ne donnent lieu à recours subrogatoire contre le responsable ou son assureur que dans les cas prévus par la loi.

Article 1274

Seules les prestations énumérées ci-après versées à la victime d'un dommage corporel ouvrent droit à un recours contre la personne tenue à réparation ou son assureur :

1. Les prestations versées par les organismes, établissements et services gérant un régime obligatoire de sécurité sociale ;
2. Les prestations énumérées au II de l'article 1er de l'ordonnance n° 59-76 du 7 janvier 1959 relative aux actions en réparation civile de l'État et de certaines autres personnes publiques ;
3. Les sommes versées en remboursement des frais de traitement médical et de rééducation ;
4. Les salaires et les accessoires du salaire maintenus par l'employeur pendant la période d'inactivité consécutive à l'événement qui a occasionné le dommage ;
5. Les indemnités journalières de maladie et les prestations d'invalidité versées par les groupements mutualistes régis par le code de la mutualité, les institutions de prévoyance régies par le code de la sécurité sociale ou le code rural et de la pêche maritime et les sociétés d'assurance régies par le code des assurances ;
6. Les prestations prévues à l'article L.245-1 du code de l'action sociale et des familles.

Article 1275

Les employeurs sont admis à poursuivre directement contre le responsable des dommages ou son assureur le remboursement des charges patronales afférentes aux rémunérations maintenues ou versées à la victime pendant la période d'indisponibilité de celle-ci. Ces dispositions sont applicables à l'État par dérogation aux dispositions de l'article 2 de l'ordonnance n° 59-76 du 7 janvier 1959 précitée.

Article 1276

Les prestations donnant lieu à recours s'imputent poste par poste sur les seules indemnités dues par le responsable pour les chefs de préjudice pris en charge par le tiers payeur, à l'exclusion des préjudices extrapatrimoniaux.
Dans le cas où l'insolvabilité du responsable empêcherait l'indemnisation intégrale de la victime, celle-ci sera préférée au tiers payeur pour ce qui lui reste dû par le responsable.
La faute de la victime ne peut réduire son droit à indemnisation que sur la part de son préjudice qui n'a pas été réparée par les prestations du tiers payeur. Celui-ci a droit au reliquat de la dette mise à la charge du responsable.

Article 1277

Hormis les prestations mentionnées aux articles 1274 et 1275, aucun versement effectué au profit d'une victime en vertu d'une obligation légale, conventionnelle ou statutaire n'ouvre droit à une action contre la personne tenue à réparation du dommage ou son assureur.
Toutefois lorsqu'il est prévu par contrat, le recours subrogatoire de l'assureur qui a versé à la victime une avance sur indemnité du fait de l'accident peut être exercé contre l'assureur de la personne tenue à réparation dans la limite du solde subsistant après paiements aux tiers visés à l'article 1274. Il doit être exercé, s'il y a lieu, dans les délais impartis par la loi aux tiers payeurs pour produire leurs créances.

Sous-section 2. Règles particulières à la réparation des préjudices résultant d'un dommage matériel

Article 1278

En cas d'atteinte à un bien corporel, l'indemnité est de la plus faible des deux sommes représentant le coût de la remise en état et celui du remplacement du bien, sans qu'il soit tenu compte de sa vétusté ni de la plus-value éventuellement inhérente à la réparation.
Lorsque le bien ne peut être ni remis en état, ni remplacé, l'indemnité est de la valeur qu'aurait eue le bien au jour de la décision, dans son état antérieur au dommage.
Si, à la demande de la victime, le bien endommagé n'est pas remis au responsable dans son état actuel, sa valeur résiduelle est déduite de l'indemnité.

Article 1279

Le cas échéant, l'indemnité compense également la privation de jouissance du bien endommagé, les pertes d'exploitation ou tout autre préjudice.

Sous-section 3. Règles particulières à la réparation des préjudices résultant d'un dommage environnemental

Article 1279-1

Toute personne responsable d'un préjudice écologique est tenue de le réparer.

Article 1279-2

Est réparable, dans les conditions prévues par la présente sous-section, le préjudice écologique consistant en une atteinte non négligeable aux éléments ou aux fonctions des écosystèmes ou aux bénéfices collectifs tirés par l'homme de l'environnement.

Article 1279-3

L'action en réparation du préjudice écologique est ouverte à toute personne ayant qualité et intérêt à agir, telle que l'État, l'Agence française pour la biodiversité, les collectivités territoriales et leurs groupements dont le territoire est concerné, ainsi que les établissements publics et les associations agréées ou créées depuis au moins cinq ans à la date d'introduction de l'instance qui ont pour objet la protection de la nature et la défense de l'environnement.

Article 1279-4

La réparation du préjudice écologique s'effectue par priorité en nature.

En cas d'impossibilité ou d'insuffisance des mesures de réparation, le juge condamne le responsable à verser des dommages et intérêts, affectés à la réparation de l'environnement, au demandeur ou, si celui-ci ne peut prendre les mesures utiles à cette fin, à l'État.

L'évaluation du préjudice tient compte, le cas échéant, des mesures de réparation déjà intervenues, en particulier dans le cadre de la mise en œuvre du titre VI du livre Ier du code de l'environnement.

Article 1279-5

En cas d'astreinte, celle-ci est liquidée par le juge au profit du demandeur, qui l'affecte à la réparation de l'environnement ou, si le demandeur ne peut prendre les mesures utiles à cette fin, au profit de l'État, qui l'affecte à cette même fin.

Le juge se réserve le pouvoir de la liquider.

Article 1279-6

Les dispositions de l'article 1266 sont applicables au trouble illicite auquel est exposé l'environnement.

Sous-section 4. Règles particulières à la réparation des préjudices résultant du retard dans le paiement d'une somme d'argent

Article 1280

Le préjudice résultant du retard dans le paiement d'une somme d'argent est réparé par les intérêts au taux légal.

Ces intérêts sont dus sans que le créancier soit tenu de justifier d'aucune perte. Ils ne sont dus que du jour de la mise en demeure, excepté dans le cas où la loi les fait courir de plein droit.

Le créancier auquel son débiteur en retard a causé un préjudice supplémentaire, peut obtenir des dommages et intérêts distincts des intérêts moratoires de la créance.

CHAPITRE V – LES CLAUSES PORTANT SUR LA RESPONSABILITÉ

SECTION 1 – Les clauses excluant ou limitant la responsabilité

Article 1281

Les clauses ayant pour objet ou pour effet d'exclure ou de limiter la responsabilité sont en principe valables, aussi bien en matière contractuelle qu'extracontractuelle.
Toutefois, la responsabilité ne peut être limitée ou exclue par contrat en cas de dommage corporel.

Article 1282

En matière contractuelle, les clauses limitatives ou exclusives de responsabilité n'ont point d'effet en cas de faute lourde ou dolosive. Elles sont réputées non écrites lorsqu'elles privent de sa substance l'obligation essentielle du débiteur.

Article 1283

En matière extracontractuelle, on ne peut exclure ou limiter la responsabilité pour faute.

SECTION 2 – Les clauses pénales

Article 1284

Lorsque le contrat stipule que celui qui manquera de l'exécuter paiera une certaine pénalité à titre de réparation, il ne peut être alloué à l'autre partie une pénalité plus forte ni moindre.
Néanmoins, le juge peut, même d'office, modérer ou augmenter la pénalité ainsi convenue si elle est manifestement excessive ou dérisoire.
Lorsque l'engagement a été exécuté en partie, la pénalité convenue peut être diminuée par le juge, même d'office, à proportion de l'intérêt que l'exécution partielle a procuré au créancier, sans préjudice de l'application de l'alinéa précédent.
Toute stipulation contraire aux deux alinéas précédents est réputée non écrite.
Sauf inexécution définitive, la pénalité n'est encourue que lorsque le débiteur est mis en demeure.

Table des matières

Imprimé en Italie par «La Tipografica Varese Srl» Varese